MISERICORDIA SIN VELO

MISERICORDIA SIN VELO

365
**DEVOCIONALES
DIARIOS**

BASADOS EN IDEAS
DEL HEBREO
DEL ANTIGUO TESTAMENTO

CHAD BIRD

Misericordia sin velo
Chad Bird

Publicado en © 2023 por 1517 Publishing
PO Box 54032 Irvine, CA 92619-4032

ISBN (Impreso) 978-1-956658-94-1
ISBN (iBook) 978-1-956658-95-8

Traducido del libro *Unveiling Mercy*
© 2020 New Reformation Publications. Publicado por 1517 Publishing
Traducción por Cristian J Moran

Todos los derechos reservados. Ninguna porción de esta publicación puede ser reproducida, almacenada en un sistema de recuperación, o transmitida de ninguna forma ni por ningún medio —ya sea electrónico, mecánico, fotocopias, grabación u otros— sin el previo permiso de la editorial o una licencia que permita copia restringida.

A menos que se indique algo distinto, las citas bíblicas están tomadas de la Nueva Biblia de las Américas™ NBLA™, © 2005 por The Lockman Foundation.

Las citas bíblicas marcadas con LBLA están tomadas de LA BIBLIA DE LAS AMÉRICAS © Copyright 1986, 1995, 1997 por The Lockman Foundation. Usadas con permiso.

Las citas bíblicas marcadas con NVI están tomadas de la *Santa Biblia*, Nueva Versión Internacional © 1999, 2015 por Biblica, Inc ®.

Las citas bíblicas marcadas con NTV están tomadas de la *Santa Biblia*, Nueva Traducción Viviente, © Tyndale House Foundation, 2010. Todos los derechos reservados.

Las citas bíblicas marcadas con RVA-2015 están tomadas de la Versión Reina Valera Actualizada, Copyright © 2015 por Editorial Mundo Hispano.

Las citas bíblicas marcadas con RVC están tomadas de la versión Reina Valera Contemporánea ® © Sociedades Bíblicas Unidas, 2009, 2011.

Las citas bíblicas marcadas con RVR1995 están tomadas de la versión Reina-Valera 1995, *Reina-Valera 95*® © Sociedades Bíblicas Unidas, 1995.

Las citas bíblicas marcadas con RVR1977 están tomadas de La Santa Biblia, Reina Valera Revisada® RVR® Copyright © 2017 por HarperCollins Christian Publishing® Usado con permiso. Reservados todos los derechos en todo el mundo.

Las citas bíblicas marcadas con BLPH están tomadas de La Palabra (versión hispanoamericana) © 2010 Texto y Edición, Sociedad Bíblica de España.

Las citas bíblicas marcadas con PDT están tomadas de La Biblia: La Palabra de Dios para Todos © 2005, 2008, 2012, 2015 Centro Mundial de Traducción de La Biblia.

Las citas bíblicas marcadas con JBS están tomadas de la Biblia del Jubileo 2000 (JUS) © 2000, 2001, 2010, 2014, 2017, 2020, Ransom Press.

CONTENIDO

Introducción xi	Los bloques de construcción del lenguaje 28
Una parábola alfabética 1	Dios da la orden de marchar 29
La Palabra-Principio de Dios 2	La tierra estéril 30
Tóju vabojú 3	Cuando Dios golpea 31
El Espíritu flotante de Dios 4	Reclamada con los pies 32
¡Sea la luz! 5	El rey-sacerdote de Salem 33
Día y noche 6	La Palabra visible de Dios 34
Bueno, sí, bueno en gran manera .. 7	El Amén de la fe 35
El primer y el último Sabbat de Dios 8	El Dios de los ojos bien abiertos ... 36
El hombre de la tierra 9	El Dios que cambia nombres 37
El huerto en Edén 10	Un pacto en la carne 38
Ish e ishshá 11	El divino comediante 39
Desnudos y astuta 12	Fuego y azufre 40
Tomen y coman 13	El monte Moriah 41
La simiente prometida 14	El hombre talón 42
La madre de todos los vivientes 15	El topónimo de Dios 43
Una patada en el trasero 16	El Señor al pie de la escalera 44
Cabalgó sobre ángeles 17	La esposa no amada 45
Los dos primeros humanos 18	El ascenso del cuarto hijo de Lea 46
La voz de la sangre 19	La ineptitud de los ídolos 47
Invoca el nombre de Yahvé 20	Israel, el que lucha con Dios 48
Una mala mentalidad 21	El manto de muchos colores 49
Las arcas mayor y menor 22	De cuñada a esposa 50
Las acciones recordatorias de Dios 23	Setenta 51
Jonás, el profeta emplumado 24	Sean fecundos y multiplíquense ... 52
El eje del cielo y la tierra 25	Las parteras 53
El arma jubilada de Dios 26	Moisés, el hombre de las aguas ... 54
El fruto de la vid 27	Beber de un pozo 55
	Cuando Dios conoce 56

CONTENIDO

El mensajero único de Dios 57
Tierra santa 58
Yo soy el que soy 59
Para darles duro a los enemigos 60
La historia del pecado, en la piel ... 61
Un esposo de sangre 62
El Sr. Casa Grande 63
Trabajo pesado y corazones duros .. 64
Serpientes y cocodrilos 65
Los dedos de la divinidad 66
La guerra de las plagas 67
Comida rápida israelita 68
A salvo detrás de la sangre 69
Primogénito 70
Nube 71
Sepultados y nacidos en el mar 72
Torá y aguas amargas 73
El pan Qué-es-esto 74
Poner el pecado en el mapa 75
La propiedad personal del Rey 76
Las diez palabras 77
Imágenes talladas 78
No vacío, sino lleno de santidad ... 79
El número favorito de Dios 80
Una larga vida en la tierra 81
Matar mosquitos y hombres 82
El pecado grande 83
Dedos pegajosos y corazones robados 84
Falso testimonio 85
Asir, no caer a tierra 86
Adoración de cuerpo completo 87
La sangre del pacto 88
Dios se va de acampada 89
Sigan el diseño 90
El cofre del pacto 91
La tapa de la expiación 92
El pan del rostro 93
El luminoso árbol de la vida 94
El velo 95
Vestimentas de Cristo 96
Oh Señor, huele mi oración 97
Espejos fundidos 98
De lo divino a lo bovino 99
Romper literalmente las reglas ... 100
Ver el dorso de Dios 101
El Dios celoso 102
Miguel Ángel y el Moisés con cuernos 103
Traer una ofrenda 104
No era una barbacoa santa 105
Compartir sal con Jesús 106
Sacrificios de shalom 107
Las ofrendas por el pecado y de reparación 108
Un puñado sacerdotal 109
Inmundo no significa sucio 110
¿Qué tienen de malo las funciones corporales naturales? 111
El macho cabrío para Azazel 112
Descubrir la desnudez 113
Tatuados por los muertos 114
La Fiesta de las Semanas 115
El día de aflicción y expiación 116
La fiesta de las chozas 117
El año del cuerno de carnero 118
Cuando Dios sonríe 119
Una conversación boca a boca 120
Saltamontes y gigantes 121
La buena nueva de la larga nariz de Dios 122
Los extranjeros residentes en Israel 123
Un uniforme real y sacerdotal 124
Las cenizas de una novilla alazana 125
Miriam, la primera María 126
La serpiente de salvación 127
El sabio asno de un profeta necio 128
La estrella de Jacob 129
El pastor monárquico 130
Idolatría baja en lugares altos 131
Cardos en tus costillas 132
El redentor de sangre 133
Los postreros días 134

CONTENIDO

El Shemá 135
Palabras entre tus ojos 136
Duros de cuello 137
Leche de cabra y sirope
   de dátiles 138
Perforación de oreja al
   estilo hebreo 139
El Cristo ecuestre 140
Prescripción y predicción 141
Ojo por ojo 142
Colgado de un árbol 143
Borrar nombres 144
El credo del agricultor 145
Mantén el hierro lejos 146
El sobrino Ajenjo 147
Trigo, riñones y grasa 148
Jesurún, apodo de Israel 149
El beso de la muerte 150
Gruñir por la Palabra de Dios 151
Un cordón de esperanza 152
El mar salado 153
Tierra seca... otra vez 154
Un temor saludable e integral 155
La circuncisión y el Gólgota 156
El general Jesús 157
Dedicados al anatema 158
El valle de la turbación y
   la puerta de la esperanza 159
Montículos de remembranza 160
Lectura en voz alta 161
Ora por la paz de Jerusalén 162
El armamento superior
   de los cananeos 163
Unidos a Dios con soldadura 164
Territorio de lágrimas 165
Jueces guerreros 166
¡Vete al olvido! 167
Dios el mercader 168
El rey ternero gordo 169
El peligroso zurdo hebreo 170
La abeja madre profética 171
La hora del martillo 172
La langosta 173

Los consortes cananeos 174
El apodo de Gedeón 175
Dios el refinador 176
Shofar 177
El efod de la prostituta 178
El rey zarza 179
Shibólet 180
Nada de barberos,
   bares ni cadáveres 181
Chico soleado perseguidor
   de faldas 182
Sansón ríe último 183
Hondas y pecado 184
Belén: Casa de pan 185
Amor intraducible 186
Llámenme Amarga 187
Advertir lo inadvertido 188
Una propuesta matrimonial
   arriesgada 189
Fulano de Tal 190
El vientre compasivo 191
Un derramamiento del alma 192
Oída-por-Dios 193
Seol 194
El ungido 195
Hijos de Belial 196
A patadas con Dios 197
Con ojos para ver 198
Icabod 199
Hemorroides de oro 200
Quiriat Jearim 201
Ten cuidado con lo que deseas ... 202
¿Alto o altivo? 203
Pesar divino 204
El rey rubicundo 205
El hombre de la música 206
Combate singular 207
No era un simple juguete 208
Almas ligadas 209
El loco 210
Lengua afilada 211
Saúl y su lanza 212
La nigromante de Endor 213

CONTENIDO

Evangelio hebreo 214
No tocar 215
Danza frente al arca 216
Dios, el constructor de casas 217
Codicia desde la azotea 218
Un amante del espejo 219
Brotar 220
Un corazón con oídos 221
El don de la sabiduría 222
El peso y la medida de Dios 223
Absolución: prerrogativa exclusiva de Dios 224
Curva nuestros corazones hacia fuera 225
La armada israelita 226
La abominación de la desolación ..227
Rasgar vestiduras y reinos 228
Yugos pesados y livianos 229
Consejo imprudente 230
Mano seca, rostro duro 231
La viuda sidonia 232
El fuego de Dios 233
Un susurro apacible 234
Vestido para profetizar 235
Asesinato por una viña 236
El trono divino 237
Osos, muchachos y un profeta calvo 238
Naamán renace 239
De santuario a retrete 240
El atuendo del dolor 241
El tercer día 242
El libro enrollado 243
Exilio 244
El acusador 245
Amor divino 246
Esdras: estudiante y maestro de la Torá 247
Las murallas de Jerusalén 248
Echar suertes 249
¿Moldear o dañar? El doloroso juego de palabras de Job 250
Consoladores molestos 251
Rechinar de dientes 252
Ver a Dios en la carne 253
Un festín de Leviatán 254
Bienaventurado es el hombre 255
Los amados de Dios 256
Ten piedad de mí 257
El nombre glorioso 258
La copa del Señor 259
Una confianza-esperanza 260
La niña de los ojos de Dios 261
Cuerno de salvación 262
Palabras y meditación agradables 263
¿Por qué me has exiliado? 264
Perseguidos por la misericordia ... 265
El camino 266
El escondite de Dios 267
Silencio divino 268
Señor, sé grande y alto 269
Bienaventurados los que dependen de Dios 270
¡Apresúrate, Dios! 271
«Venganza» misericordiosa 272
El río de alegría de Dios 273
Cortar un pacto 274
Limpiados con hisopo 275
¿Cuero, o pergamino de lágrimas? 276
¿El mejor amigo del hombre? 277
Los goyim 278
Hace mucho... y dentro de mucho 279
El beso 280
Oración 281
Abba, Padre 282
La disciplina del Señor 283
Orientarnos 284
La tierra de Dios 285
En el desierto 286
¿A qué lo compararé? 287
El arquitecto del mundo 288
Cubrir pecados 289

Almas y gargantas 290	La resurrección y la escala de Richter 333
¿Instruir o dedicar? 291	Hojas que ocultan y hojas que sanan 334
¡Megavanidad! 292	Come verduras 335
El necio 293	No es un reino hecho a mano 336
Pozo y sepulcro 294	El horno de fuego 337
El todo de la condición humana .. 295	Una mano escribe en la pared 338
Morena pero preciosa 296	Anciano de Días 339
Cuando Cristo llama 297	El santo Jezreel cristiano 340
Amor y mandrágoras 298	Oseas y Flannery O'Connor 341
Gobernantes rebeldes 299	De Egipto llamé a mi hijo 342
Torá, no ley 300	Luna de sangre 343
Mishpat y asesinato 301	El kibutz del juicio 344
¡Ay, y más ay! 302	El león ha rugido 345
El coro de fuego 303	Un juego de palabras frutal 346
Permanecer de pie o tambalearse .. 304	Echar suertes 347
Sombra de muerte 305	Jonás toca fondo 348
Raíz de Isaí 306	Arrojado a un exilio acuático 349
La llave de David 307	El sermón más breve 350
El devorador de la muerte 308	Jonás, rey de Schadenfreude 351
Piedra angular controvertida 309	Oh insignificante pueblo de Belén .. 352
Juan, el constructor de carreteras .. 310	Enemigos domésticos 353
Mishpat 311	El grito de guerra de Dios 354
Tatuado por las heridas 312	Asolada 355
Intercesor herido 313	Hazla clara 356
Observar el almendro 314	En la ira, acuérdate de la compasión 357
Volverse, volver, arrepentirse 315	Asentados sobre sus posos 358
¿Templo, o cueva de maleantes? .. 316	Cuando Dios canta 359
Violentos pescadores de hombres .. 317	Lo deseado por las naciones 360
El abrupto terreno del corazón ... 318	El anillo de sellar de Dios 361
Gehena 319	El asno trono 362
El hombre llamado Renuevo 320	El traspasado 363
Un nombre enigmático 321	La bendición aarónica invertida ... 364
Tengo planes para ustedes 322	El sol naciente de justicia 365
Un pacto nuevo 323	
¡Cómo! 324	
Portadores del trono 325	
Centinelas que ladran 326	
Sellados en la frente 327	
Salida oriental, retorno oriental .. 328	
La ninfomanía idólatra de Israel .. 329	
Dios no es ningún sádico 330	
Sin duelo 331	
Rociamiento 332	

INTRODUCCIÓN

Un domingo de primavera, al final de la tarde, tres judíos recorrían a pie los once kilómetros que separaban a Jerusalén de Emaús. Las historias de sus antepasados hebreos, que habían resonado en sus oídos aun durante la niñez, se hallaban tan incrustadas en ellos como la médula de sus huesos. Abraham empuñando el cuchillo en alto. Las puertas pintadas con sangre, en Egipto. Los Salmos, empapados de Dios. Daniel dormido junto a leones dóciles. En sus corazones y sus mentes habitaban los sustantivos y los verbos del pasado de su pueblo. Se sabían de memoria las Escrituras de Israel.

Sin embargo, aquel día, uno de esos tres judíos empezó a coger y a ensartar perlas narrativas de todos esos pergaminos. De Génesis a Isaías. De Nahúm a Números. De Josué a Jeremías. Cada perla besó a otra, y la profecía se hizo un lugar junto al salmo. Perla tras perla, las ensartó creando un fluido y fantástico collar de redención. Cómo debieron de abrirse sus ojos. Sus bocas, abiertas y mudas de asombro. Estaban oyendo historias que conocían... pero no conocían.

Los textos sagrados echaban chispas al chocar entre sí; cuando el pedernal profético se encontraba con el acero de la Torá. Estallaron fuegos de epifanía. Llamas iluminaron los oscuros rincones de sus mentes. Escamas cayeron de sus ojos. Dios estaba desvelando ante ellos su misericordioso plan de redención. Más tarde, al describirse

INTRODUCCIÓN

mutuamente la experiencia, una sola imagen bastó: «¿No ardía nuestro corazón dentro de nosotros mientras nos hablaba en el camino, cuando nos abría las Escrituras?» (Lucas 24:32).

Hace casi tres décadas, siendo un joven seminarista, comencé a experimentar en mi corazón el ardor de ese mismo tipo de fuego sagrado, chispeante y llameante. El fuego cayó en una sala donde había biblias hebreas abiertas, y donde un hombre de Dios, lleno de sabiduría, comenzó a ensartar el mismo tipo de perlas que Jesús había ensartado para sus discípulos hacía tanto tiempo. Por fin pude oír, como si mis oídos hubieran estado sintonizados en una nueva frecuencia, que toda la música de la Escritura, como una enorme orquesta, combina sus muchos sonidos en una armonía mesiánica cuyo *crescendo* es Cristo encarnado.

Y así, con el corazón en llamas, comencé mi peregrinaje de treinta años por las colinas, los valles y el páramo de la lengua hebrea.

Desde aquellos primeros días, he estudiado hebreo para preparar clases y sermones durante mi servicio como pastor en el rebaño de Cristo. En las mismas aulas del seminario en que me enamoré del Antiguo Testamento y sus relatos centrados en Cristo, tuve el privilegio de volver como profesor para enseñar hebreo, encender el fuego en otros corazones y pedirles que se unieran a mí en la exploración de esta lengua antigua y apasionante. Por varios años me senté a los pies de rabinos y eruditos en el Hebrew Union College, leyendo vastas franjas de las Escrituras y sumergiéndome en las salvajes y juguetonas aguas de los primeros comentarios rabínicos. Cada día fue un regalo. Cada día pude no solo aprender más, sino que también —lo que es más importante— deseé aprender más.

Podría decirse, entonces, que *Misericordia sin velo* se escribió a lo largo de tres décadas. Yo soy su autor, pero alrededor de mi escritorio hubo muchos otros —algunos vivos, otros muertos desde hace siglos— que me han legado su sabiduría. Mis primeros maestros. Otros creyentes. Mis profesores rabínicos. Mis alumnos. Todos ellos, de un modo u otro, han echado más leña al fuego hebreo que aún arde en mi interior.

A uno de los eruditos rabínicos con los que estudié le gustaba decir que leer una traducción de la Biblia es como «besar a la novia a través del velo». Cada uno de estos 365 devocionales está pensado para levantar ligeramente ese velo; para tener, por así decirlo, un contacto «piel con piel» con la lengua original. No es necesario tener conocimientos de hebreo para sacar provecho de estas meditaciones. No fueron escritas para enseñarte la lengua de Abraham, Moisés e Isaías, sino para darte una muestra de su perspicacia, exponerte a su elocuencia, reír con sus sugerentes juegos de palabras, desespañolizar sus modismos y, lo que es más importante, trazar sus trayectorias hasta la predicación del Mesías y los escritos de sus evangelistas y apóstoles.

Un sabio judío llamado Ben Bag-Bag, posiblemente contemporáneo de Jesús, dijo una vez de la Torá: «Dale vueltas y más vueltas, porque en ella está todo». Así lo haremos. Tomaremos la Torá en nuestras manos, le daremos la vuelta, la sacudiremos, le daremos otra vuelta, la volveremos a sacudir, y seguiremos sacudiéndola, para ver, a lo largo de este año, qué joyas de sabiduría se desprenden de sus páginas. Haremos lo mismo con todos los libros del Antiguo Testamento, pues hay al menos un devocional basado en cada uno de ellos. Sobra decir que no habremos agotado todo lo que se puede aprender, pero tendremos una considerable colección de joyas que enriquecerán nuestra comprensión de la divina misericordia que se revela. Estas palabras hechas joyas serán, como las llamó Abraham Joshua Heschel, «guiones entre el cielo y la tierra».

Permíteme explicarte, brevemente, algunos puntos que surgirán a medida que avances cada día.

1. De vez en cuando hago referencia a la Septuaginta, la traducción del Antiguo Testamento al griego. Por su gran influencia en los autores del Nuevo Testamento, sus traducciones del hebreo al griego son un antecedente vital para salvar la distancia entre los dos testamentos.

2. En la Biblia hebrea, el orden de los libros del Antiguo Testamento no es el mismo que en las biblias en español. Para comodidad de la mayoría de los lectores, he seguido el orden de estas últimas. Los devocionales están ordenados canónicamente, es decir, comenzaremos enero en Génesis y continuaremos libro por libro hasta llegar a Malaquías en diciembre.

INTRODUCCIÓN

3. En algunos recursos, el nombre pactual de Dios se escribe a veces usando solamente las consonantes YHWH. Aunque existe cierto desacuerdo sobre cómo se escribía originalmente con vocales, la mayoría de los eruditos piensan que se pronunciaba como Yahvé. Yo utilizaré esa grafía. Como en la mayoría de las traducciones bíblicas más recientes, cuando «Señor» aparece en mayúsculas, el hebreo es Yahvé.

4. A menos que se indique lo contrario, las citas bíblicas provienen de la Nueva Biblia de las Américas (NBLA).

5. Aunque he utilizado múltiples recursos, la mayoría de las definiciones proceden de *The Hebrew and Aramaic Lexicon of the Old Testament* (HALOT).

6. Para las oraciones que cierran cada devocional, he utilizado, cada vez que ha sido posible, versículos de los Salmos, muchos de los cuales emplean la misma palabra hebrea tratada ese día.

Una nota para mis lectores que saben hebreo: como este devocionario es para todos, me he esforzado por mantener las transliteraciones lo más sencillas y simplificadas posible*. Esto significa, por ejemplo, que cuando introduzco una palabra hebrea en un versículo traducido, la transliteración suele ser la forma léxica simple de la palabra. En ocasiones, con fines retóricos, utilizo la palabra añadiéndole una terminación del español. Además, verán que las palabras hebreas en los títulos de los diferentes días están solo en su forma consonántica; normalmente, solo la raíz de tres letras, sin vocales, ni dagesh, etc.

Que nuestro Padre bueno y misericordioso, por medio de su Hijo y en su Espíritu Santo, bendiga ricamente tus meditaciones mientras lees, marcas, aprendes y digieres su Palabra en tu interior.

---

* En esta traducción se ha intentado adaptar esas transliteraciones a la grafía y los sonidos del español. En el caso de algunas palabras más conocidas, ocasionalmente se ha privilegiado la forma habitual de escribirlas (N. del T.).

Una parábola alfabética ב

EN EL PRINCIPIO…

GÉNESIS 1:1

La primera letra de la Biblia, una *bet* (b) en *bereshít* («en el principio»), es similar a un cuadrado cerrado por todos sus lados excepto uno. Como el hebreo se lee de derecha a izquierda, el lado abierto nos introduce al resto de los escritos sagrados. Los rabinos veían la forma de la letra como una especie de parábola alfabética. Está cerrada por la derecha, por arriba y por abajo para indicar que lo anterior a la creación no nos concierne; tampoco deberíamos meter las narices en lo que está por encima o por debajo de nosotros.

¿En qué quiere nuestro Padre que nos fijemos? En lo que sigue por el lado abierto de la *bet*. Es el portal por el que nos adentramos en el resto de las Escrituras, las cuales «pueden dar la sabiduría que lleva a la salvación mediante la fe en Cristo Jesús» (2Ti 3:15). «Las cosas secretas pertenecen al Señor nuestro Dios» (Dt 29:29). Eso es asunto suyo. Y ¿qué hay de nosotros? «… las cosas reveladas nos pertenecen a nosotros» (v. 29). Su Palabra revelada. Sus promesas. Su evangelio. Como dice el salmista: «No ando tras las grandezas, ni en cosas demasiado difíciles para mí» (Sal 131:1). Más bien, ocupémonos enteramente de Cristo, «en quien están escondidos todos los tesoros de la sabiduría y del conocimiento» (Col 2:3). En el Mesías y en sus palabras, el Padre desvela misericordia, revelando todo lo que quiere que sepamos.

Oh Señor, «Abre mis ojos, para que vea las maravillas de Tu ley» (Sal 119:18).

La Palabra-Principio de Dios בראשית

EN EL PRINCIPIO DIOS CREÓ
LOS CIELOS Y LA TIERRA.

GÉNESIS 1:1

Las tres primeras palabras de la Biblia, «En el principio», son una sola palabra en hebreo: *bereshít*. Ya en la palabra *reshít* («principio»), Dios hace un guiño a la Palabra por la cual todas las cosas llegaron a existir. Una antigua paráfrasis judía, o tárgum, dice: «En la Sabiduría, Dios creó». ¿Por qué en la Sabiduría? Porque, en Proverbios, la Sabiduría dice: «Desde el principio [*reshít*], el Señor me poseía; desde antes de que empezara sus obras [de creación]» (8:22 RVC). La Sabiduría está diciendo: «Yo soy el Principio, por el cual Dios creó todas las cosas».

El Mesías es esta Sabiduría de Dios, el Principio a través del cual Dios Padre formó todas las cosas. «En el principio era la Palabra», escribe Juan, haciendo un guiño a Génesis (1:1). Más tarde, en Apocalipsis, Jesús se identifica como «el Principio [griego: *arjé*] de la creación de Dios» (3:14). Es el Principio no porque haya sido hecho —es eterno junto con el Padre y el Espíritu—, sino porque «en Él fueron creadas todas las cosas […]; todo ha sido creado por medio de Él y para Él» (Col 1:16).

Jesús, el Principio, reinicia el mundo en amor. «Si alguno está en Cristo, es una nueva creación» (2Co 5:17 NVI). Este *Reshít* divino nos concede una nueva génesis. Estábamos muertos, pero ahora vivos. Oscurecidos, pero ahora iluminados por Cristo, la «Luz del mundo» (Jn 8:12). En él, por quien todas las cosas fueron hechas, llegan a nosotros todos los buenos dones de Dios.

Dios iniciador, inicia y completa en nosotros la plenitud de la vida en Cristo.

Tóju vabojú תהו ובהו

LA TIERRA ESTABA SIN ORDEN Y VACÍA,
Y LAS TINIEBLAS CUBRÍAN LA SUPERFICIE DEL ABISMO.

GÉNESIS 1:2

Cuando Dios empieza algo, a menudo luce como si de ello no fuera a salir nada. Antes de que él diga: «Sea la luz», la tierra es *tóju* («desolación») y *bojú* («vacuidad»). No hay nada que provoque la alegría de los ángeles. Es un caos inundado, cubierto de tinieblas. Las cosas aún no pintan bien. Al menos hasta el momento. Lo bueno, y lo bueno en gran manera, llegará tan pronto como el Padre abra su boca para dar existencia al resto de la creación por medio de su Palabra y de su Espíritu.

Cuando Jeremías advierte a los israelitas idólatras que Dios está a punto de pisotear su tierra hasta borrar su recuerdo, enfatiza su argumento remontándose a Génesis. Dice que la tierra ha vuelto a ser *tóju vabojú* (4:23). Asimismo, Isaías, al describir los efectos de la rebelión de la humanidad, dice que sobre ella se extenderá «el cordel de desolación [*tóju*] y la plomada del vacío [*bojú*]» (34:11). El pecado socava la creación al rebelarse contra la misma Palabra que dio origen a la creación. En lugar de luz y vida, crecen tinieblas y muerte.

Así, a partir de lo creado, la Palabra se hace carne para redimir a la creación. Jesús viene a un mundo *tóju vabojú* para reformar y remodelar una nueva creación. «Todo lo ha hecho bien», dice la gente (Mr 7:37). Y en verdad lo ha hecho, este Creador que hace nuevas todas las cosas (Ap 21:5).

Pon en nuestra boca, oh Dios, una canción nueva, para que nos gloriemos en tu amor creador.

4 DE ENERO

El Espíritu flotante de Dios רוח אלהים

EL ESPÍRITU DE DIOS SE MOVÍA
SOBRE LA SUPERFICIE DE LAS AGUAS.

GÉNESIS 1:2

Dios no «trabaja a distancia» de su creación. Está justo en medio de la acción, aun cuando —o, quizás, *sobre todo* cuando— las cosas se hallan en tinieblas, sin forma, vacías y anegadas. El *Rúakj Elojím*, o Espíritu de Dios, no vuela arriba en los aires, observando un mundo situado mucho más abajo. Por el contrario, flota y revolotea sobre la superficie de las aguas, sin temor a mojarse.

Rúakj puede significar espíritu, viento o aliento. Los tres términos encajan con la actividad del Espíritu Santo. Él, al igual que el viento, sopla donde quiere (Jn 3:8): a veces, sobre la creación húmeda, y otras veces, en valles de huesos secos (Ez 37:1). Este Espíritu que nos hizo es el «aliento del Todopoderoso» que da vida (Job 33:4). Es también la exhalación absolutoria de Jesús, que sopló sobre sus discípulos para que pudieran re-crear a los pecadores mediante el poder de la absolución (Jn 20:22).

Este Espíritu, que flotó sobre las aguas de la creación, se posó sobre Jesús en el Jordán (Mt 3:16). Una vez más, se halla en medio de lo creado, obrando junto a la Palabra para ponernos en comunión con el Padre. Permanece cerca del agua, repitiendo su acto inicial en cada bautismo, uniéndonos al bautismo único de Jesús (Ef 4:5) para que en él seamos personas completamente vivas.

Oh Señor, «No me eches de Tu presencia, y no quites de mí Tu Santo Espíritu» (Sal 51:11).

¡Sea la luz! יהי אור

ENTONCES DIJO DIOS: «SEA LA LUZ».
Y HUBO LUZ.

GÉNESIS 1:3

Las dos primeras palabras dichas por Dios, *yejí or*, son sencillas y sublimes a la vez. No son complicadas, ni en gramática ni en significado. *Yejí* es una forma del verbo «ser»; *or* es la palabra para «luz». Sin embargo, su sencillez oculta algo sublime. La luz es traída a la existencia por medio de la voz. No se la encuentra por casualidad, ni se la construye mediante una cuidadosa ingeniería, sino que se le da existencia por medio de palabras. La luz brota del rostro de Dios —concretamente, de su boca—.

Esta luz es más profunda que el sol, la luna y las estrellas, que serán creados el cuarto día. Encadena a las tinieblas; erige una barrera entre el día y la noche. Dice a la oscuridad: «Hasta aquí llegarás, pero no más allá». Florecer en esta luz es escapar de las tinieblas y desarrollarse ante el rostro radiante de Dios.

Como tal, este versículo proclama el Evangelio según Génesis, pues nos dirige a la «Luz de Luz», Jesucristo. «Pues Dios, que dijo: "De las tinieblas resplandecerá la luz", es el que ha resplandecido en nuestros corazones, para iluminación del conocimiento de la gloria de Dios en el rostro de Cristo» (2Co 4:6). Él hace pedazos la medianoche cósmica en nuestros corazones. Del rostro de Cristo brotan rayos de la gloriosa y vivificante luz de Dios, que nos transfigura a su imagen (Mt 17:2).

«¡Alza, oh Señor, sobre nosotros la luz de Tu rostro!» (Sal 4:6).

Día y noche יום לילה

Y DIOS LLAMÓ A LA LUZ DÍA Y A LAS TINIEBLAS LLAMÓ NOCHE. Y FUE LA TARDE Y FUE LA MAÑANA: UN DÍA.

GÉNESIS 1:5

Los padres dan un nombre a sus hijos el día en que estos nacen. Así también, cuando Dios engendró los montes, la tierra y el mundo (Sal 90:2), comenzó a poner nombres a las cosas a diestra y siniestra. Las dos primeras en ser bautizadas fueron *Yom* («Día») y *Láyela* («Noche»). Estas dos mitades del día fueron como hermanos gemelos; el primogénito fue *Láyela* (la oscuridad precede a la luz), y el segundo, *Yom*. Sin embargo, tal como con otros gemelos bíblicos, fue el menor, *Yom*, a quien Dios eligió como su instrumento especial.

«No somos de la noche ni de las tinieblas», dice Pablo (1Ts 5:5). En la mitad de *Láyela*, Judas traiciona a Jesús y Pedro lo niega; los ladrones vienen y la gente se emborracha. Pero nosotros somos hijos de la luz, hijos de *Yom*, así que «no durmamos como los demás, sino estemos alerta y seamos sobrios» (5:6). «La noche está muy avanzada, y el día está cerca. Por tanto, desechemos las obras de las tinieblas y vistámonos con las armas de la luz» (Ro 13:12), pues esperamos la llegada de la Nueva Jerusalén, cuyas «puertas nunca se cerrarán de día (pues allí no habrá noche)» (Ap 21:25).

«Ten piedad de mí, oh Señor, porque a Ti clamo todo el día» (Sal 86:3).

Bueno, sí, bueno en gran manera טוב

DIOS VIO TODO LO QUE HABÍA HECHO;
Y ERA BUENO EN GRAN MANERA.

GÉNESIS 1:31

La palabra *tob* puede significar bueno, agradable, deseable, aprovechable o bello. Es una palabra de afirmación, una especie de sonrisa divina que se extiende sobre el rostro de nuestro Dios creador. Pero primero, el Señor usó sus ojos. No caviló en su corazón sobre la bondad de la creación; él «vio» (*raá*). Más tarde, Agar incluso lo llamará *El Roí*, el Dios que ve (Gn 16:13). Dios no hace suposiciones, sino que se asegura de las cosas. Antes de decir *tob* o *tob meód* (*meód* significa «muy»), él abre los ojos para inspeccionar su obra.

Más tarde, cuando su buen mundo se volvió malo, Dios miró «desde los cielos sobre los hijos de los hombres» y vio que «No hay quien haga el bien [*tob*], no hay ni siquiera uno» (Sal 14:2-3). Así que, por misericordia, se convirtió en aquel que sí hace el bien. Aun las multitudes lo vieron, y dijeron de Jesús: «Todo lo ha hecho bien» (Mr 7:37). Si quieres que algo se haga bien, hazlo tú mismo. Así que Dios lo hizo. Hizo las cosas bien por nosotros. Y ahora, en Cristo, no solo nos ve como *tob*, sino como *tob meód*. Cuando nos ve, una sonrisa brota de su rostro, y sabemos que veremos «la bondad del Señor en la tierra de los vivientes» (Sal 27:13).

Padre bueno y misericordioso, «Tú eres mi Señor; ningún bien tengo fuera de Ti» (Sal 16:2).

8 DE ENERO

El primer y el último Sabbat de Dios שַׁבָּת

EN EL SÉPTIMO DÍA YA DIOS HABÍA COMPLETADO LA OBRA QUE HABÍA ESTADO HACIENDO, Y REPOSÓ EN EL DÍA SÉPTIMO DE TODA LA OBRA QUE HABÍA HECHO. DIOS BENDIJO EL SÉPTIMO DÍA Y LO SANTIFICÓ.

GÉNESIS 2:2-3

La primera parte de la creación que se considera santa no es la tierra ni una persona, sino el tiempo. De hecho, el tiempo late en el corazón de la historia de la creación. Oímos hablar de los tiempos llamados día y noche. Los cuerpos celestes son «para señales y para estaciones y para días y para años» (1:14). Al igual que en una danza, la creación tiene ritmo y movimiento, guiados por la música del tiempo. Y el estribillo de esta música es *Shabbát* («Sabbat»). El verbo *shabát* significa descansar, cesar o celebrar. El *Shabbát* semanal de Israel celebraba el amor de Dios en la creación (Éx 20:11) y en la redención (Dt 5:15). Ambas cosas eran muy buenas —completas, perfectas—, de modo que Israel podía descansar en el Señor de la redención creadora y la creación redentora.

Cuando el Hijo de Dios vino a nosotros, nos dijo: «Vengan a Mí [...], y Yo los haré descansar» (Mt 11:28). En otras palabras: «Yo seré su *Shabbát*». Habiendo completado su obra de re-creación y redención clavado al madero de su propia creación, dijo: «Consumado es» (Jn 19:30). Luego reposó en su tumba de *Shabbát* y volvió a salir vivo para que nosotros podamos eternamente reposar en su gracia inagotable.

Llévanos, oh Señor, por medio de tu Hijo, al reposo del *Shabbát* para el pueblo de Dios (Heb 4:9).

El hombre de la tierra אדם

ENTONCES EL SEÑOR DIOS FORMÓ AL HOMBRE DEL POLVO DE LA TIERRA, Y SOPLÓ EN SU NARIZ EL ALIENTO DE VIDA, Y FUE EL HOMBRE UN SER VIVIENTE.

GÉNESIS 2:7

Nuestro padre, Adán, recibe su nombre de la *adamá* («tierra o suelo cultivable») de la cual fue formado. Su nombre también se convierte en la palabra que designa a todas las personas. Esto es importante. El hebreo no habla de una «humanidad» genérica, sino de *adám* (*adanidad*, si se quiere). Nuestro comienzo estuvo en ese hombre concreto. Esa fue su génesis —y la nuestra—. Dios, el alfarero divino, se ensució las manos formándonos y moldeándonos como la arcilla (Is 64:8). Por el soplo del Todopoderoso, este primer hombre surgió de la tierra.

«El primer hombre es de la tierra, terrenal; el segundo hombre es del cielo» (1Co 15:47). Este «segundo hombre» del cielo descendió a la tierra como un segundo Adán para comenzar una nueva humanidad. «Tal como por una transgresión resultó la condenación de todos los hombres, así también por un acto de justicia resultó la justificación de vida para todos los hombres» (Ro 5:18). En este hombre concreto volvemos a empezar. Tal como el primer Adán se levantó a la vida desde la *adamá*, el segundo Adán se levantó otra vez desde la *adamá* del sepulcro, «Porque así como en Adán todos mueren, también en Cristo todos serán vivificados» (1Co 15:22).

Levántanos, oh Señor, del polvo, para que nos sentemos con Cristo en los lugares celestiales.

10 DE ENERO

El huerto en Edén גן עדן

Y EL SEÑOR DIOS PLANTÓ UN HUERTO HACIA EL ORIENTE, EN EDÉN, Y PUSO ALLÍ AL HOMBRE QUE HABÍA FORMADO.

GÉNESIS 2:8

En la creación, Dios es multivocacional. Es el hacedor del mundo, un casamentero, cirujano de Adán, constructor de Eva y ahora el jardinero del Edén. Debe observarse que Edén no es el huerto, aunque solemos equipararlos. El huerto se encuentra en la región más amplia llamada Edén, ubicada en algún lugar «hacia el oriente». Un *gan* es un jardín amurallado, un lugar protegido donde crecen flores, frutas y verduras. La traducción griega tradujo *gan* como *paradeisos* —de ahí nuestra palabra «paraíso»—.

En la magistral configuración divina de los acontecimientos, el paraíso anteriormente perdido es recuperado cuando Dios retoma la vocación de la horticultura. El mismo Señor que preguntó a Adán: «¿Dónde estás?» (Gn 3:9) pregunta a María Magdalena: «Mujer, ¿por qué lloras? […] ¿A quién buscas?» (Jn 20:15). Ella supuso que se trataba de un jardinero y, oh, cuánta razón tenía. El mismo Señor que plantó un huerto en Edén había ahora plantado vida sobre su tumba desocupada. Había venido a cultivar la vida del Espíritu en nosotros, a hacernos dar fruto abundante, a alimentarnos del nuevo árbol de la vida y, en nuestro último día, a decirnos, a cada uno: «Hoy estarás conmigo en el paraíso» (Lc 23:43).

Siembra tu gracia en nuestros corazones, oh Señor, para que podamos encontrar todo nuestro deleite en ti.

Ish e ishshá אִישׁ אִשָּׁה

Y EL HOMBRE DIJO: «ESTA ES AHORA HUESO DE MIS HUESOS, Y CARNE DE MI CARNE. ELLA SERÁ LLAMADA MUJER, PORQUE DEL HOMBRE FUE TOMADA».

GÉNESIS 2:23

La primera exclamación registrada del hombre estuvo referida a una mujer. Parece muy apropiado que así sea. Ella fue, literalmente, hueso de sus huesos, habiendo sido «construida» (*baná*) a partir de la costilla de él (v. 22). Cuando el Padre acompañó a su hija por el pasillo del Edén para que se casara con Adán en este huerto paradisíaco, el hombre reconoció al instante a una criatura que era un espejo de sí mismo. Habiendo salido de Adán, y estando formada a partir del cuerpo de este, el hombre le dio un nombre que procedía del suyo. Él era un *ish* («hombre»), así que la llamó *ishshá* («mujer»).

Siglos más tarde, mucho después de la desaparición del Edén, se produjo un curioso incidente. Otro *ish*, un hombre, estaba muriendo. Dios hizo caer sobre él un «sueño profundo», el sueño de la muerte misma. De su costado, atravesado por una lanza, brotaron sangre y agua (Jn 19:34). A partir de ese costado, *Dios construyó una* nueva *ishshá*. Se la bautizó con agua y se le dio a beber la sangre de Cristo. Se la llama cristiana porque fue sacada de Cristo. Es su esposa, inconfundiblemente parecida a Él, pues es hueso de sus huesos y carne de su carne —unidos como una cabeza y un cuerpo—.

Alabado seas, oh Cristo, por habernos hecho tuyos, purificándonos por el lavamiento del agua con la palabra.

Desnudos y astuta ערום

AMBOS ESTABAN DESNUDOS, EL HOMBRE Y SU MUJER, PERO NO SE AVERGONZABAN. LA SERPIENTE ERA MÁS ASTUTA QUE CUALQUIERA DE LOS ANIMALES DEL CAMPO QUE EL SEÑOR DIOS HABÍA HECHO.

GÉNESIS 2:25-3:1

El hebreo puede ser una lengua juguetona, en la que se juntan palabras de sonido similar, como *tóju vabojú* (Gn 1:2), o *adám* y *adamá* (2:7). Aquí sucede otra vez: el hombre y la mujer estaban *arummím* («desnudos») y la serpiente era *arúm* («astuta, lista»). Elifaz utiliza esta misma palabra cuando habla del «lenguaje de los *arumím* [astutos]» (Job 15:5). Podríamos intentar reproducir el juego de palabras de Génesis en nuestro idioma («des-cubiertos»; «des-pierta»), pero, por desgracia, no estaría a la altura del ingenio del autor hebreo.

Y esta pareja desnuda tampoco estaba a la altura de su enemigo diabólicamente astuto. La desnudez de ellos era un emblema de inocencia y de su existencia prístina, los mismos dones divinos que esta serpiente zalamera estaba a punto de atacar con su astuta lengua. Probablemente el salmista pensaba en esto cuando dijo de los hombres violentos: «Aguzan su lengua como serpiente; veneno de víbora hay bajo sus labios» (Sal 140:3). Sin embargo, colgada en oposición a serpientes y hombres mentirosos se halla la Verdad, la Sabiduría misma, el segundo Adán, desnudo en lo alto de la cruz. Magullado y maltratado de pies a cabeza. Solo su lengua está intacta y sin heridas, para poder interceder por todos nosotros.

Señor Jesús, sabiduría de lo alto, revístenos de tu justicia.

Tomen y coman אכל

CUANDO LA MUJER VIO QUE EL ÁRBOL ERA BUENO PARA COMER, Y QUE ERA AGRADABLE A LOS OJOS, Y QUE EL ÁRBOL ERA DESEABLE PARA ALCANZAR SABIDURÍA, TOMÓ DE SU FRUTO Y COMIÓ. TAMBIÉN DIO A SU MARIDO QUE ESTABA CON ELLA, Y ÉL COMIÓ.

GÉNESIS 3:6

Comer es *akál*. Cuando nosotros *akál*, reconocemos que, como un regalo, toda la vida llega a nosotros desde afuera. No cultivamos verduras en nuestros corazones ni criamos ganado en nuestros estómagos. Lo que comemos para vivir se origina en el mundo exterior. Comer es reconocer que no somos autosuficientes. Necesitamos a Dios. «A Ti [oh Señor] miran los ojos de todos, y a su tiempo Tú les das su alimento» (Sal 145:15). Sin embargo, los ojos de Eva, como también los de Adán, no miraban al Señor. Vieron que «era agradable a los ojos» y actuaron como si ya no fueran criaturas, sino aspirantes a divinidades.

Sin embargo, en lugar de abandonar el enfoque alimentario, Dios revirtió los efectos del mal comer utilizando el buen comer. Ordenó a los israelitas que comieran el cordero pascual. Los alimentó de maná y codornices. Y, por último, a la humanidad que había tomado y comido lo que no debía, les dijo: «Tomen, coman; esto es Mi cuerpo» (Mt 26:26). Comer al Mesías es vivir para siempre (Jn 6:54).

Oh Señor, «[Abre] Tu mano, y [sacia] el deseo de todo ser viviente» (Sal 145:16).

La simiente prometida זרע

PONDRÉ ENEMISTAD ENTRE TÚ Y LA MUJER, Y ENTRE TU SIMIENTE Y SU SIMIENTE; ÉL TE HERIRÁ EN LA CABEZA, Y TÚ LO HERIRÁS EN EL TALÓN.

GÉNESIS 3:15

La palabra hebrea para simiente o descendencia es *zéra*. Puede referirse a la semilla de una planta, al semen de un hombre o a la descendencia de las personas. Suena extraño a nuestros oídos, pero *zéra* está en el corazón de la forma en que el Antiguo Testamento predica el evangelio. La primera vez que escuchamos este «Evangelio de la simiente» es en Génesis 3:15. La *zéra* de Eva y la *zéra* de la serpiente se enzarzarán en una larga y encarnizada guerra. El bien y el mal nunca firmarán un tratado de paz. Su guerra se librará hasta que finalmente tanto una cabeza como un talón resulten «heridos».

Toda la historia de Israel es la crónica de esta simiente venidera. Cada genealogía sigue su desarrollo. Partiendo de la simiente de Eva, se estrecha gradualmente hasta llegar a la de Abraham, a la de Judá, y a la de David: «Levantaré a tu *zéra* después de ti», dice Dios a David, y «estableceré su reino» (2S 7:12). Sin embargo, esta simiente real de David tiene un trono peculiar. Es una cruz. Y en ella, mientras los colmillos de la serpiente hieren su talón, este aplasta la cabeza de la serpiente. Por medio de la muerte, esta simiente destruye a la muerte, y por él somos hechos simiente, descendencia, hijos de nuestro Padre celestial.

Oh Simiente de David, Rey nuestro, líbranos del mal y llévanos a tu reino de vida.

15 DE ENERO

La madre de todos los vivientes חוה

EL HOMBRE LE PUSO POR NOMBRE EVA A SU MUJER,
PORQUE ELLA ERA LA MADRE DE TODOS LOS VIVIENTES.

GÉNESIS 3:20

En hebreo, el nombre de Eva es *Kjavvá*, y en griego, es Zoé. Su nombre refleja la palabra que significa vida: *kjai* (piensa en el típico brindis judío «¡Lekjayím!», «¡A la vida!»). En un capítulo lúgubre y sombrío, este es un bienvenido rayo de luz. De hecho, podría decirse que es un nombre de fe, porque *Kjavvá* ni siquiera ha tenido un bebé aún. Sin embargo, Dios ha prometido que lo tendrá, así que darle y llevar ese nombre son confesiones de fe en el Dios que siempre cumple su palabra. Tal como, en el versículo siguiente, el Señor los viste con ropas mejores, Adán envuelve a su esposa con un nombre nuevo.

Kjavvá es la madre de todos los vivientes en más de un sentido. Sí, su vientre es el origen de toda la humanidad; todas las personas rastrean su linaje hasta ella. Sin embargo, de un modo más profundo, es la madre de la vida misma, pues será su simiente la que aplastará a la muerte y resucitará trayendo vida para todos (Gn 3:15). En efecto, el Mesías es «la resurrección y la vida» (Jn 11:25). «En Él estaba la vida, y la vida era la Luz de los hombres» (1:4). Su madre biológica fue María, pero su madre original fue *Kjavvá*, la madre de la simiente que es la vida de Dios mismo.

Cristo Jesús, «en Ti está la fuente de la vida; en Tu luz vemos la luz» (Sal 36:9).

Una patada en el trasero גרשׁ

Y EL SEÑOR DIOS [...] ECHÓ [A ADÁN] DEL HUERTO DEL EDÉN, PARA QUE LABRARA LA TIERRA DE LA CUAL FUE TOMADO. EXPULSÓ, PUES, AL HOMBRE.

GÉNESIS 3:23-24A

El verbo hebreo para «expulsar» es *garásh*. Cuando tú *garásh* a alguien, no sonríes pidiéndole educadamente que se vaya. Le das una patada en el trasero. Lo echas a empujones y lo apartas, tal como Sara le dijo a Abraham que lo hiciera con Agar (Gn 21:10), como el Faraón lo hizo con Israel (Éx 11:1), y como el Señor lo hizo con los cananeos (23:28-30). Cuando Salomón «expulsó» a Abiatar del sacerdocio, lo *garásh* (1 Reyes 2:27). Es un tipo de expulsión violenta, como cuando el portero de un bar echa a la calle a un cliente indisciplinado.

Qué sorpresa, entonces, que, al escribir sobre la tentación de Jesús, Marcos elija el equivalente griego de *garásh*. Dijo: «Enseguida el Espíritu [...] impulsó [a Jesús] a ir al desierto» (Mr 1:12). En efecto, el verbo griego *ekbálo*, elegido por Marcos, se utiliza para traducir *garásh* en la versión griega de Génesis 3:24. ¿Por qué? Porque es la sutil forma en que Marcos nos dice que Jesús es el segundo Adán. Ha venido para revivir la expulsión de Adán, y ser conducido al este del Jordán. Allí será tentado, pero resistirá, triunfará donde el primer Adán fracasó, y finalmente restaurará nuestra relación con el Padre, que nunca nos expulsará.

Expulsa de nosotros, Espíritu Santo, todo lo que te es contrario, y llévanos al Padre.

17 DE ENERO

Cabalgó sobre ángeles כרוב

AL ORIENTE DEL HUERTO DEL EDÉN [DIOS] PUSO QUERUBINES, Y UNA ESPADA ENCENDIDA QUE GIRABA EN TODAS DIRECCIONES PARA GUARDAR EL CAMINO DEL ÁRBOL DE LA VIDA.

GÉNESIS 3:24

Los ángeles son peligrosos. No tienen nada de adorables, apacibles ni preciosos. Cuando aparecen, la gente se acobarda aterrada, y con razón. En hebreo, querubín (singular) es *kerúb* y querubines (plural) es *kerubím* (en hebreo, *im* es una terminación plural, como lo es la *s* en español).

Estos *kerubím* son guerreros, cuyas manos sostienen espadas de fuego desenvainadas para asegurarse de que Adán y Eva no regresen al huerto en puntillas. Más tarde, dos *kerubím* de oro extenderán sus alas sobre el arca del pacto, actuando como trono de Dios (Éx 25:18-20). A veces estos ángeles son representados con múltiples alas y cuatro caras, portando un trono ambulante (Ez 1, 10). En una imagen inolvidable, Dios «Cabalgó sobre un querubín, y voló» (Sal 18:10).

Los *kerubím* son soldados del ejército invisible que se infiltra en nuestro mundo. Son una especie de Fuerzas Especiales espirituales, las cuales nos defienden de los ángeles diabólicos que, hace siglos, se pasaron al lado oscuro. Pero ahora, en lugar de apartarnos del árbol de la vida, nos proporcionan una escolta militar mientras marchamos hacia el árbol de la cruz y recibimos de Cristo el fruto de la vida.

Padre celestial, que tu santo ángel nos acompañe, para que el enemigo maligno no tenga poder sobre nosotros (Lutero).

Los dos primeros humanos קנה

Y EL HOMBRE SE UNIÓ A EVA, SU MUJER, Y ELLA CONCIBIÓ Y DIO A LUZ A CAÍN, Y DIJO: «HE ADQUIRIDO VARÓN CON LA AYUDA DEL SEÑOR».

GÉNESIS 4:1

Caín y Abel fueron los dos primeros seres humanos; al menos en el sentido habitual. Identificarse con Adán y Eva, creados a partir de la tierra y de una costilla, es un poco difícil. Caín y Abel, en cambio, fueron fruto de un momento íntimo. Ambos tenían cumpleaños. Los entendemos. Lo más probable es que fueran gemelos, ya que, entre el anuncio de sus dos nacimientos, no leemos «y concibió una vez más». En hebreo, el nombre de Caín es *Cayín*, que deriva del verbo *caná*. Puede significar adquirir, comprar, crear o engendrar, según el contexto. De ahí el anuncio de Eva: «He *caná* varón».

Martín Lutero argumentó que Eva pensó que había dado a luz a la simiente previamente prometida por Dios (3:15). Lutero leyó el hebreo como «He adquirido el varón del Señor». Es una traducción posible, pero improbable. Ahora bien, si Eva pensó que Caín era la simiente prometida, estaba miserablemente equivocada. En lo que a mesianismo se refiere, Caín, un asesino, habría sacado la peor nota posible. No, Eva tendría que esperar, tal como lo hicieron muchas generaciones después de ella. Sin embargo, un día, otra «Eva» llamada María *caná* otro hijo, un hombre que realmente fue «un Salvador, que es Cristo el Señor» (Lc 2:11).

Concibe en nosotros, Padre querido, la fe que recibe de ti todo lo que Cristo ha ganado para nosotros.

La voz de la sangre דם

Y EL SEÑOR LE DIJO: «¿QUÉ HAS HECHO? LA VOZ DE LA SANGRE DE TU HERMANO CLAMA A MÍ DESDE LA TIERRA».

GÉNESIS 4:10

La palabra para sangre, *dam*, está en plural aquí. Caín derramó «sangres». El plural se usa casi siempre en situaciones de culpabilidad de homicidio o de derramamiento de sangre. Los primeros comentaristas judíos, que le encontraban un significado a cada minúsculo detalle, argumentaron que se escribió «sangres» en vez de «sangre» porque Caín asesinó no solamente a un hombre, sino también a todos sus posibles descendientes. Esto llevó al dicho rabínico de que quien destruye una vida ha destruido al mundo entero. Reconocemos la verdad de esto, pues la víctima de un asesinato nunca es una sola: incontables personas son «asesinadas» emocional o psicológicamente por este crimen atroz.

La historia de Caín nos enseña tres verdades vitales: la sangre tiene voz, usa esa voz para clamar a Dios, y esa sangrienta voz es escuchada. Ahora bien, si Dios escuchó la sangre de Abel, ¡imagina cuánto más fuerte suena en sus oídos la sangre de Cristo! Porque su sangre «habla mejor que la sangre de Abel» (Heb 12:24). Su muerte, lejos de destruir el mundo entero, lo salvó, pues por medio de él Dios reconcilió consigo «todas las cosas, tanto las que están en la tierra como las que están en el cielo, haciendo la paz mediante la sangre que derramó en la cruz» (Col 1:20 NVI).

Que tu sangre, oh Cristo, la cual por el Espíritu eterno ofreciste sin mancha a Dios, limpie nuestra conciencia de obras muertas para servir al Dios vivo (Heb 9:14).

Invoca el nombre de Yahvé קרא

A SET LE NACIÓ TAMBIÉN UN HIJO Y LE PUSO POR NOMBRE ENÓS. POR ESE TIEMPO COMENZARON LOS HOMBRES A INVOCAR EL NOMBRE DEL SEÑOR.

GÉNESIS 4:26

En este versículo hay dos nombres, uno humano y otro divino, que sugieren astutamente un contraste. El nombre Enós, que es otra palabra para «hombre», deriva de una raíz hebrea (*anásh*) que significa «débil» o «enfermizo». Es la misma raíz que Jeremías utiliza para describir el corazón más engañoso y enfermo/incurable (*anúsh*) que todo (17:9). Así que Enós no es precisamente un nombre fuerte y hercúleo. Si cabe, resume la condición de la humanidad en un mundo fracturado. Razón de más, entonces, para *cará* («invocar») el nombre del SEÑOR —el nombre fuerte, saludable y fiable de Dios—.

El verbo *cará* puede usarse tanto para invocar como para proclamar. Cuando nuestras vidas se desmoronan, lo invocamos, sabiendo que «El nombre del SEÑOR es torre fuerte, a ella corre el justo y está a salvo» (Pr 18:10). En nuestro mundo enfermo de pecado, proclamamos su nombre sanador (Hch 3:16). Y confiamos en Jesús, que lleva el nombre sobre todo nombre (Yahvé), y ante quien toda rodilla se doblará y toda lengua confesará que él es Señor, para gloria de Dios Padre (Fil 2:9-11).

«No a nosotros, SEÑOR, no a nosotros, sino a Tu nombre da gloria, por Tu misericordia, por Tu fidelidad» (Sal 115:1).

Una mala mentalidad יצר

EL SEÑOR VIO QUE ERA MUCHA LA MALDAD DE LOS HOMBRES EN LA TIERRA, Y QUE TODA INTENCIÓN DE LOS PENSAMIENTOS DE SU CORAZÓN ERA SOLO HACER SIEMPRE EL MAL.

GÉNESIS 6:5

En seis capítulos, pasamos de ver que la gente era «buena en gran manera» a que «toda intención de los pensamientos de su corazón era solo hacer siempre el mal». Las cosas se desmoronaron precipitadamente. La palabra para «intención» es *yetsér*. Puesto que *yetsér* también se relaciona con formar y enmarcar, podemos entenderla como una mentalidad, una visión holística de la vida. Y en este caso, es del todo mala. Los rabinos hablaban de que las personas tienen una *yetsér kja-tób* («propensión al bien») y una *yetsér kja-rá* («propensión al mal»). Dios «conoce nuestra *yetsér* ["condición"]; se acuerda de que somos polvo» (Sal 103:14 RVA-2015). Y en tiempos de Noé, este «polvo humano» estaba a punto de convertirse en un auténtico lodo.

Hay algo con lo que siempre podemos contar: por cada desastre, el Señor crea también una vía de redención. Cada casa en llamas tiene una puerta abierta. Y la «puerta abierta» de esta historia se halla en el costado de un arca. En ella, el Dios que «formó [*yatsár*] al hombre del polvo de la tierra» (Gn 2:7) salvó a una familia para formar una vez más a la humanidad. Y, por último, nos rescató a todos mediante el Redentor, a quien «formó [*yatsár*] desde el seno materno para ser Su siervo» (Is 49:5).

Oh Señor, que viste el diseño de nuestros días antes de que existiera siquiera uno solo, crea en nosotros corazones limpios (Sal 139:16 NVI; 51:10).

22 DE ENERO

Las arcas mayor y menor תבה

HAZTE UN ARCA DE MADERA DE CIPRÉS. HARÁS EL ARCA CON COMPARTIMIENTOS, Y LA CUBRIRÁS CON BREA POR DENTRO Y POR FUERA.

GÉNESIS 6:14

Un arca es una *tebá*, una embarcación en forma de cofre o caja (el «arca» en «arca del pacto» es una palabra hebrea diferente).

En la Biblia hay solamente dos arcas: una lo suficientemente grande como para albergar un mundo diminuto, y otra lo suficientemente grande como para albergar a un bebé diminuto. Una *tebá* fue construida por Noé, y la otra, por la madre de Moisés, para su hijo (Éx 2:3). Ambas fueron impermeabilizadas con brea. Aunque hoy la mini*tebá* de Moisés suele traducirse como «cesta/canasta», la versión Reina Valera escogió «arquilla», y con acierto, pues se suponía que debíamos conectar estas dos embarcaciones en nuestras mentes.

Noé y Moisés flotaron sobre aguas en las que muchos otros se ahogaron. Ambos fueron mantenidos a salvo. Ambos trajeron a la vida un nuevo pueblo para Dios después de una destrucción masiva. Y ambos están relacionados con el bautismo: Noé salvó a su familia, tipificando el bautismo (1P 3:20-21), e Israel, en el mar Rojo, fue «bautizado en Moisés» (1Co 10:2). Desde la antigüedad, la Iglesia también ha sido representada, arquitectónicamente, como una embarcación o un arca. «Púlpito», por ejemplo, significa también «parte delantera de un barco». Bautizados en el cuerpo de Cristo, somos salvados, protegidos e integrados al pueblo de Dios en el arca de la Iglesia.

Padre celestial, mantennos en lo alto y en lo seco, en el arca sagrada de tu Iglesia, a salvo de las inundaciones que causan estragos a nuestro alrededor.

Las acciones recordatorias de Dios זכר

ENTONCES DIOS SE ACORDÓ DE NOÉ Y DE TODAS LAS BESTIAS Y DE TODO EL GANADO QUE ESTABAN CON ÉL EN EL ARCA. Y DIOS HIZO PASAR UN VIENTO SOBRE LA TIERRA Y DECRECIERON LAS AGUAS.

GÉNESIS 8:1

En hebreo, *zakár* («recordar») es más que una actividad cerebral: es una acción de las manos y la boca. Es como recordar el cumpleaños de alguien haciéndole una fiesta. Tal fiesta hebrea constituiría la remembranza. Del mismo modo, recordar un nombre no es solo acordarse del nombre de alguien, sino pronunciarlo o, en el caso de Dios, alabarlo. «Haré que tu nombre se recuerde [*zakár*]», dice el salmista, lo cual significa que «las naciones te alabarán eternamente y para siempre» (Sal 45:17 NVI). Recordar *era* alabar. Por eso, cuando el Señor se acordó de Noé y de los animales, no fue como si se hubiera dado una palmada en la frente, exclamando: «¡Caramba, me había olvidado del barco!». No, se acordó de ellos en el acto mismo de hacer soplar el viento sobre la tierra. Enviar el viento *fue* el acto de recordar.

Cuando Dios se acuerda de nosotros, actúa para salvarnos y bendecirnos. Del mismo modo, cuando no recuerda nuestros pecados (Is 43:25), no actúa para castigarnos por ellos. Cristo es la remembranza encarnada del Padre. Es el don tangible, verificable y corpóreo de la recordación redentora de Dios.

«No te acuerdes de los pecados de mi juventud ni de mis transgresiones; acuérdate de mí conforme a Tu misericordia, por Tu bondad, oh Señor» (Sal 25:7).

24 DE ENERO

Jonás, el profeta emplumado יונה

HACIA EL ATARDECER LA PALOMA REGRESÓ A [NOÉ], TRAYENDO EN SU PICO UNA HOJA DE OLIVO RECIÉN ARRANCADA. ENTONCES NOÉ COMPRENDIÓ QUE LAS AGUAS HABÍAN DISMINUIDO SOBRE LA TIERRA.

GÉNESIS 8:11

En español, la *y* hebrea suele escribirse como una *j*. Así, Jonás viene de *Yoná*. Su nombre significa «paloma», aunque la personalidad de este testarudo profeta era decididamente más semejante a la de un halcón. Parte de su historia lo sitúa a bordo de un barco asolado por un mar embravecido. De este modo, se lo conecta con otra embarcación y otro mar. Desde su barco, Noé soltó dos aves: un cuervo y una paloma (*yoná*). El primero predicó malas noticias, por así decirlo: las aguas no se habían secado. Pero la paloma predicó buenas noticias, luciendo, a su regreso, una hoja de olivo en el pico. Por fin las aguas habían disminuido.

Cuando las historias bíblicas se leen lado a lado, suelen producir resultados fascinantes. Tal como el ave *yoná*, el profeta *Yoná* traerá la paz, pero el ave lo hace con una rama de olivo, ¡mientras que el profeta lo hace siendo arrojado al mar! Sin embargo, ave y hombre se unen como partes pequeñas de una historia más grande: la historia de un Salvador que comparó sus tres días en la tumba con los tres días de Jonás en el pez, y sobre el cual, en el Jordán, se posaría la paloma del Espíritu para marcarlo como la paz elegida por Dios para todos nosotros.

Espíritu Santo, predicador de paz, proclama y establece la paz en nuestros corazones turbulentos.

25 DE ENERO

El eje del cielo y la tierra מזבח

ENTONCES NOÉ EDIFICÓ UN ALTAR AL SEÑOR, Y TOMÓ DE TODO ANIMAL LIMPIO Y DE TODA AVE LIMPIA, Y OFRECIÓ HOLOCAUSTOS EN EL ALTAR.

GÉNESIS 8:20

Misbéakj es un sustantivo formado a partir del verbo *zabákj*, sacrificar. Así que un *misbéakj* («altar») es simplemente «el lugar para sacrificar». Su simple significado, sin embargo, esconde una profunda importancia. El altar es el lugar donde Dios y la humanidad se dan la mano. Es el eje del cielo y la tierra. Cada altar es un minimonte al que los pecadores suben, el Señor baja, y en donde se produce una cita de misericordia. Tras el diluvio, Noé construyó este altar en un mundo purificado, deseoso de un nuevo comienzo.

Pero se necesitaba algo más que este nuevo comienzo. Noé construyó su altar, tal como lo harían Abraham, Isaac, Jacob, Moisés, David y muchos otros. Cada altar proporcionaba un alivio temporal, no una expiación duradera. Dios y la humanidad se daban la mano, pero lo que necesitaban era un abrazo permanente. Finalmente, el abrazo duradero se produjo en un tipo de altar muy diferente, construido no por judíos sino por romanos, erigido fuera del templo, en el Lugar de la Calavera. Allí, el que era tanto Dios como hombre se ofreció para ser el sacrificio, tragarse el diluvio, y convertirse en el aroma que llegaría al cielo. El *misbéakj* de la cruz de Jesús se convirtió en la cita eterna de misericordia.

Padre celestial, ven a nuestro encuentro con misericordia en el altar de tu Hijo.

26 DE ENERO

El arma jubilada de Dios קֶשֶׁת

PONGO MI ARCO EN LAS NUBES Y SERÁ POR SEÑAL DE MI PACTO CON LA TIERRA. Y ACONTECERÁ QUE CUANDO HAGA VENIR NUBES SOBRE LA TIERRA, SE VERÁ EL ARCO EN LAS NUBES, Y ME ACORDARÉ DE MI PACTO, CON USTEDES Y CON TODO SER VIVIENTE DE TODA CARNE.

GÉNESIS 9:13-15

Aunque a menudo se traduce como «arco iris», la palabra *quéshet* se refiere comúnmente a un «arco», el arma. Fíjate en dos cosas: primero, este *quéshet* no está en las manos del arquero celestial que disparó las flechas del diluvio sobre la tierra. Está colgado de las nubes. El Señor ha jubilado su arma. En segundo lugar, no está mirando hacia abajo, hacia nosotros, sino hacia arriba, en dirección a Dios. No nos amenaza. Dios transformó un arma de guerra en un emblema de paz.

Pero esto se pone aun mejor. Más tarde, cuando Dios se aparece a Ezequiel bajo el aspecto de un hombre, esta semejanza de la gloria del Señor es «Como el aspecto del *quéshet* que aparece en las nubes en un día lluvioso» (Ez 1:28). Esta gloria semejante a un hombre es el Hijo del Padre; Juan lo ve en el cielo, «y alrededor del trono había un arco iris» (Ap 4:3). Los dos extremos del arco, que unen Génesis con Apocalipsis, nos señalan a Cristo, pues «Él mismo es nuestra paz» (Ef 2:14).

«En paz me acostaré y así también dormiré, porque solo Tú, Señor, me haces vivir seguro» (Sal 4:8).

27 DE ENERO

El fruto de la vid יין

NOÉ COMENZÓ A LABRAR LA TIERRA, Y PLANTÓ UNA VIÑA. BEBIÓ EL VINO Y SE EMBRIAGÓ, Y SE DESNUDÓ EN MEDIO DE SU TIENDA.

GÉNESIS 9:20-21

Las primeras historias sobre el *yáyin* («vino») no presagian nada bueno para su futuro uso positivo. Noé se emborracha y se tumba desnudo en su tienda. Las hijas de Lot emborrachan a su padre con vino y luego se acuestan con él (19:30-38). El fruto de la vid no deja una buena primera impresión. Pero su reputación mejora en otros relatos. El rey-sacerdote Melquisedec, que es una prefiguración de Jesús, trae pan y *yáyin* a Abraham (14:18). Cuando Jacob bendice a Judá, dice que esa tribu será tan rica en vino que podrán usarlo para lavar la ropa (49:11). Y en el banquete del Mesías al final de los tiempos habrá «vino añejo refinado» (Is 25:6).

La noche de su última Pascua con sus discípulos, Jesús alzó una copa de vino y dijo: «Beban todos de ella; porque esto es Mi sangre del nuevo pacto, que es derramada por muchos para el perdón de los pecados» (Mt 26:27-28). El *yáyin*, que Jacob llama «la sangre de las uvas» cuando bendice a Judá (Gn 49:11), es la bebida que el Mesías de Judá elige para darnos a beber su sangre del pacto, para que recibamos (lo que algunos Padres de la Iglesia llamaron) la «sobria embriaguez del Espíritu».

Sacia nuestra sed, oh Señor, con el vino de tu misericordia.

Los bloques de construcción del lenguaje לבנה

Y SE DIJERON UNOS A OTROS: «VAMOS, FABRIQUEMOS LADRILLOS Y COZÁMOSLOS BIEN. [...] VAMOS, EDIFIQUÉMONOS UNA CIUDAD Y UNA TORRE CUYA CÚSPIDE LLEGUE HASTA LOS CIELOS».

GÉNESIS 11:3-4

La historia de la torre de Babel está plagada de chistes internos hebreos. El más obvio es que se burlan de la «grande y gloriosa» ciudad de Babel, más tarde llamada Babilonia. Se llama *Babel* porque el Señor *balal* («confundió») el idioma que hablaban (v. 9). Asimismo, aunque supuestamente la torre de esta ciudad llega «hasta los cielos» (v. 4), Dios debe cómicamente descender (v. 5) para inspeccionar la ciudad. Y, por último, el Señor decide «confundir su lengua» (v. 7). En esta forma del verbo «confundir», las consonantes n-b-l son el resultado de revolver l-b-n, las tres consonantes de la palabra para ladrillo. Puesto que Dios n-b-l («confundió») su lengua, ya no pudieron usar sus l-b-n («ladrillos»). Podríamos decir que Dios destruyó los bloques de construcción de su lenguaje.

Todo este humor a expensas de Babilonia es bien merecido. En la Biblia, Babilonia simboliza el mal, un mundo que se ha vuelto contra Dios. Babilonia, la antigua enemiga de Israel, es llamada «la madre de las rameras y de las abominaciones de la tierra» (Ap 17:5). Sin embargo, al final vemos que «¡Cayó, cayó...!» (18:2), mientras que el Cristo victorioso ha construido para nosotros la Nueva Jerusalén, «que [desciende] del cielo, de Dios, preparada como una novia ataviada para su esposo» (21:2).

Alabado seas, oh Cristo, por construirnos Sión, la Nueva Jerusalén, como nuestro eterno hogar junto a ti.

Dios da la orden de marchar הלך

Y EL SEÑOR DIJO A ABRAM: «VETE DE TU TIERRA, DE ENTRE TUS PARIENTES Y DE LA CASA DE TU PADRE, A LA TIERRA QUE YO TE MOSTRARÉ».

GÉNESIS 12:1

Lo primero que Dios le dijo a Abram no fue «construye», «sirve», ni «cree». Fue ¡*Lek-leká*! *Lek* es una forma imperativa de *jalák*, que significa «caminar o ir»; *leká* es literalmente «para ti mismo». La RVR lo traduce como «Vete». Nosotros podríamos decir: «¡Ponte en marcha!».

Abram ya podía ir despidiéndose de la vida sedentaria. Era un hombre en continuo movimiento, que andaba «Por la fe […] sin saber adónde iba» (Heb 11:8). Su vida, por tanto, se convierte en una parábola. Vive como un forastero en una tierra extranjera, confiando en la promesa invisible de Dios. «Esperaba la ciudad que tiene cimientos, cuyo arquitecto y constructor es Dios» (Heb 11:10).

Abraham andaba por fe, que es «la convicción de lo que no se ve» (Heb 11:1), pero también se regocijó de que vería el día de Cristo; de hecho, «lo vio y se alegró» (Jn 8:56). Antes de que Abraham oyera a Dios decir: «¡Ve!» —incluso antes de que Abraham existiera—, Jesús dijo: «Yo soy» (8:58). El Hijo se presentó en la tienda de Abraham (Gn 18:1-15), apareció en una visión (Gn 15) y lo visitó en forma de mensajero celestial (Gn 22:11). El mismo Dios que ordenó ¡*Lek*! se encontraba también cerca. El «Yo soy» siempre ha sido nuestro Emmanuel.

Señor Jesús, condúcenos, con Abraham, a la ciudad eterna, cuyo constructor es Dios.

La tierra estéril רעב

PERO HUBO HAMBRE EN EL PAÍS, Y ABRAM DESCENDIÓ A EGIPTO PARA PASAR ALLÍ UN TIEMPO, PORQUE EL HAMBRE ERA SEVERA EN AQUELLA TIERRA.

GÉNESIS 12:10

La palabra *raáb*, traducida a veces como «hambruna», es la palabra general para «hambre». Dios no bromeaba cuando le dijo a Adán: «Maldita será la tierra por tu causa; con trabajo comerás de ella todos los días de tu vida» (Gn 3:17). A partir de ese momento, el que comió del fruto prohibido lucharía contra espinos y cardos, sequías y fuego, e insectos e inundaciones, a fin de someter la tierra a su voluntad agrícola. Sin embargo, el Señor sabe transformar las maldiciones en bendiciones, pues las hambrunas también ocupan un lugar destacado en sus planes de misericordia. Usando un *raáb*, lleva a Abram a Egipto para enriquecerlo; lleva a Jacob a Egipto para reunirlo con José; Noemí es llevada a Moab para acoger a Rut en su familia; e Israel es llevado al arrepentimiento bajo Elías.

Jesús se refiere a la hambruna en los días de Elías como un ejemplo de la obstinada negativa de su pueblo a escuchar la Palabra de Dios, y de su misericordia divina para con los gentiles (Lucas 4:24-26). Tanto a judíos como a gentiles, Cristo les dice: «Yo soy el pan de la vida; el que viene a Mí no tendrá hambre, y el que cree en Mí nunca tendrá sed» (Jn 6:35). En las hambrunas más severas de nuestros cuerpos y almas, solo Cristo es nuestra salvación.

Padre celestial, que sacias el alma anhelante y colmas de bienes al alma hambrienta, sácianos y llénanos de tu Hijo.

31 DE ENERO

Cuando Dios golpea נגע

PERO EL SEÑOR HIRIÓ A FARAÓN Y A SU CASA CON GRANDES PLAGAS POR CAUSA DE SARAI, MUJER DE ABRAM.

GÉNESIS 12:17

El verbo *nagá* puede significar «tocar, golpear o plagar». Sus primeros dos usos involucran a mujeres. Eva, burlando la orden de Dios, le dijo a la serpiente que ellos ni siquiera podían *nagá* el fruto (Gn 3:3). Y cuando el Faraón se fugó con Sarai, Dios *nagá* al rey. Está claro que ser «tocado» de esta segunda manera es como si el puño del cielo te golpeara en la cara. El hebreo tiende a usar la misma raíz para sustantivos y verbos, así que Dios «plagó [*nagá*] al Faraón con grandes plagas». Magullado y maltratado en el cuadrilátero de boxeo de Egipto, el rey recibió el mensaje, fuerte y claro.

Desde luego, todas estas plagas, en Génesis 12, presagian la futura paliza que recibiría en Éxodo un Faraón mucho más testarudo. Solo después de que Dios lo hubiera *nagá* diez veces, soltaría por fin los grilletes de Israel. Para el pueblo, eso funcionó, pero la humanidad completa se hallaba bajo una prisión mucho peor: «Antes de venir la fe, estábamos encerrados bajo la ley, confinados para la fe que había de ser revelada» (Gá 3:23). Nuestra libertad llegó cuando el Mesías fue herido por nuestras transgresiones, molido por nuestras iniquidades, y castigado por nosotros (Is 53:5). Nosotros «lo tuvimos por azotado [*nagá*], por herido de Dios y afligido» (v. 4). Por nosotros, Cristo fue herido con plagas. Ahora, en Él, somos libres para siempre, pues «por Sus heridas hemos sido sanados» (v. 5).

Cristo crucificado, escucha nuestra oración, cura nuestras heridas y libéranos para la vida abundante en ti.

1 DE FEBRERO

Reclamada con los pies רגל

[EL SEÑOR LE DIJO A ABRAM:] «LEVÁNTATE, RECORRE LA TIERRA A LO LARGO Y A LO ANCHO DE ELLA, PORQUE A TI TE LA DARÉ».

GÉNESIS 13:17

Dios le dijo a Abram que usara sus ojos y sus pies. Primero, le dijo, «mira [...] hacia el norte, el sur, el oriente y el occidente» (13:14). Luego le dijo que caminara. Más tarde, le dijo a Israel: «Todo lugar donde pise la planta de su pie será de ustedes» (Dt 11:24). La planta del *réguel* («pie») de Israel trazó en el suelo la firma de ellos. Esto refleja la antigua práctica —de reyes y otras personas—, común en aquellas culturas, de asumir o reafirmar la propiedad de la tierra recorriéndola a lo largo y a lo ancho. Del mismo modo, cuando Booz redimió la tierra para Noemí, el otro hombre le entregó su sandalia, renunciando a cualquier derecho sobre aquel suelo (Rt 4:7-8).

Cuando Jesús predicó y curó, no se estableció en un solo lugar. El suyo fue un ministerio peripatético. Al igual que el patriarca, recorrió Israel a lo largo y a lo ancho. Dios bajó hasta su pueblo, se hizo hombre y estampó su nombre en la tierra con su propio *réguel*. Sin embargo, no estaba reclamando solamente a Israel, sino a «todas las naciones» (Mt 28:19). Aún hoy, cuando sus embajadores ponen sus pies en algún lugar y predican el reino de Dios, qué hermosos son aquellos pies (Is 52:7), pues llevan la buena nueva de que el Señor de la gracia reina supremo.

Señor Jesús, levántate en medio nuestro, sobre tus pies con cicatrices de clavos, para reclamar nuestras vidas como tuyas.

2 DE FEBRERO

El rey-sacerdote de Salem מלכי־צדק

Y MELQUISEDEC, REY DE SALEM, SACÓ PAN Y VINO; ÉL ERA SACERDOTE DEL DIOS ALTÍSIMO. ÉL LO BENDIJO, DICIENDO: «BENDITO SEA ABRAM DEL DIOS ALTÍSIMO, CREADOR DEL CIELO Y DE LA TIERRA; Y BENDITO SEA EL DIOS ALTÍSIMO QUE ENTREGÓ A TUS ENEMIGOS EN TU MANO». Y ABRAM LE DIO EL DIEZMO DE TODO.

GÉNESIS 14:18-20

El libro de Hebreos descompone el nombre de Melquisedec en dos palabras: *malki* («rey de») y *tsedéc* («justicia»). El nombre de su ciudad, Salem (forma abreviada de «Jerusalén»), está relacionado con la palabra *shalom* («paz»). Por eso Hebreos dice: «El nombre Melquisedec significa primeramente rey de justicia, y luego [es] también rey de Salem, esto es, rey de paz» (7:2). Además, en la Biblia es el primer sacerdote que se menciona, mucho antes que Aarón y sus hijos. No es de extrañar que David, hablando del Mesías, cante que: «El Señor ha jurado y no se retractará: "Tú eres sacerdote para siempre según el orden de Melquisedec"» (Sal 110:4).

Este antiguo rey-sacerdote es semejante al Hijo de Dios (Heb 7:3), que es nuestra paz, nuestra justicia, nuestro rey y nuestro sacerdote. No recibe su cargo por descendencia de Aarón, sino «según el poder de una vida indestructible» (7:16). Tal como Melquisedec bendijo en su día a Abram, Cristo nos bendice a nosotros, hijos e hijas de Abraham, y nos invita a un festín de pan y vino en su altar de vida.

Jesús, Sacerdote y Rey nuestro, gobiérnanos por misericordia e intercede por nosotros en amor.

La Palabra visible de Dios דבר

PERO LA PALABRA DEL SEÑOR VINO A [ABRAM], DICIENDO: «TU HEREDERO NO SERÁ ESTE, SINO UNO QUE SALDRÁ DE TUS ENTRAÑAS, ÉL SERÁ TU HEREDERO». EL SEÑOR LO LLEVÓ FUERA, Y LE DIJO: «AHORA MIRA AL CIELO Y CUENTA LAS ESTRELLAS, SI TE ES POSIBLE CONTARLAS». Y AÑADIÓ: «ASÍ SERÁ TU DESCENDENCIA».

GÉNESIS 15:4-5

A veces la Palabra de Dios es para los oídos *y los ojos*. La palabra *dabár*, normalmente traducida como «palabra», puede también significar «cosa o materia». Cuando la *dabár* del Señor vino a Abram, «lo llevó fuera». Las palabras habladas no llevan a la gente afuera. Del mismo modo, cuando la *dabár* habló a Jeremías, «extendió Su mano y tocó [la] boca [de Jeremías]» (1:4-9). Esta *dabár* divina es, pues, más que una voz procedente del cielo; es la manifestación visible y palpable de Dios en la tierra.

Esta *dabár* visible del Antiguo Testamento es la misma *dabár* que en el principio ya existía, estaba con Dios, es Dios, y se hizo carne y habitó entre nosotros (Jn 1:1, 14). Juan dice que lo hemos visto con nuestros ojos, lo hemos contemplado y nuestras manos lo han tocado (1 Jn 1:1). Antes de encarnarse, estuvo todo el tiempo allí, con su pueblo. Y ahora, eternamente divino y humano a la vez, está con nosotros, el «unigénito del Padre, lleno de gracia y de verdad» (Jn 1:14).

Cristo Jesús, Palabra hecha carne, que todos recibamos de ti gracia sobre gracia.

4 DE FEBRERO

El Amén de la fe אמן

Y ABRAM CREYÓ EN EL SEÑOR, Y ÉL SE LO RECONOCIÓ POR JUSTICIA.

GÉNESIS 15:6

El verbo «creer» es *amán*, la misma raíz de la que procede Amén, palabra hebrea que se encuentra prácticamente en todas las lenguas. *Amán* es decir Amén. Es la palabra de fe por excelencia. Abram se mantuvo firme, confió, y estuvo seguro de que Dios le daría una descendencia como las innumerables estrellas del cielo (Gn 15:5). No entendía cómo. Al fin y al cabo, era octogenario, y Sarai era diez años menor que él. Pablo, abiertamente, dijo que Abram era tan viejo que estaba «como muerto», y que el vientre de su esposa estaba muerto (Ro 4:19). Sin embargo, estaba «plenamente convencido de que Dios tenía poder para cumplir lo que había prometido» (v. 21 NVI). En otras palabras, pese a todo lo que parecía estar en contra, Abram dijo Amén a la palabra aparentemente insensata e imposible de Dios.

Y lo mismo hacemos nosotros. Si de un hombre «como muerto», y del vientre «muerto» de una mujer, Dios pudo engendrar a Isaac, el hijo prometido, entonces ese mismo Dios podía sacar —y sacó— de la tumba a su propio Hijo muerto en su gloriosa resurrección. Decimos Amén a la Pascua. Nos mantenemos firmes en la promesa de Dios. Y esa fe nos es reconocida como justicia. No porque hayamos hecho algo, sino porque, en Cristo, Dios lo ha hecho todo por nosotros.

Señor Jesús, nuestro Amén, testigo fiel y verdadero, danos fe para confiar en ti en todo (Ap 3:14).

5 DE FEBRERO

El Dios de los ojos bien abiertos אל ראי

AGAR LLAMÓ EL NOMBRE DEL SEÑOR QUE LE HABÍA HABLADO: «TÚ ERES UN DIOS QUE VE»; PORQUE DIJO: «¿ESTOY TODAVÍA CON VIDA DESPUÉS DE VER A DIOS?».

GÉNESIS 16:13

La única persona del Antiguo Testamento que le da un nombre a Dios es una mujer egipcia embarazada, fugitiva, que se encuentra en el desierto sin tener a dónde ir. Agar fue víctima de la fe vacilante de Abram y Sarai. Estos, frustrados porque Dios tardaba en darles el hijo prometido, tomaron cartas en el asunto y llevaron a Agar a la cama de Abram. Según la costumbre de aquellos días, el hijo de Agar, sierva de Sarai, pertenecería legalmente a Sarai. Pero el plan salió mal. Agar se puso insolente, Sarai se enfadó y maltrató a su sierva, y Agar huyó al desierto.

Cuando el mensajero del Señor la encontró, le dijo que volviera con su ama. Añadió que sería madre de una multitud y, lo más importante, que «el SEÑOR [había] oído [su] aflicción» (Gn 16:11). La respuesta de ella fue darle al Señor el nombre de *El Roí*, «un Dios que ve». La palabra *Roí* procede del verbo *raá*, ver. Ella, que se sentía invisible, había sido realmente vista por Dios. Él la cuidaba. Él nos ve también a nosotros, con ojos de compasión y misericordia. No es ciego ante nuestro sufrimiento, porque somos «la niña de Sus ojos» (Dt 32:10).

Míranos, El Roí, con ojos que nos ven como tus hijos amados.

El Dios que cambia nombres אברהם שׂרה

«Y NO SERÁS LLAMADO MÁS ABRAM; SINO QUE TU NOMBRE SERÁ ABRAHAM; PORQUE YO TE HARÉ PADRE DE MULTITUD DE NACIONES. [...] A SARAI, TU MUJER, NO LA LLAMARÁS SARAI, SINO QUE SARA SERÁ SU NOMBRE. [...] REYES DE PUEBLOS VENDRÁN DE ELLA».

GÉNESIS 17:5, 15-16

Dios cambia el nombre de Abram («padre exaltado») por el de Abraham («padre de una multitud»), y el nombre de Sarai («princesa») por el de Sara (una variante de «princesa»). En hebreo, los cambios son leves: el nombre de Abraham es una letra más largo, y el nuevo nombre de Sara reemplaza una *i* por una *h*. Sin embargo, el significado de los cambios no es leve. Un nombre es una palabra que resume la totalidad de una persona. Un nuevo nombre es una especie de nueva creación. Dice: «Eras aquello, pero ahora eres esto». Cuando Dios cambia los nombres de las personas, las dota de una nueva identidad.

En los nuevos nombres de Abraham y Sara se esconde la historia de cómo Dios desenvolvió poco a poco el regalo que se llamará Jesús. La «multitud» que procede de Abraham se reducirá a una sola simiente prometida, plantada por el Espíritu dentro de una virgen. Y los «reyes» que vendrán de Sara conducirán a un solo rey, el Hijo de David, que, en una gloria oculta, reinará desde el trono de la cruz.

Gracias a ti, Padre celestial, por escribir tu nombre sobre nosotros (Ap 3:12).

Un pacto en la carne מול

«ESTE ES MI PACTO CON USTEDES Y TU DESCENDENCIA DESPUÉS DE TI Y QUE USTEDES GUARDARÁN: TODO VARÓN DE ENTRE USTEDES SERÁ CIRCUNCIDADO».

GÉNESIS 17:10

El verbo *mul* significa «quitar el prepucio». Muchas culturas antiguas practicaban la circuncisión, probablemente como un ritual de pubertad. Pero Dios tomó esta práctica existente y la transformó. Ese lugar del cuerpo puede parecernos extraño para una «señal del pacto», pero es muy apropiado. El pacto de Dios con Abraham se centra en la *zéra* («simiente»), que significa tanto descendiente como semen. Así que, al elegir la parte del cuerpo que llevaría la señal, el Señor seleccionó el mismo órgano a través del cual esta simiente pasa del hombre a la mujer. La *extirpación* del prepucio era una señal indeleble, perpetua, de que Dios *daría* descendencia a Abraham e Israel, hijos del pacto.

Cuando Jesús, la simiente mesiánica, finalmente llegó, él mismo fue circuncidado (Lc 2:21). El legislador cumplió su propia ley. En él, también nosotros somos circuncidados (varones y mujeres), pero «con una circuncisión no hecha por manos, al quitar el cuerpo de la carne mediante la circuncisión de Cristo» (Col 2:11). ¿De qué manera? Pablo prosigue: «habiendo sido sepultados con [Cristo] en el bautismo» (v. 12). A nosotros, «muertos en [nuestros] delitos y en la incircuncisión de [nuestra] carne, Dios [nos] dio vida juntamente con Cristo» (v. 13). Nuestro bautismo en Cristo es el don indeleble, perpetuo, por el cual le pertenecemos.

Oh Señor, circuncida nuestros corazones y nuestras mentes para escuchar tu Palabra y recibir tu vida en Cristo.

8 DE FEBRERO

El divino comediante צחק

Y [EL SEÑOR] DIJO: «CIERTAMENTE VOLVERÉ A TI POR ESTE TIEMPO EL AÑO PRÓXIMO, Y SARA TU MUJER TENDRÁ UN HIJO». Y SARA ESTABA ESCUCHANDO A LA PUERTA DE LA TIENDA QUE ESTABA DETRÁS DE ÉL. [...] SARA SE RIÓ PARA SUS ADENTROS, DICIENDO: «¿TENDRÉ PLACER DESPUÉS DE HABER ENVEJECIDO, SIENDO TAMBIÉN VIEJO MI SEÑOR?».

GÉNESIS 18:10, 12

¿Cómo podría Sara no haber reído? Dios estaba siendo todo un comediante. Teniendo ella casi noventa años, sus probabilidades de quedar embarazada eran similares a las probabilidades de que una virgen concibiera. Así que Sara *tsakjác* —«se rió»—. No obstante, por supuesto, el que rió último fue Dios. O, más bien, su risa divina fue contagiosa, pues cuando el hijo de Sara nació, ella dijo: «Dios me ha hecho reír; cualquiera que lo oiga *tsakjác* conmigo» (21:6). Todos los implicados soltaron carcajadas de placer por lo increíblemente maravilloso que era todo. Así que ¿qué otro nombre podían ponerle a este hijo, excepto *Yitskjak*? Isaac es Risa.

Puede que, en algunos círculos, la fe cristiana tenga fama de melancólica y ultraseria, pero es la fe de la alegría, el deleite y, sí, también la risa. Al final, la aparente imposibilidad de que una anciana de noventa años concibiera fue seguida por una virgen que concibió. Sacudimos la cabeza y sonreímos de asombro. Dios trama algo. Como un comediante que espera el momento de contar el final, él finalmente lanzará la inesperada resurrección. Toda la creación se asombrará con la felicidad de un gozo incontenible.

Oh Señor Jesús, llena nuestras bocas de risa y nuestras lenguas de gritos de alegría (Sal 126:2).

Fuego y azufre גפרית

ENTONCES EL SEÑOR HIZO LLOVER AZUFRE Y FUEGO SOBRE SODOMA Y GOMORRA, DE PARTE DEL SEÑOR DESDE LOS CIELOS.

GÉNESIS 19:24

Gracias a Sodoma y Gomorra, el material *gofrít*, «azufre», llegó a ser un sinónimo perpetuo de demolición cataclísmica. La destrucción de estas ciudades fue una des-creación; una especie de anticipo del fin del mundo. Antes, la región era «como el huerto del SEÑOR» (13:10). Después, «el humo [ascendió] de la tierra como el humo de un horno» (19:28). Al describir la ira venidera de Dios, Isaías toma una página de Génesis diciendo que la tierra de Edom se convertirá en *gofrít* (34:9). Los profetas olieron en el *gofrít*, por así decirlo, el aroma de la destrucción final del pecado.

«La historia no se repite, pero rima», dijo Mark Twain. Cuando Apocalipsis describe el infierno como el «lago de fuego y azufre» (20:10), ve que el castigo final «rima» con el castigo de Sodoma. De hecho, Jesús dice: «… el día en que Lot salió de Sodoma, llovió fuego y azufre del cielo y los destruyó a todos. Lo mismo acontecerá el día en que el Hijo del Hombre sea revelado» (Lc 17:29-30). Sin embargo, tal como el Señor rescató a Lot de Sodoma, «sabe rescatar de tentación a los piadosos» (2P 2:7-9). El día en que Cristo sea revelado, nos librará y nos introducirá en su reino de paz.

Señor Jesús, llámanos de las tinieblas a tu luz admirable de libertad y paz.

10 DE FEBRERO

El monte Moriah יהוה יראה

Y ABRAHAM LLAMÓ AQUEL LUGAR CON EL NOMBRE DE EL SEÑOR PROVEERÁ, COMO SE DICE HASTA HOY: «EN EL MONTE DEL SEÑOR SE PROVEERÁ».

GÉNESIS 22:14

Dios le dijo a Abraham que sacrificara a Isaac en «la tierra de Moriah» (Gn 22:2). Luego de que Dios dejó a Isaac con vida, Abraham llamó a Moriah *Yahvé Yiré* («el SEÑOR proveerá»). ¿Por qué? Abraham está jugando con el nombre Moriah, que está relacionado con el verbo *raá* («ver»). *Yiré* también procede del verbo *raá*. *Yahvé Yiré* tiene que ver, entonces, con que el Señor ve o es visto. Moriah es el lugar donde el Señor «verá» para asegurarse de que se provea un sacrificio.

En este monte de Jerusalén, donde Abraham construyó un altar, David construyó un altar para detener una plaga de Dios, y luego Salomón construyó el templo con su altar (2Cr 3:1). A través de las generaciones, el Señor «vio» para asegurarse de que en Moriah se proveyeran sacrificios.

Cuando Jesús «afirmó Su rostro para ir a Jerusalén» (Lc 9:51), estaba en sintonía con la tradición de Moriah. Por necesidad divina, su muerte tenía que ocurrir cerca de Moriah. Él es la simiente prometida de Abraham, el que detiene la plaga del pecado, y es el verdadero templo y el verdadero sacrificio designado. En Jesús, Dios «ve» para asegurarse de proveernos plena salvación.

Ve y asegúrate, Padre celestial, de que estemos en tu Hijo, y él en nosotros, a fin de que recibamos de él todo lo que deseas que tengamos.

11 DE FEBRERO

El hombre talón יעקב

Y DESPUÉS SALIÓ SU HERMANO, CON SU MANO ASIDA AL TALÓN DE ESAÚ, Y LO LLAMARON JACOB.

GÉNESIS 25:26

Los dos hijos de Isaac se llamaron Peludo y Talón. Los conocemos como Esaú y Jacob. El nombre de Esaú está (remotamente) relacionado con la palabra *seár* («peludo»). En hebreo, el nombre de Jacob, *Yaakób*, es un juego de palabras con la palabra *aquéb* («talón»), relacionada con el verbo *acáb* («traicionar, estorbar, obstaculizar»). Jacob nació agarrado al talón de su hermano, intentando, por así decirlo, introducirlo otra vez en el vientre para así ser el primogénito. Su nacimiento profetizó el objetivo de su vida: superar a su hermano. La ambición de Jacob era ser el número uno, aunque eso implicara mentiras, traición y usurpación de identidad. Esaú tenía razón cuando, inspirándose en el nombre de su hermano, se lamentó: «Con razón se llama Jacob, pues me ha suplantado ["jacobeado"] estas dos veces» (27:36).

Este canalla encarna nuestros peores instintos. En lugar de no hacer «nada por egoísmo o por vanagloria, sino [...] con actitud humilde», considerando a los demás como más importantes que nosotros mismos (Fil 2:3), queremos ser los primeros. Queremos ser amos, no siervos. Por personas como Jacob, e igualmente como nosotros, la serpiente hirió el talón del propio Mesías (Gn 3:15). En gracia, el Primogénito de Dios incluso nos viste con sus propias ropas de justicia, para que podamos recibir la bendita herencia del Padre.

Vístenos, oh Señor, a nosotros, pecadores, con vestiduras de justicia, para que formemos parte de la Iglesia del Primogénito.

12 DE FEBRERO

El topónimo de Dios מקום

JACOB SALIÓ DE BEERSEBA, Y FUE PARA HARÁN. LLEGÓ A CIERTO LUGAR Y PASÓ LA NOCHE ALLÍ, PORQUE EL SOL SE HABÍA PUESTO; TOMÓ UNA DE LAS PIEDRAS DEL LUGAR, LA PUSO DE CABECERA Y SE ACOSTÓ EN AQUEL LUGAR.

GÉNESIS 28:10-11

Aunque en aquel momento no lo sabía, Jacob estaba iniciando un exilio de veinte años. Dice que partió llevando solamente su cayado en la mano (Gn 32:10), pero en el bolsillo llevaba algo mucho más importante: la promesa de Dios. No recibió esa promesa en un lugar cualquiera, sino en «cierto lugar». En hebreo, «lugar» es *macóm*, pero este es *jamacóm* («el lugar»). Un lugar especial, en efecto. El Señor opera con especificidad geográfica. A este *macóm* Jacob lo llamará Betel («Casa de Dios»), porque aquí Dios lo acogió en su casa y se comprometió a vivir y morar con él durante las dos décadas que seguirían, y más.

A veces, la tradición judía posterior, reflexionando sobre Génesis 28, llamó a Dios *Macóm* o *Jamacóm*. Él es El Lugar, el que está siempre presente, el que todo lo abarca. También es el Dios que viene a nosotros en lugares específicos: Betel, el templo y, finalmente, el hombre de carne-y-sangre que «es el resplandor de Su gloria» y «la expresión exacta de Su naturaleza» (Heb 1:3). Jesús es *Jamacóm* de Dios, el templo humano en el que habita toda la gloria divina.

«Oh Señor, [amamos] la habitación de Tu casa, y el lugar donde habita Tu gloria» (Sal 26:8).

13 DE FEBRERO

El Señor al pie de la escalera סלם

[JACOB] TUVO UN SUEÑO, Y VIO QUE HABÍA UNA ESCALERA APOYADA EN LA TIERRA CUYO EXTREMO SUPERIOR ALCANZABA HASTA EL CIELO. POR ELLA LOS ÁNGELES DE DIOS SUBÍAN Y BAJABAN. EL SEÑOR ESTABA DE PIE JUNTO A ÉL.

GÉNESIS 28:12-13A

El tramo de escalones que unía la tierra con el cielo era una *sulám* («escalera»). Por ella, los mensajeros de Dios se movían en ambas direcciones, pero el Señor solamente descendió. Descendió hasta Jacob; este no utilizó la escalera para subir hasta el Señor. Aunque muchas traducciones redactan la fase preposicional *aláv* como «por encima» o «en lo alto» (Dios en el cielo, arriba de Jacob), el hebreo podría traducirse como «junto a él» (Dios en la tierra, con Jacob). El Señor desciende hasta nosotros, y viene y habla con nosotros. Es un Señor que gusta de estar en el terreno, especialmente cuando, al igual que Jacob, estamos huyendo, en la oscuridad, y necesitamos consuelo.

En Jesús, el mismo Dios que estuvo junto a Jacob estuvo en la tierra como un hombre. Él es nuestro Emmanuel: Dios con nosotros, y a nuestro lado. Incluso se identificó con la *sulám* de Jacob: «En verdad les digo que verán el cielo abierto y a los ángeles de Dios subiendo y bajando sobre el Hijo del Hombre» (Jn 1:51). Nuestra *«sulám* al cielo» es nuestro Salvador, que baja hasta nosotros para traernos todas las bendiciones de su Padre.

Ven a nosotros, Emmanuel, para ser nuestra ayuda, nuestro consuelo, al pie de la escalera de la vida.

14 DE FEBRERO

La esposa no amada שׂנא

JACOB SE LLEGÓ TAMBIÉN A RAQUEL, Y AMÓ MÁS A RAQUEL QUE A LEA; Y SIRVIÓ A LABÁN DURANTE OTROS SIETE AÑOS. VIO EL SEÑOR QUE LEA ERA ABORRECIDA, Y LE CONCEDIÓ HIJOS. PERO RAQUEL ERA ESTÉRIL.

GÉNESIS 29:30-31

Jacob, el embaucador, había sido, a su vez, engañado por Labán. Ahora tenía dos esposas que eran hermanas, en una especie de triángulo amoroso matrimonial. Pero, como dijera una vez en broma el escritor de cuentos O. Henry, esos triángulos «siempre son isósceles, nunca equiláteros». Y la esquina de Lea en ese triángulo era realmente pequeña. Se nos dicen dos cosas a la vez: que Jacob «amó más a Raquel que a Lea» (lo cual implica que la amaba un poco), y también, que Dios vio «que Lea era aborrecida» (lo cual sugiere que Jacob no la amaba en absoluto). Aquí, el verbo *sané* («aborrecer») tiene probablemente la connotación de «no amada» o «no elegida». Sin embargo, fuera «aborrecida» o «menos amada», para Lea probablemente no suponía una gran diferencia. Lo único que sentía era que la excluían de un matrimonio que nunca había solicitado.

Al comentar este pasaje, Martín Lutero señala que Dios cuida especialmente de los despreciados y desechados, como Lea. Dios recoge a esas personas. Para él son preciosas y santas. Vengan a mí, podría decir Jesús, todos los no amados, los no deseados, y los desechados como basura, porque yo los atesoraré. Él nos acoge a todos en su familia amada.

Llénanos de tu amor, Padre celestial, para que te conozcamos y te amemos, a través de Cristo.

15 DE FEBRERO

El ascenso del cuarto hijo de Lea יהודה

CONCIBIÓ [LEA] UNA VEZ MÁS Y DIO A LUZ UN HIJO, Y DIJO: «ESTA VEZ ALABARÉ AL SEÑOR». ASÍ QUE LE PUSO POR NOMBRE JUDÁ. Y DEJÓ DE DAR A LUZ.

GÉNESIS 29:35

Cuando nació el cuarto hijo de Lea, ella eligió un nombre más positivo que el de sus tres hijos anteriores. Lo llamó *Yejudá* («Judá»), del verbo *yadá*, «alabar». Sin embargo, nuestras primeras impresiones de *Yejudá* no son precisamente dignas de alabar. Fue el poco fraternal artífice de la venta de José como esclavo (Gn 37:26-27). Más tarde, creyendo que su nuera disfrazada, Tamar, era una prostituta, se acostó con ella (38:12-30). Sin embargo, al final de la historia de José, Judá ha experimentado un cambio. Asume la responsabilidad y el liderazgo. Se convierte en el humilde portavoz de sus hermanos. Y en el momento en que Jacob bendice a sus hijos, dice a nuestro amigo, cuyo nombre significa Alabanza: «A ti [...] te *yadá* [alabarán] tus hermanos» (49:8). Es más, Jacob profetiza que Judá gobernará sobre sus hermanos (49:8-12).

Esta profecía se cumplió en más de un sentido. David, de la tribu de Judá, efectivamente gobernó a Israel. Sin embargo, David fue un rey, no el Rey de reyes. Ese Rey de reyes, el Mesías propiamente tal, nacería en la tribu de Judá. Él es nuestra alabanza, nuestro Aleluya al Padre, porque suyo es el reino y el poder y la gloria para siempre.

Rey Jesús, León de la tribu de Judá, reina sobre nosotros para que podamos servirte en libertad.

16 DE FEBRERO

La ineptitud de los ídolos תרפים

RAQUEL HABÍA TOMADO LOS ÍDOLOS DOMÉSTICOS, LOS HABÍA PUESTO EN LOS APAREJOS DEL CAMELLO Y SE HABÍA SENTADO SOBRE ELLOS. Y LABÁN BUSCÓ POR TODA LA TIENDA, PERO NO LOS ENCONTRÓ. Y ELLA DIJO A SU PADRE: «NO SE ENOJE MI SEÑOR PORQUE NO PUEDA LEVANTARME DELANTE DE USTED, PUES ESTOY CON LO QUE ES COMÚN ENTRE LAS MUJERES».

GÉNESIS 31:34-35

La Biblia no hace guiños a los pseudodioses ni a sus imágenes. Se burla de ellos y los condena sin piedad. Génesis 31 es un ejemplo vívido (y negramente humorístico). Los que aparecen aquí, llamados *terafím* («dioses domésticos»), son probablemente pequeñas figurillas humanoides. La comicidad de la situación es evidente: Raquel no solo tiene sus glúteos encima de estos dioses, sino que está menstruando, por lo que se hallaba ritualmente impura. Estos *terafím* son divinidades tan ineptas que (1) no pueden evitar ser objetos de robo, (2) no pueden evitar que alguien se les siente encima y (3) aun ellos mismos quedan impuros. Tres bateos fallidos, *terafím*; quedan fuera del juego de la divinidad.

Tanto el Antiguo Testamento (AT) como el Nuevo Testamento (NT) desenmascaran a las falsas deidades exponiéndolas como demonios disfrazados. Los israelitas idólatras «Ofrecieron sacrificios a demonios, no a Dios» (Dt 32:17). Pablo dice: «lo que los gentiles sacrifican, lo sacrifican a los demonios» (1Co 10:20). Cristo ha triunfado sobre todos ellos en su resurrección, pisoteando los poderes del infierno. En el Mesías somos liberados para adorarlo a él y al Padre en el Espíritu de la verdad.

Padre misericordioso, destruye en nosotros todo apego a dioses falsos y danos corazones dedicados exclusivamente a ti.

17 DE FEBRERO

Israel, el que lucha con Dios שרה

JACOB SE QUEDÓ SOLO, Y UN HOMBRE LUCHÓ CON ÉL HASTA RAYAR EL ALBA. [...] Y EL HOMBRE DIJO: «TU NOMBRE YA NO SERÁ JACOB, SINO ISRAEL, PORQUE HAS LUCHADO CON DIOS Y CON LOS HOMBRES, Y HAS PREVALECIDO».

GÉNESIS 32:24, 28

Al adversario de Jacob se lo llama «un hombre» (Gn 32:24), «Dios» (Os 12:3) y «el ángel» (Os 12:4). En resumen, es un combate de lucha libre entre Jacob y Dios, quien aparece como un mensajero en forma humana. Es asombroso, desde luego, que el Señor luche con un hombre en el barro. Sin embargo, lo verdaderamente asombroso es que el Todopoderoso haya perdido el combate. No obstante, eso es lo que él mismo dice cuando rebautiza al patriarca. Jacob ha *sará* («luchado» o «contendido») tanto con Dios como con los hombres, y ha vencido. Por eso se le da el nuevo nombre de *Yisraél*: de *yisra* (una forma verbal de *sará*) y *El* («Dios»). Jacob es ahora Israel, el que lucha con Dios.

Sin embargo, ¿no es propio de nuestro Señor, perder? La batalla nocturna de Jacob con este Dios en forma humana es un anticipo de todo el ministerio de Jesús. Cuando llegó a nuestro mundo en tinieblas, se enfrentó a una vida de oposición feroz y mortal. La humanidad luchó con él hasta que fue finalmente clavado en lo alto de la cruz. Allí lo perdió todo por nosotros, para que, en él, ganáramos todo lo que el Padre quiere darnos.

Cristo, que también nosotros consideremos todo como pérdida ante el incomparable valor de conocerte como nuestro Señor.

18 DE FEBRERO

El manto de muchos colores כתנת פסים

ISRAEL AMABA A JOSÉ MÁS QUE A TODOS SUS HIJOS, PORQUE ERA PARA ÉL EL HIJO DE SU VEJEZ; Y LE HIZO UNA TÚNICA DE MUCHOS COLORES. Y SUS HERMANOS VIERON QUE SU PADRE AMABA MÁS A JOSÉ QUE A TODOS ELLOS; POR ESO LO ODIABAN Y NO PODÍAN HABLARLE AMISTOSAMENTE.

GÉNESIS 37:3-4

La forma en que debería traducirse *ketónet passím* constituye una pregunta muy antigua. Una *ketónet* es una túnica larga. *Passím* es menos claro. Puede estar relacionado con *pas* («la palma de la mano o la planta del pie»). Si es así, se trata de una túnica de manga larga que llega hasta los pies. Muchas traducciones se inspiran en el griego, que lo traduce como «vestido multicolor». De ahí la frase «ropa/túnica de diversos colores», en la versión Reina Valera. Aunque se discute *lo que era*, *lo que hizo* es indiscutible: esta prenda de vestir dejó al desnudo la hostilidad del odio fraternal.

La historia de José es un relato de guardarropa: sus hermanos le arrancaron la túnica (37:23), fue desvestido por la mujer de Potifar al huir de ella (39:12), se puso ropa nueva al salir de la cárcel (41:14), y, por último, Faraón «Lo vistió con vestiduras de lino fino» (41:42). Finalmente, Dios le puso la ropa adecuada: la de alguien que salvaría a su pueblo. Y aquello prefigura al José más grande, nuestro Salvador y Señor, revestido de esplendor y majestad, que nos envuelve en vestiduras blancas (Ap 7:9).

Revístenos de justicia, Dios y Rey nuestro, para que reflejemos la gloria de tu nombre.

19 DE FEBRERO

De cuñada a esposa יבם

Y ONÁN SABÍA QUE LA DESCENDENCIA NO SERÍA SUYA. ACONTECÍA QUE CUANDO SE LLEGABA A LA MUJER DE SU HERMANO, DERRAMABA SU SEMEN EN TIERRA PARA NO DAR DESCENDENCIA A SU HERMANO.

GÉNESIS 38:9

Esta historia puede ser impopular en la escuela dominical, pero es importante. Aquí tenemos nuestro primer encuentro con el «levirato». Levirato viene del latín *levir* («esposa del hermano»). En hebreo, el verbo es *yabám* («consumar un matrimonio con un cuñado»), relacionado con *yibamá* («viuda del hermano»). La ley es la siguiente: si un hermano muere sin dejar descendencia, su hermano sobreviviente debe casarse con la viuda (Dt 25:5-10). El hijo que tengan llevará el nombre y continuará con la herencia del hermano fallecido. Por eso Onán «derramaba su semen». No quería embarazar a Tamar para no «dar descendencia a su hermano». Quería toda la herencia para sí mismo.

Pensando en esta ley, los saduceos desafiaron a Jesús con la historia de la viuda que se casó con siete hermanos seguidos, cada uno de los cuales murió sin dejar descendencia (Mt 22:23-33). «¿De quién será esposa en la resurrección?», exigieron saber. Saduceos tontos. No conocían las Escrituras ni el poder de Dios. No habrá anillos de boda hermoseando dedos resucitados. En la Nueva Jerusalén no habrá matrimonios ni nacimientos, porque nosotros seremos los hijos de Dios, y seremos miembros de la esposa de Jesucristo.

Espíritu Santo, concédenos amor por nuestros hermanos y hermanas y una firme esperanza en la resurrección del cuerpo.

Setenta שבעים

TODAS LAS PERSONAS DE LA CASA DE JACOB QUE VINIERON A EGIPTO, ERAN SETENTA.

GÉNESIS 46:27

El simbolismo numérico de la Biblia comienza ya en Génesis 1 con los siete días y continúa hasta el Apocalipsis con el número «666». El número hebreo setenta, *shibím*, forma parte de este mundo simbólico.

Setenta es el número de la plenitud a gran escala, una totalidad grande y repleta. La suma de todas las familias del mundo enumeradas en la genealogía de Génesis 10 es setenta. Cuando Jacob y su familia viajaron a Egipto, eran setenta en total (Gn 46:27). Israel era representado por setenta ancianos (Éx 24:9). Aun en la literatura no bíblica, como la ugarítica, el panteón divino tiene setenta miembros.

La decisión de Jesús de enviar a setenta discípulos delante de él para anunciar el reino no fue casual (Lc 10:1). Estos portavoces salieron con toda la autoridad de Jesús a proclamar un reino que no reconocía fronteras geográficas, raciales ni culturales. Judíos y gentiles estaban incluidos. Hombres y mujeres. Cada individuo. El alcance de la obra redentora de Cristo era el mundo entero. Todas las personas de la casa de la humanidad que vinieron al Egipto del pecado, la muerte y el diablo fueron rescatadas por la muerte pascual y la resurrección del Hijo de Dios.

Oh Creador y Redentor del mundo, ven pronto a salvarnos de todos nuestros adversarios.

Sean fecundos y multiplíquense פרו ורבו

PERO LOS ISRAELITAS TUVIERON MUCHOS HIJOS Y AUMENTARON MUCHO, Y SE MULTIPLICARON Y LLEGARON A SER PODEROSOS EN GRAN MANERA, Y EL PAÍS SE LLENÓ DE ELLOS.

ÉXODO 1:7

Para nosotros, la frase *perú urebú* («sean fecundos y multiplíquense») está asociada con la bendición creadora dada por Dios a Adán y Eva (Gn 1:28). El hecho de que Israel haya sido fecundo y se haya multiplicado en Egipto debería llamarnos la atención. Cuando Dios eligió al pueblo de Israel, lo convirtió en un sustituto colectivo de Adán y Eva. Tal como las dos primeras personas tuvieron su huerto sagrado en el Edén, Israel tendría su tierra sagrada. Tal como Adán y Eva debían ser servidores y guardianes del huerto (Gn 2:15), Israel, como sacerdocio santo, debía serlo de la Palabra, la tierra y la casa de Dios. El Señor estaba empezando de nuevo con Israel. Y dejó claro ese reinicio al bendecirlos con matrimonios fecundos y una descendencia multiplicada, aun en tierra extranjera.

Todas las promesas hechas por Dios a Israel encuentran su «sí» en Jesucristo (2Co 1:20). El Mesías vino para ser no solo el segundo Adán, sino también Israel, reducido a un individuo. En él, Dios cumple promesa tras promesa, incluida la descendencia numerosa, pues quienes creemos en Cristo somos miembros adoptivos de la familia de Dios, renacidos por el Espíritu, por el cual clamamos: «¡Abba, Padre!» (Ro 8:15).

Abba, Padre, escucha nuestra oración y haznos coherederos con Cristo, tu Hijo, nuestro Hermano.

Las parteras מילדת

ENTONCES EL REY DE EGIPTO HABLÓ A LAS PARTERAS DE LAS HEBREAS, UNA DE LAS CUALES SE LLAMABA SIFRA, Y LA OTRA PUÁ, Y LES DIJO: «CUANDO ESTÉN ASISTIENDO A LAS HEBREAS A DAR A LUZ, Y LAS VEAN SOBRE EL LECHO DEL PARTO, SI ES UN HIJO, LE DARÁN MUERTE, PERO SI ES UNA HIJA, ENTONCES VIVIRÁ».

ÉXODO 1:15-16

A menudo la historia bíblica menosprecia a la «gente importante». En Egipto, el mandamás es el Faraón, pero se lo ignora; ni siquiera se gasta tinta en registrar su nombre. Pero ¿estas dos obreras? Sus nombres quedan registrados para la posteridad eterna. Como *meyaledet* («ayudantes de parto o parteras»), Sifra y Puá tenían la tarea de ayudar a las mujeres a *yalád* («dar a luz»). Sin embargo, en esta historia hicieron más que eso: temieron a Dios, engañaron al rey y salvaron innumerables vidas. En respuesta, Dios «favoreció a las parteras» y «prosperó sus familias» (Éx 1:20-21).

Las mujeres ocupan un lugar destacado en la vida de Moisés. Estas parteras inician su historia; su madre y su hermana lo salvan; la hija del Faraón lo acoge. Más tarde, su esposa Séfora lo rescatará de un ataque divino (4:24-26). En un mundo en el que las mujeres rara vez ejercían autoridad, Dios utilizó poderosamente a estas mujeres en su plan de redención del mundo. Todo esto preparó el terreno para cuando Dios llamara a una virgen adolescente, una aldeana corriente, para traer al mundo a nuestro Salvador.

Oh Señor, que derribas a los poderosos de sus tronos, exalta a los humildes, a las personas comunes, a los olvidados.

23 DE FEBRERO

Moisés, el hombre de las aguas משה

CUANDO EL NIÑO CRECIÓ, ELLA LO LLEVÓ A LA HIJA DE FARAÓN, Y VINO A SER HIJO SUYO; Y LE PUSO POR NOMBRE MOISÉS, DICIENDO: «PUES LO HE SACADO DE LAS AGUAS».

ÉXODO 2:10

Moisés fue un bebé de las aguas. Tuvo su arquilla, como la de Noé, una embarcación cubierta de brea que lo salvó de una sepultura acuática. A los tres meses de edad, la obra de su vida ya había sido predicha por Dios. Sería un hombre de agua, juicio y salvación. Su nombre, *Moshé*, es profético. Es un juego de palabras con el verbo *mashá*, «sacar». Crecería para *mashá* a su pueblo: sacarlos de la esclavitud, sacarlos a través del mar Rojo y sacarles agua de una roca. Con gran ironía, la hija del Faraón le dio a su hijo adoptivo un nombre que presagiaba el momento en que Moisés enviaría al propio Faraón a una sepultura acuática.

Solemos asociar a Moisés con la ley, pero es también un hombre de gracia, que salva a su pueblo a través del agua. En ese sentido, su vida es un modelo del Mesías, un profeta como él (Dt 18:15). Cuando Jesús era niño, Dios también lo rescató de un tirano, Herodes (Mt 2:16-18). Luego, cuando fue levantado en la cruz, atrajo a toda la gente a sí mismo (Jn 12:32) en su bautismo de crucifixión (Mr 10:38) con el que destruyó todos los poderes del mal.

Extiende la mano desde lo alto, Señor, y tómanos; sácanos de las muchas aguas (Sal 18:16).

Beber de un pozo באר

PERO MOISÉS HUYÓ DE LA PRESENCIA DE FARAÓN Y SE FUE A VIVIR A LA TIERRA DE MADIÁN, Y ALLÍ SE SENTÓ JUNTO A UN POZO. Y EL SACERDOTE DE MADIÁN TENÍA SIETE HIJAS, LAS CUALES FUERON A SACAR AGUA Y LLENARON LAS PILAS PARA DAR DE BEBER AL REBAÑO DE SU PADRE.

ÉXODO 2:15-16

La Biblia está llena de historias que incluyen un *beer*. Un *beer* es simplemente un abrevadero o pozo, pero en estos pozos se hacía algo más que beber. El siervo de Abraham encontró a la futura esposa de Isaac, Rebeca, junto a un pozo (Gn 24). Jacob conoció a su esposa, Raquel, junto a un pozo (Gn 29). Y Moisés encontró junto a un pozo a siete hermanas, una de las cuales sería su esposa, Séfora (Éx 2). A juzgar por los relatos bíblicos, en los pozos se respiraba romanticismo.

Por eso no sorprende que, en un pozo de Samaria relacionado con Jacob, Jesús entable una conversación con una mujer a propósito del matrimonio (Jn 4:1-26). Ella había tenido cinco maridos y estaba viviendo con un sexto hombre. Lo que al principio ella no notó es que aquí se respiraba un tipo de romance muy diferente. El Mesías se hallaba junto a este pozo para darle la bienvenida a ser parte de su esposa, la Iglesia. De este Esposo divino, el Salvador del mundo, ella recibiría agua viva. Y adoraría a su Padre en espíritu y en verdad. Su pozo de misericordia y amor es realmente profundo.

Sacia nuestra sed, oh Señor, con las aguas vivas que brotan del insondable pozo de tu gracia.

25 DE FEBRERO

Cuando Dios conoce ידע

DIOS OYÓ EL GEMIDO DE ELLOS Y SE ACORDÓ DE SU PACTO CON ABRAHAM, ISAAC Y JACOB. Y MIRÓ DIOS A LOS HIJOS DE ISRAEL, Y CONOCIÓ SU CONDICIÓN.

ÉXODO 2:24-25 RVR1995

Que Dios llegara a «conocer» los sufrimientos de Israel no significa que hubiera adquirido una información nueva y que antes hubiera supuesto que en Egipto se estaban dando la gran vida. No; en hebreo, *yadá* («conocer») implica con frecuencia comprender íntimamente un tema a partir de la acción. Adán, por ejemplo, obviamente conoció a Eva antes de unirse a ella en la cama, pero en el acto sexual la *yadá* (Gn 4:1). Del mismo modo, el Señor conoció la devoción de Abraham antes de que este casi sacrificara a Isaac, pero solo en ese momento dijo: «Ahora *yadá* que temes a Dios» (Gn 22:12). Que Dios *yadá* el dolor de Israel significa que, cuando oyó, recordó, y vio, fue un conocimiento que penetró, por así decirlo, en su alma misma, y lo impulsó a actuar en favor de ellos.

Jesús dice: «Yo soy el buen pastor, y conozco Mis ovejas y ellas me conocen, al igual que el Padre me conoce y Yo conozco al Padre, y doy Mi vida por las ovejas» (Jn 10:14-15). El conocimiento que Dios tiene de los sufrimientos de Israel, así como su envío de Moisés para pastorearlos hacia la libertad, es una ventana a lo que nuestro Buen Pastor ha hecho por nosotros. Nos conoce. Nos ama. Y por nosotros da su vida.

«Señor, muéstrame Tus caminos, enséñame Tus sendas» (Sal 25:4).

26 DE FEBRERO

El mensajero único de Dios מלאך

Y EL ÁNGEL DEL SEÑOR SE LE APARECIÓ EN UNA LLAMA DE FUEGO, EN MEDIO DE UNA ZARZA. AL FIJARSE MOISÉS, VIO QUE LA ZARZA ARDÍA EN FUEGO, PERO LA ZARZA NO SE CONSUMÍA.

ÉXODO 3:2

El hebreo *malák*, a menudo traducido «ángel», significa simplemente «mensajero». El profeta Hageo era un *malák* humano (1:13). Los dos mensajeros enviados a Sodoma eran cada uno un *malák* angélico (Gn 19:1). Sin embargo, este *malák* de la zarza ardiente es único. En los versículos que siguen se lo llama tanto Yahvé como Dios de los patriarcas (vv. 4-6). Y, sin embargo, sigue siendo distinto del Señor, actuando como su mensajero. Más tarde, Dios dirá de él: «en él está Mi nombre» (Éx 23:21), es decir, él comparte mi esencia, mi identidad. Y también Jacob lo identifica como el Dios redentor (Gn 48:15-16).

¿Quién es este *malák*, que es distinto de Yahvé, pero que comparte su nombre, su esencia, su poder, su Palabra, y sus actos salvadores? Es el Hijo de Dios. No esperó a hacerse hombre para visitar a su pueblo. Desde los tiempos de Agar, cuando hizo su primera aparición como *malák* (Gn 16:7), es Emmanuel, Dios con nosotros. El que es la Palabra hecha carne (Jn 1:14), fue, en el Antiguo Testamento, el *malák* hecho visible. Cristo nunca ha estado —ni estará jamás— lejos de su pueblo.

Visítanos, oh Cristo, como viniste antiguamente a tu pueblo, trayendo salud en tus alas.

27 DE FEBRERO

Tierra santa קדש

ENTONCES DIOS LE DIJO: «NO TE ACERQUES AQUÍ. QUÍTATE LAS SANDALIAS DE LOS PIES, PORQUE EL LUGAR DONDE ESTÁS PARADO ES TIERRA SANTA».

ÉXODO 3:5

Puesto que el calzado era universalmente considerado impuro, Moisés está allí descalzo, tal como más tarde los sacerdotes del templo servirían sin calzado. Está en «tierra santa». La Biblia suele hablar de la santidad en términos concretos. En lugar de ser una noción o una abstracción, puede ser un día, un edificio, un sacerdote, un sacrificio. Lo que hace que algo sea santo es la presencia de Dios. Él es *cadósh, cadósh, cadósh* («Santo, Santo, Santo»; Is 6:3), como cantaron los serafines, de modo que la tierra a su alrededor es *códesh* («santa»). Solo él es intrínseca y esencialmente santo. De él cantamos: «solo Tú eres santo» (Ap 15:4). Cualquier otra cosa denominada «santa» toma prestada la santidad de él. Por lo tanto, la santidad siempre es un don o una concesión divina; nunca es un logro.

Hasta un demonio sabía que Jesús era «el Santo de Dios» (Mr 1:24). Pedro lo confiesa como «el Santo de Dios» (Jn 6:69). La Iglesia oró al Padre por «Tu santo Siervo Jesús» (Hch 4:30). Toda nuestra santidad procede de él, como un don, y no como una estrella dorada ganada por nuestra santidad. Hemos sido hechos santos o «santificados mediante la ofrenda del cuerpo de Jesucristo ofrecida una vez para siempre» (Heb 10:10). Por tanto, entramos en su santa presencia en Cristo, nuestro santo sacerdote, con plena confianza (v. 19), pues él es nuestra «santificación» (1Co 1:30).

Santo Jesús, acércanos a ti y santifícanos con tu verdad.

Yo soy el que soy יהוה

ENTONCES MOISÉS DIJO A DIOS: «SI VOY A LOS ISRAELITAS, Y LES DIGO: "EL DIOS DE SUS PADRES ME HA ENVIADO A USTEDES", TAL VEZ ME DIGAN: "¿CUÁL ES SU NOMBRE?", ¿QUÉ LES RESPONDERÉ?». Y DIJO DIOS A MOISÉS: «YO SOY EL QUE SOY», Y AÑADIÓ: «ASÍ DIRÁS A LOS ISRAELITAS: "YO SOY ME HA ENVIADO A USTEDES"».

ÉXODO 3:13-14

La frase «Yo soy el que soy» puede también traducirse como «Yo soy lo que soy» o «Yo seré el que seré». Sin embargo, este no es el significado de Yahvé. No exactamente. «Yo soy» es una forma verbal en primera persona, mientras que Yahvé está en tercera persona: «él es». En otras palabras, Dios dice: «Yo soy el que soy», y cuando nosotros decimos su nombre, estamos respondiendo: «Él es el que es». El nombre Yahvé es, pues, nuestra confesión, nuestro eco —dirigido a Dios— del nombre que él nos ha dado. Los traductores griegos tradujeron este nombre pactual del Dios de Israel como *Kúrios*.

Cuando Jesús dice: «antes que Abraham naciera, Yo soy», está diciendo: «Yo soy Yahvé, el Dios que dijo a Moisés: "Yo soy el que soy"» (Jn 8:58). Del mismo modo, cuando Pablo dice que Dios le dio a Jesús «el nombre que es sobre todo nombre», no se refiere al nombre «Jesús», que era un nombre judío muy común. No, toda lengua confesará que Jesucristo es *Kúrios*; que Jesucristo es Yahvé (Fil 2:9-11). Junto con Tomás, le decimos al Mesías: «*Kúrios* mío y Dios mío» (Jn 20:28).

Jesucristo, el gran Yo soy, Señor de señores, sé siempre bueno y misericordioso con nosotros, tu pueblo.

1 DE MARZO

Para darles duro a los enemigos מטה

Y EL SEÑOR LE PREGUNTÓ: «¿QUÉ ES ESO QUE TIENES EN LA MANO?». «UNA VARA», RESPONDIÓ MOISÉS. «ÉCHALA EN TIERRA», LE DIJO EL SEÑOR. Y ÉL LA ECHÓ EN TIERRA Y SE CONVIRTIÓ EN UNA SERPIENTE. MOISÉS HUYÓ DE ELLA.

ÉXODO 4:2-3

El arsenal de Dios está lleno de armas extrañas. En el Éxodo, su arma preferida no es una espada afilada ni una lanza voladora. Más bien, es un *matté*, un palo. Un *matté* se utilizaba para caminar y, en el caso de Moisés, también para mantener a raya a las ovejas que se descarriaban. A veces, un *matté* se refiere a la vara de un líder tribal, por lo que, por extensión, *matté* puede significar «tribu». Pero, en su forma más simple, es un trozo de madera. Lo que distingue al *matté* de Moisés es que además es la «vara de Dios» (Éx 4:20). Con un trozo de madera seca, lleno de la omnipotente savia de la Palabra de Dios, Moisés convirtió el Nilo en sangre, dividió el mar y destruyó uno de los ejércitos más poderosos de la tierra.

La historia de la salvación está llena del extraño armamento de Dios. Desde el *matté* de Moisés, pasando por las antorchas, las trompetas y los cántaros de arcilla de Gedeón, hasta la quijada de asno de Sansón, y finalmente, el arma más extraña de todas: dos trozos de madera, cruzados entre sí, salpicados de sangre y sosteniendo el cuerpo de la mismísima Palabra de Dios. Con esa arma, todos nuestros enemigos, incluida la muerte misma, fueron derrotados.

Jesús, Rey de misericordia, que reinas triunfante desde el madero, alabado seas por nuestra salvación.

La historia del pecado, en la piel צרעת

«AHORA METE LA MANO EN TU SENO», AÑADIÓ EL SEÑOR. Y MOISÉS METIÓ LA MANO EN SU SENO, Y CUANDO LA SACÓ, ESTABA LEPROSA, BLANCA COMO LA NIEVE. «VUELVE A METER LA MANO EN TU SENO», LE DIJO ÉL. Y ÉL VOLVIÓ A METERLA EN SU SENO, Y CUANDO LA SACÓ, SE HABÍA VUELTO COMO EL RESTO DE SU CARNE.

ÉXODO 4:6-7

Aunque suele traducirse como «lepra», la palabra *tsaraát* no es la enfermedad de Hansen. La verdadera lepra no se cura, mientras que la *tsaraát* bíblica sí. Además, la *tsaraát* se encuentra no solamente en la piel, sino que tiene efectos en la ropa y en las casas (Lv 13-14). Fuese lo que fuese —quizá la mejor traducción sea «enfermedad de la piel»—, sus efectos eran desagradables. Entre los israelitas, quienes la padecían se veían obligados a vivir solos, impuros, «fuera del campamento» (Lv 13:46). En algunas ocasiones, fue un castigo divino, como el que sufrieron Miriam, Uzías y Giezi. Principalmente, tener *tsaraát* significaba simplemente que la piel contaba la historia de cómo el pecado había impactado al mundo. Señalaba el deterioro gradual de un cuerpo destinado a la tumba.

Jesús acogió, limpió e incluso tocó a personas con lepra de verdad (Mt 8:3). Al hacerlo, demostró cuán profunda era su misericordia yendo a quienes estaban «fuera del campamento». Vino por todos, para que todos fueran limpios, sanos y amados en él, con la promesa de la resurrección venidera.

Jesús, que perdonas todas nuestras iniquidades, que curas todas nuestras enfermedades, ten piedad de nosotros.

3 DE MARZO

Un esposo de sangre חתן דמים

YA EN EL CAMINO, EL SEÑOR SALIÓ AL ENCUENTRO DE MOISÉS EN UNA POSADA Y ESTUVO A PUNTO DE MATARLO. PERO SÉFORA, TOMANDO UN CUCHILLO DE PEDERNAL, LE CORTÓ EL PREPUCIO A SU HIJO; LUEGO TOCÓ LOS PIES DE MOISÉS CON EL PREPUCIO Y LE DIJO: «NO HAY DUDA. TÚ ERES PARA MÍ UN ESPOSO DE SANGRE». DESPUÉS DE ESO, EL SEÑOR SE APARTÓ DE MOISÉS. PERO SÉFORA HABÍA LLAMADO A MOISÉS «ESPOSO DE SANGRE» POR CAUSA DE LA CIRCUNCISIÓN.

ÉXODO 4:24-26 NVI

Apenas había Moisés comenzado su viaje a Egipto, a petición divina, cuando Dios intentó matarlo. Esto puede parecernos extraño —y lo es—, pero Moisés había faltado al deber de todo padre israelita: no había circuncidado a su hijo. Séfora entra en acción y, con el prepucio ensangrentado, toca los pies de Moisés. Este fue, por tanto, salvado por la sangre. Así, estando ya casado con Séfora, llega a ser más que un marido: es un *kjatán damím*, un «esposo de sangre». Significativamente, *nagá*, el mismo verbo utilizado aquí para el «toque» que Séfora le dio a Moisés con la sangre, se utiliza para describir cómo la sangre del cordero pascual debía «tocar» el dintel y los postes de la puerta (12:22).

Esta acción nocturna, realizada con sangre, para rescatar de la acción divina, prefigura la forma en que la sangre del cordero pascual rescataría a Israel del ángel de la muerte en Egipto. Y señala nuestro rescate, mucho mayor, a través de un Hijo circuncidado, que se convierte en el Cordero Pascual de Dios, y en el Esposo de la Iglesia salvada por la sangre.

Cristo, Esposo de la Iglesia, protégenos y cúbrenos con tu sangre sagrada.

4 DE MARZO

El Sr. Casa Grande פרעה

DESPUÉS MOISÉS Y AARÓN FUERON Y DIJERON A FARAÓN: «ASÍ DICE EL SEÑOR, DIOS DE ISRAEL: "DEJA IR A MI PUEBLO PARA QUE ME CELEBRE UNA FIESTA EN EL DESIERTO"». PERO FARAÓN DIJO: «¿QUIÉN ES EL SEÑOR PARA QUE YO ESCUCHE SU VOZ Y DEJE IR A ISRAEL? NO CONOZCO AL SEÑOR, Y ADEMÁS, NO DEJARÉ IR A ISRAEL».

ÉXODO 5:1-2

La palabra *Paró* («Faraón») es un préstamo lingüístico egipcio. Significaba «gran casa». Tal como a veces equiparamos el palacio presidencial con el presidente, los egipcios se referían a su líder como Gran Casa. Pero él era más que un simple líder: en la teología egipcia, *Paró* era la encarnación de un dios. Así, cuando Faraón se burla de Dios y se comporta como una deidad altanera de marca mayor, está arrojándole el guante: esto será una teomaquia, una lucha de dioses. El Señor de Israel ejecutará juicios «contra todos los dioses de Egipto» (12:12), incluido el Sr. Casa Grande.

Las guerras que Dios libró por Israel fueron tanto contra sus enemigos humanos como contra las falsas deidades de estos. El Señor estaba pisoteando la idolatría, revelando que era vana, y mostrando a Israel y a todas las naciones que solo él es el Dios del cielo y de la tierra. En la Pascua, esa revelación se anunció a toda la creación: este hombre resucitado, Dios y Rey, ha «despojado a los poderes y autoridades» (Col 2:15) y ha hecho de sus enemigos un taburete para sus pies (Sal 110:1).

Padre celestial, en tu Hijo resucitado, líbranos de todo mal del cuerpo y del alma.

Trabajo pesado y corazones duros תכבד העבדה

[FARAÓN DIJO:] HÁGASE MÁS PESADO EL TRABAJO DE LOS HOMBRES, PARA QUE SE OCUPEN EN ÉL Y NO PRESTEN ATENCIÓN A PALABRAS MENTIROSAS.

ÉXODO 5:9 RVA-2015

Oculto en la frase *tikbád jaabodá* («trabajo más pesado») se halla un indicio magistral del futuro plan de Dios. *Tikbád* procede de la raíz *kabád* («pesado o duro»), que también se utilizará para describir el «duro» corazón del Faraón (8:15). Y *jaabodá*, de la raíz *abád*, se refiere no solo al «trabajo», sino también al «rito» o el «culto» que Israel rendirá al Señor (12:25). Así, a medida que se desarrolla la historia, este «trabajo más pesado» que el rey impone a Israel dará paso a su duro corazón autodestructivo y a la adoración de Israel a su Dios. La orden que Faraón da de empeorar las cosas para Israel solo empeora mucho las cosas para él y su nación. Dios le voltea la tortilla al Faraón.

Vemos algo similar cuando Pilato presenta a Jesús ante la multitud y ellos gritan: «¡Caiga Su sangre sobre nosotros y sobre nuestros hijos!» (Mt 27:25). En lo que ellos dijeron para mal se hallaba oculto el plan de Dios para el bien. La sangre de Jesús caería realmente sobre ellos: sangre expiatoria, sangre restauradora, que les quitaría el corazón de piedra y les daría un corazón de carne (Ez 36:26). Reconciliados con él, adorarían como la Iglesia nueva y redimida, «el Israel de Dios» (Gá 6:16).

Crea en nosotros corazones limpios, oh Dios, y renueva en nosotros espíritus rectos, para que podamos adorarte.

Serpientes y cocodrilos תנין

EL SEÑOR HABLÓ A MOISÉS Y A AARÓN Y LES DIJO: «CUANDO FARAÓN LES DIGA: "HAGAN UN MILAGRO", ENTONCES DIRÁS A AARÓN: "TOMA TU VARA Y ÉCHALA DELANTE DE FARAÓN PARA QUE SE CONVIERTA EN SERPIENTE"».

ÉXODO 7:8-9

En el desierto, la vara de Moisés se convirtió en serpiente (Éx 4:3). Imagina su sorpresa cuando, en Egipto, ¡la misma vara se convirtió en cocodrilo! La mayoría de las traducciones traducen el reptil de Éxodo 4:3 y 7:9 de la misma manera, como «serpiente», pero en hebreo son palabras diferentes. En la zarza ardiente, la vara se convirtió en *nakjásh* («serpiente»), mientras que, en el Nilo, se convirtió en *tannín*. En diversos contextos, un *tannín* es una gran criatura marina (Gn 1:21; Sal 74:13), como asimismo un monstruo o un dragón (Jer 51:34). Muchos estudiosos creen que esta vara-convertida-en-*tannín* es un cocodrilo del Nilo.

La imagen del *tannín* como una criatura poderosa y peligrosa asociada al agua aparece varias veces más en la Biblia. En cada ocasión, el *tannín* representa fuerzas poderosas que Dios —o Dios por medio de su pueblo— vence. El Señor «traspasó al *tannín*» (Is 51:9) y le aplastó la cabeza (Sal 74:13). Asimismo, su pueblo pisotea al *tannín* (Sal 91:13). En otras palabras, Dios es victorioso. Nadie puede interponerse en su camino. El que caminó sobre el mar de Galilea traspasará, aplastará y pisoteará a todo enemigo que se enfrente a él y a su Iglesia.

Escúchanos cuando te invocamos, oh Señor. En la angustia, acompáñanos, rescátanos y hónranos (Sal 91:15-16).

7 DE MARZO

Los dedos de la divinidad אצבע

ENTONCES LOS MAGOS DIJERON A FARAÓN: «ESTE ES EL DEDO DE DIOS». PERO EL CORAZÓN DE FARAÓN SE ENDURECIÓ Y NO LOS ESCUCHÓ, TAL COMO EL SEÑOR HABÍA DICHO.

ÉXODO 8:19

Con sus artes secretas, los magos del Faraón habían imitado la vara-convertida-en-cocodrilo (7:11) y el agua-convertida-en-sangre (7:22). Pero cuando intentaron reproducir la tercera plaga, el polvo-convertido-en-piojos, no lo lograron (8:18). Su respuesta: «Este es el *etsbá Elojím*», el dedo de Dios. El Señor juró redimirlos con «brazo extendido» (6:6) y extender su «mano sobre Egipto» (7:5), pero también utilizó sus dedos. Con su *etsbá* también creó los cielos (Sal 8:3) y escribió la ley en tablas de piedra (Éx 31:18). Con todo lo que es, hasta la punta de sus dedos, el Señor crea, enseña y redime.

«Si Yo por el dedo de Dios echo fuera los demonios», dijo Jesús, «entonces el reino de Dios ha llegado a ustedes» (Lc 11:20). El ministerio de Cristo fue la repetición del Éxodo: vino a liberarnos de la esclavitud del mal, a vencer al Faraón del infierno, y a sufrir una muerte pascual. Sus dedos son los dedos de la divinidad. Con ellos construye el reino de la libertad al que nos introduce en el éxodo mayor de su evangelio. Y con ellos escribe su Palabra en nuestros corazones en el nuevo pacto (Jer 31:33).

Con tus dedos, oh Señor, expulsa de nosotros el mal, haznos nuevos y escribe tu Palabra en nuestros corazones.

8 DE MARZO

La guerra de las plagas נגע

EL SEÑOR DIJO A MOISÉS: «UNA PLAGA MÁS TRAERÉ SOBRE FARAÓN Y SOBRE EGIPTO, DESPUÉS DE LA CUAL LOS DEJARÁ IR DE AQUÍ. CUANDO LOS DEJE IR, CIERTAMENTE LOS ECHARÁ DE AQUÍ COMPLETAMENTE».

ÉXODO 11:1

Los rabinos utilizaron el lema *maasé abót simán labaním* («las acciones de los padres son una señal para los hijos») para describir cómo las acciones de Dios en el pasado, con los patriarcas, establecieron el modelo del futuro de Israel. Eso ocurrió aquí con las plagas. Mucho antes de Moisés, cuando Abram y Sarai estaban en Egipto, Dios había «[plagado] a Faraón y a su casa con grandes plagas por causa de Sarai, mujer de Abram» (Gn 12:17). Ahora, el Señor repite esa acción cuando su propia esposa, Israel, está bajo el dominio del Faraón. El sustantivo *negá* («plaga») procede del verbo *nagá* («tocar, golpear o plagar»). Cuando Dios «tocó» al Faraón, fue como si diez puños divinos consecutivos le hubieran pulverizado la cara hasta dejarlo fuera de combate en la lona.

«El Señor es fuerte guerrero», cantará Israel más tarde en el mar Rojo (Éx 15:3). Avanza en pie de guerra por su pueblo, su novia, su amada. Y pobre de aquel que se interponga en su camino. De hecho, luchará hasta la muerte, como lo hizo en Cristo, y se levantará como un guerrero triunfante para sacarnos del exilio y llevarnos de vuelta a su casa.

Levántate, oh Señor, para luchar por nosotros, para pisotear a nuestros enemigos y conducirnos a tu reino.

9 DE MARZO

Comida rápida israelita חפזון

«DE ESTA MANERA LO COMERÁN: CEÑIDAS SUS CINTURAS, LAS SANDALIAS EN SUS PIES Y EL CAYADO EN SU MANO, LO COMERÁN APRESURADAMENTE. ES LA PASCUA DEL SEÑOR».

ÉXODO 12:11

La comida original de *Pésakj* no fue para saborearla, sino para devorarla. Ajústense la túnica con el cinturón. Abrochen sus sandalias. Llénense la boca con una mano, y, con la otra, sostengan el cayado. Vacíen sus platos, dice Moisés, en *kjipazón* («apresuradamente»). Esta comida *kjipazón* se caracterizaba por pan sin levadura pues no había tiempo para que la masa fermentara (Dt 16:3). ¿Por qué? Los egipcios, temiendo por sus vidas, «apremiaban al pueblo, dándose prisa en echarlos de la tierra» (12:33). Comida rápida para salir rápido de una tierra que lentamente los había estado matando. Israel tenía que salir mientras pudiera.

Qué diferente, profetiza Isaías, será el éxodo de los éxodos, cuando el siervo ungido del Señor traiga buenas nuevas, anuncie paz y salvación, y diga a Sión: «Tu Dios reina» (52:7). En el éxodo de salvación mundial en Jesús, «no saldrán en *kjipazón* ["precipitadamente"]» (v. 12). ¿Por qué? «Porque delante de ustedes irá el Señor, y su retaguardia será el Dios de Israel». No hay necesidad de apresurarse. Ya nadie puede perseguirnos. Todos nuestros enemigos yacen vencidos y muertos en la tumba que él dejó atrás.

Apresúrate, oh Dios, a librarnos, para que podamos descansar seguros y tranquilos en tu obra terminada.

A salvo detrás de la sangre פסח

«LA SANGRE LES SERÁ A USTEDES POR SEÑAL EN LAS CASAS DONDE ESTÉN. CUANDO YO VEA LA SANGRE PASARÉ DE LARGO, Y NINGUNA PLAGA VENDRÁ SOBRE USTEDES PARA DESTRUIRLOS CUANDO YO HIERA LA TIERRA DE EGIPTO».

ÉXODO 12:13

Dios envió al «destructor» (12:23) a matar a los primogénitos egipcios. Sin embargo, cuando vio la sangre en las puertas de los israelitas, Dios los *pasákj*. En otros contextos, *pasákj* significa quedar cojo (2S 4:4), o cojear, o bailar alrededor de un altar (1R 18:26). Aunque normalmente se traduce como «pasar por encima», probablemente deberíamos imaginar a Dios saltando por sobre las casas de los israelitas. Comoquiera que lo imaginemos, el verbo *pasákj* generó el sustantivo *Pésakj*, que solemos llamar Pascua. Independientemente del nombre que le demos, una verdad es segura: aquella noche, el pueblo de Dios estuvo a salvo detrás de la sangre.

Y también lo estamos nosotros, «Porque [...] Cristo, nuestra Pascua, ha sido sacrificado» (1Co 5:7). Cuando somos «bautizados en Su muerte» (Ro 6:3), nuestros corazones son rociados con su sangre (Heb 10:22) en un nuevo y mejor pacto (*cf.* Éx 24:8). «La vida de la carne está en la sangre» (Lv 17:11), y esa sangre vivificante de Jesús está sobre nosotros y en nosotros. Estamos a salvo tras la sangre del «Cordero de Dios que quita el pecado del mundo» (Jn 1:29).

Oh Señor, escudo nuestro, protégenos con tu sangre para que pasemos de la muerte a la vida.

Primogénito בכור

ENTONCES EL SEÑOR HABLÓ A MOISÉS Y LE DIJO: «CONSÁGRAME TODO PRIMOGÉNITO. EL PRIMER NACIDO DE TODA MATRIZ ENTRE LOS ISRAELITAS, TANTO DE HOMBRE COMO DE ANIMAL, ME PERTENECE».

ÉXODO 13:1-2

Dios trastoca las normas culturales. Aunque un *bekor* («primogénito») heredaba una doble porción y era el principio del vigor de un hombre (Dt 21:17), el Señor escogió reiteradamente al hermano menor. Eligió a Abel en lugar de Caín, a Jacob en lugar de Esaú, a Judá en lugar de Rubén, a Efraín en lugar de Manasés, y a David en lugar de sus hermanos. Aún consideraba importante al *bekor* —de hecho, le pertenecía—, pero el Señor prefiere hacer las cosas al revés. El *bekor* puede ser el principio del vigor de un hombre, pero, desde el comienzo, Dios «ha escogido lo débil del mundo para avergonzar a lo que es fuerte» (1Co 1:27).

Cristo, por un lado, es el «primogénito de toda creación» (Col 1:15), el «primogénito de entre los muertos» (v. 18), y el fundador de «la asamblea […] de los primogénitos» (Heb 12:23). Pero, por otro lado, es el Adán que nació en segundo lugar. Como escribe Pablo: «"El primer hombre, Adán, fue hecho alma viviente". El último Adán, espíritu que da vida» (1Co 15:45). Jesús, este «Adán menor», cabeza de una nueva humanidad, es el último de la larga línea de hermanos menores. Nuestro Padre, a través de la vergonzosa muerte del Mesías en debilidad mortal, nos lega la herencia de la vida sin fin.

Cristo, Hermano nuestro, vela por nosotros y guárdanos como miembros de tu amada familia.

12 DE MARZO

Nube עָנָן

EL SEÑOR IBA DELANTE DE ELLOS, DE DÍA EN UNA COLUMNA DE NUBE PARA GUIARLOS POR EL CAMINO, Y DE NOCHE EN UNA COLUMNA DE FUEGO PARA ALUMBRARLOS, A FIN DE QUE ANDUVIERAN DE DÍA Y DE NOCHE.

ÉXODO 13:21

Casi cada vez que aparece una *anán* («nube») en la Biblia, Dios está de visita en el vecindario. En las nubes, el arquero divino colgó su arco inactivo (Gn 9:13). En el Sinaí, la *anán* que envolvió la montaña (Éx 24:15) fue también su megáfono para llamar a Moisés (v. 16). La nube de gloria del Señor se alojó tanto en el tabernáculo (Éx 40:35) como, más tarde, en el templo (1R 8:10-11). Envolvió al mar recién nacido en un pañal de nubes (Job 38:9). Y mientras Israel atravesaba el desierto, la columna de nube del Señor los guio de día, y de noche, su columna de fuego. Nosotros asociamos las nubes con sombra, lluvia o formas curiosas. Pero, para Israel, las nubes eran portavoces, señales y vestimentas de Dios.

Así, durante la transfiguración de Jesús, cuando apareció una nube, fue indudable que el Padre se hallaba en la puerta. «Una nube luminosa los cubrió; y una voz salió de la nube, diciendo: "Este es Mi Hijo amado en quien Yo estoy complacido; óiganlo a Él"» (Mt 17:5). Jesús ascendió en una nube (Hch 1:9) y regresará «en las nubes» (1Ts 4:17), porque él es la Palabra del Padre, su promesa y su presencia para nosotros.

Oh Cristo, guíanos a nosotros, tu Iglesia, por el desierto de este mundo.

13 DE MARZO

Sepultados y nacidos en el mar ים סוף

LOS CARROS DE FARAÓN Y SU EJÉRCITO ARROJÓ AL MAR, Y LOS MEJORES DE SUS OFICIALES SE AHOGARON EN EL MAR ROJO.

ÉXODO 15:4

El mar Rojo es el *yam suf*. Un *yam* es un mar, y *suf* es una caña u otra planta acuática. Por ejemplo, la madre de Moisés puso su arquilla «entre los *suf* [juncos]» a la orilla del Nilo para salvarlo del Faraón (Éx 2:3). Ahora, ochenta años después, Dios utilizará a este mismo Moisés tanto para salvar a Israel a través de las aguas como para sepultar al Faraón y a su ejército en el mar de *suf*. Así mismo, tal como Miriam, hermana de Moisés, estuvo junto al Nilo y habló con la hija del Faraón en nombre de su hermano (2:7), ahora se encuentra junto a esta masa de agua y proclama contra el Faraón: «Canten al Señor porque ha triunfado gloriosamente; al caballo y su jinete ha arrojado al mar» (15:21).

«En Moisés todos fueron bautizados en la nube y en el mar», dice Pablo (1Co 10:2). El *yam suf* fue una enorme bolsa para cadáveres bautismal, como también el vientre líquido de la vida. En el mar se nos sepulta y a la vez nacemos. Allí, Israel fue bautizado en Moisés tal como nosotros «hemos sido bautizados en Cristo Jesús» (Ro 6:3). El «antiguo Faraón» que llevamos dentro se ahoga; en el Jesús resucitado salimos vivos al otro lado del *yam suf* bautismal.

Ahoga en nosotros, oh Señor, todas las pasiones pecaminosas, y levántanos por tu misericordia perdonadora.

Torá y aguas amargas ירה

CUANDO LLEGARON A MARA NO PUDIERON BEBER LAS AGUAS DE MARA PORQUE ERAN AMARGAS. POR TANTO, AL LUGAR LE PUSIERON EL NOMBRE DE MARA. EL PUEBLO MURMURÓ CONTRA MOISÉS, DICIENDO: «¿QUÉ BEBEREMOS?». ENTONCES MOISÉS CLAMÓ AL SEÑOR, Y EL SEÑOR LE MOSTRÓ UN ÁRBOL. ÉL LO ECHÓ EN LAS AGUAS, Y LAS AGUAS SE VOLVIERON DULCES.

ÉXODO 15:23-25

El agua *mar* («amarga») de Mara provocó los primeros gruñidos del desierto. Pero si el mar Rojo enseñó a Israel que el Señor es su Guerrero (15:3), Mara les enseñó que es su Maestro y Sanador. ¿Qué hizo Dios? Le «mostró» un árbol a Moisés. Este verbo para «mostrar», *yará*, es también la raíz de Torá, lo que Dios «muestra» o «enseña». El árbol endulzó las aguas, y todo estuvo bien.

Pero fíjate: inmediatamente después, Dios le dice a Israel que «[escuche] atentamente la voz del Señor tu Dios [...] Porque Yo, el Señor, soy tu sanador» (15:26). En otro lugar, la Torá, la sabiduría de Dios, es comparada con el «árbol de vida» (Pr 3:18). El pueblo de Dios debe escuchar atentamente lo que él les ha *yará* o «*Torá*-do», pues su palabra sanadora nos cuida en este mundo amargo. En efecto, cuando la Palabra misma, Cristo como la Torá encarnada, colgó del madero [árbol] de la cruz, se convirtió en medicina para toda la humanidad y nos otorgó la dulzura de la vida.

Padre celestial, que perdonas toda iniquidad, que curas todas nuestras enfermedades, perdónanos y sánanos por medio del Cristo crucificado.

15 DE MARZO

El pan Qué-es-esto מן

AL VERLA, LOS ISRAELITAS SE DIJERON UNOS A OTROS: «¿QUÉ ES ESTO?», PORQUE NO SABÍAN LO QUE ERA. «ES EL PAN QUE EL SEÑOR LES DA PARA COMER», LES DIJO MOISÉS. [...] LA CASA DE ISRAEL LE PUSO EL NOMBRE DE MANÁ.

ÉXODO 16:15, 31

El desierto del Sinaí es el anti-Edén, una «horrenda soledad» (Dt 32:10). En esta tierra de mala muerte, Israel comienza nuevamente a quejarse. El pueblo está tan hambriento que desearía haber sido acabado por Dios en Egipto (16:3). Así que el Señor interviene. Transforma las tierras desérticas en una panadería. Cae rocío, luego se evapora, y deja una «cosa delgada, como copos», que se extiende por el suelo como un glaseado (16:14). Sin saber qué es, la gente pregunta: *man ju* («¿Qué es esto?»). Y esa pregunta bautiza al alimento: el *man ju* recibe el nombre de *man* (la grafía más larga, «maná», procede de las traducciones aramea y griega).

«Los padres de ustedes comieron el maná en el desierto», dice Jesús, «y murieron» (Jn 6:49). El maná era un buen pan diario, pero los carbohidratos no son Cristo. Él es «el pan que desciende del cielo, para que el que coma de él, no muera» (6:50). Quien se alimenta del pan de su carne y bebe su sangre tiene vida eterna, y Cristo lo resucitará en el día final (6:54).

Señor, Santo de Dios, ¿a quién iremos? Tú tienes palabras y pan de vida eterna (Jn 6:68).

Poner el pecado en el mapa נסה

Y PUSO A AQUEL LUGAR EL NOMBRE DE MASAH Y MERIBA, POR LA CONTIENDA DE LOS ISRAELITAS, Y PORQUE TENTARON AL SEÑOR, DICIENDO: «¿ESTÁ EL SEÑOR ENTRE NOSOTROS O NO?».

ÉXODO 17:7

Los nombres bíblicos suelen contar una historia. En el desierto, esas historias suelen ser desagradables. Cuando el fuego de Dios quemó a los rebeldes, el lugar fue llamado Tabera («encendido», Nm 11:1-3). Cuando los israelitas codiciosos murieron durante una plaga, el lugar fue Kibrot Hataava («tumbas de la codicia»; 11:33-34). Así que aquí, cuando Israel se enzarzó en una *rib* («contienda o disputa») con Dios, y lo *nasá* («puso a prueba»), el lugar quedó sellado para siempre como Meriba (de *rib*) y Masah (de *nasá*). Israel puso literalmente el pecado en el mapa.

«No endurezcan su corazón como en Meriba, como en el día de Masah en el desierto», dice el salmista (95:8). Esos corazones duros llevaron a Dios a jurar: «No entrarán en Mi reposo» (v. 11). Y de hecho, no lo hicieron, sino que sus «cuerpos cayeron en el desierto» por su incredulidad (Heb 3:17). Queda, sin embargo, «un reposo sagrado para el pueblo de Dios» (4:9), un descanso que el Mesías ganó para nosotros. Él, nuestro Josué mayor, nos conduce a la tierra prometida del reposo del Padre, pues su obra salvadora trazó para nosotros el mapa de la vida y la esperanza.

Guárdanos, oh Señor, de ponerte a prueba y de contender contigo, para que podamos acercarnos con confianza a tu trono de gracia y recibir reposo en tu reino.

La propiedad personal del Rey סגלה

«AHORA PUES, SI EN VERDAD ESCUCHAN MI VOZ Y GUARDAN MI PACTO, SERÁN MI ESPECIAL TESORO ENTRE TODOS LOS PUEBLOS, PORQUE MÍA ES TODA LA TIERRA».

ÉXODO 19:5

Cuando Salomón se refirió a sus vastos tesoros de plata y oro, dijo que eran su *segullá* (Ec 2:8). David también llamó su *segullá* a los metales preciosos que había aportado para la construcción del templo (1Cr 29:3). *Segullá*, al igual que sus paralelos en otras lenguas antiguas, significa propiedad personal. Esto es lo que Israel era para Dios: su «*segullá* entre todos los pueblos», su «especial tesoro» o propiedad personal. «De entre todos los pueblos que están sobre la superficie de la tierra», Dios los eligió para ser su *segullá* (Dt 7:6; 14:2). Cuando el Señor abría el cofre de su tesoro, contemplaba el rostro de Israel.

Jesucristo «se dio por nosotros, para redimirnos de toda iniquidad y purificar para sí un pueblo para posesión suya, celoso de buenas obras» (Tit 2:14). En el Mesías de Dios, somos el Israel de Dios, «linaje escogido, real sacerdocio, nación santa, pueblo adquirido para posesión de Dios, a fin de que [anunciemos] las virtudes de Aquel que [nos] llamó de las tinieblas a Su luz admirable» (1P 2:9). Cuando Cristo abre el cofre de su tesoro, contempla el rostro de su esposa, la Iglesia.

Como pueblo que atesoras, oh Señor, muéstranos tu misericordia y mantennos siempre dedicados a hacer buenas obras para nuestro prójimo.

Las diez palabras עשׂרת הדברים

Y MOISÉS ESTUVO ALLÍ CON EL SEÑOR CUARENTA DÍAS Y CUARENTA NOCHES. NO COMIÓ PAN NI BEBIÓ AGUA. Y ESCRIBIÓ EN LAS TABLAS LAS PALABRAS DEL PACTO, LOS DIEZ MANDAMIENTOS.

ÉXODO 34:28

Una gran ironía sobre la Biblia es que los diez mandamientos, que constituyen posiblemente la sección más conocida, nunca son denominados «diez mandamientos» en la propia Biblia. Donde se señala que son «diez» (Éx 34:28; Dt 4:13; 10:4), no se los llama diez *mitsvót* (la palabra hebrea para «mandamientos») sino *aséret jaddebarím*, «las diez palabras». Independientemente de cómo dividamos estos diecisiete versículos (20:1-17) en «diez palabras» —un desacuerdo de siglos—, nos llaman a confiar en Dios; a amarlo con todo nuestro corazón, alma y mente; y a amar a nuestro prójimo como a nosotros mismos. Y como sea que los dividamos y numeremos, de algo no cabe duda: el número total de los mandamientos que hemos cumplido es un enorme cero.

Martín Lutero escribió: «La ley dice: "Haz esto", y jamás se hace. La gracia dice: "Cree en esto", y ya está todo hecho». Cada chispa de «harás» o «no harás» que entra por los oídos de un pecador enciende un fuego de rebelión en su corazón. La ley jamás se cumple. Pero Cristo, que cumplió la ley, proclama con gracia: «Consumado es» (Jn 19:30). Somos libres, perdonados, y estamos plenamente vivos en Cristo Jesús.

Mantennos libres, oh Señor, para que permanezcamos firmes y no volvamos a someternos al yugo de la esclavitud (Gá 5:1).

19 DE MARZO

Imágenes talladas פסל

«NO TE HARÁS NINGÚN ÍDOLO, NI SEMEJANZA ALGUNA DE LO QUE ESTÁ ARRIBA EN EL CIELO, NI ABAJO EN LA TIERRA, NI EN LAS AGUAS DEBAJO DE LA TIERRA».

ÉXODO 20:4

En el año 63 a. C., cuando el general romano Pompeyo tomó Jerusalén y entró en el templo, debió de sorprenderse al no hallar ninguna imagen de Dios. En el mundo antiguo, cualquiera habría compartido su sorpresa. Todas las deidades tenían sus estatuas, postes, esculturas o imágenes, las cuales servían como un punto de encuentro visual entre los dioses y sus adoradores.

No así Yahvé. Cualquier «imagen tallada» o *pésel* (del verbo *pasál*, «tallar, cortar, esculpir») de Dios estaba prohibida bajo pena de muerte. En el templo había imágenes de ángeles, bueyes y flores, pero no del Señor de Israel. ¿Por qué? Porque él aún no les había dado su imagen.

Sin embargo, lo hizo en Cristo. El Mesías «es la imagen del Dios invisible» (Col 1:15). Verlo es ver al Padre (Jn 14:9), «Porque toda la plenitud de la Deidad reside corporalmente en Él» (Col 2:9). En la prohibición de las «imágenes de Dios» se esconde la promesa de Dios de darnos su imagen en su Hijo, que es el resplandor de Su gloria y la expresión exacta de Su naturaleza» (Heb 1:3).

Oh Cristo, imagen y gloria del Padre, transfórmanos en tu imagen de gloria en gloria.

No vacío, sino lleno de santidad שׁוא

«NO TOMARÁS EL NOMBRE DEL SEÑOR TU DIOS EN VANO, PORQUE EL SEÑOR NO TENDRÁ POR INOCENTE AL QUE TOME SU NOMBRE EN VANO».

ÉXODO 20:7

«Tomar [*nasá*] el nombre» es la abreviatura de «tomar el nombre de Dios en los labios». Así, el salmista dice que no tomará (*nasá*) los nombres de otros dioses en sus labios (Sal 16:4 RVR1995). La expresión «en vano» es «en *shav*». Ser *shav* es ser vacío, vano, sin valor, irreal: tomar el nombre de Dios en los labios de manera vana, indigna, trivial. Puesto que *shav* también se refiere a los ídolos, usar el nombre de Dios en *shav* implica magia o falsa profecía. Básicamente, Dios no quiere que su nombre sea tratado como una cosa vacía, sino como algo lleno de santidad.

El uso correcto del nombre de Dios está íntimamente relacionado con la misión de Dios. «Oh Dios, como es Tu nombre, así es Tu alabanza hasta los confines de la tierra» (Sal 48:10). El Señor quiere que su nombre sea «proclamado en toda la tierra» (Éx 9:16 RVC). Por eso protege ese nombre, para que no sea menospreciado o mancillado, ni se dé ocasión a que los enemigos del Señor blasfemen contra su nombre (*cf*. 2S 12:14). Él escribe su nombre en el bautismo (Mt 28:19). Proclama su nombre a través de los predicadores (Lc 24:47). Y nos da a Jesús el Mesías, que es su nombre encarnado y glorificado (Jn 12:28).

«Padre nuestro que estás en los cielos, santificado sea Tu nombre […], así en la tierra como en el cielo» (Mt 6:9-10).

21 DE MARZO

El número favorito de Dios שׁבע

«SEIS DÍAS TRABAJARÁS Y HARÁS TODA TU OBRA, PERO EL SÉPTIMO DÍA ES DÍA DE REPOSO PARA EL SEÑOR TU DIOS».

ÉXODO 20:9-10

Si Dios tiene un número favorito, es el *shéba* («siete»). La primera frase de la Biblia son siete palabras hebreas. Terminó su obra de creación en el día séptimo (Gn 2:2). Esta ley sobre el séptimo día comienza con la séptima letra del alfabeto hebreo (*zayin*). Siete categorías de seres humanos y animales descansan en el Sabbat (tú, hijo, hija, siervo, sierva, ganado, extranjero). Más tarde, Dios establecerá la fiesta primaveral de Shavuot («semanas»), palabra derivada de *shéba*. El número de Dios es el siete. Podríamos decir que, como Padre, Hijo y Espíritu Santo, su número de plenitud, totalidad y perfección es el 777.

No obstante, el número de la humanidad pecadora («de un hombre») y de todo poder anti-Dios («de la bestia») es el 666 (Ap 13:18). No es un número místico, sino patético: el hombre imita a Dios, y el diablo lucha por alcanzar la divinidad. Sin embargo, nosotros somos un 666 imperfecto y deficiente mientras que él es un 777 perfecto y completo. Él es Dios y nosotros no.

No obstante, nuestro Dios perfecto también nos ama de manera perfecta. Nos perdona setenta veces siete —y más—. Al unirnos a Cristo, que reposó en la tumba el séptimo día, Dios nos lleva a la plenitud en la perfección de su resurrección.

Oh Señor, «Siete veces al día te alabo, a causa de Tus justas ordenanzas» (Sal 119:164).

22 DE MARZO

Una larga vida en la tierra ארך

«HONRA A TU PADRE Y A TU MADRE, PARA QUE TUS DÍAS SEAN PROLONGADOS EN LA TIERRA QUE EL SEÑOR TU DIOS TE DA».

ÉXODO 20:12

La misma frase, «el Señor tu Dios», aparece en las cuatro primeras «palabras» o mandamientos de Éxodo 20. Honrar a los padres, por tanto, es el puente entre la primera y la segunda tabla de la ley. Honrar a nuestro Padre celestial implica honrar a sus representaciones paternas en la tierra. Puesto que el verbo hebreo *kabád* («honrar») significa literalmente «ser pesado o ser de peso», podríamos decir: «Dale peso a la importancia de tus padres» o «No trates livianamente a tus padres». Pablo nos recuerda que este «es el primer mandamiento con promesa» (Ef 6:2), a saber, que tus días serán *arak* («prolongados») en la tierra.

En el AT, la tierra es el reino de Dios, donde el Padre reina, bendice y protege a sus hijos. Que los días de uno sean *arak* no significa simplemente llegar a poner cien velas en el pastel, sino vivir una vida plena, bendecida y empapada de Dios en su reino. Esta larga vida en el reino era un anticipo de la resurrección, pues el propio Mesías, después de sufrir, «prolongará [*arak*] Sus días» (Is 53:10). Habiendo honrado a su Padre, y habiéndose entregado como ofrenda por nuestras culpas, resucitó para prolongar sus días en el reino de resurrección del que nosotros, sus hermanos y hermanas, formamos parte.

Padre celestial, danos gracia para amarte y honrarte, como también a nuestros padres terrenales.

Matar mosquitos y hombres רצח

«NO MATARÁS».

ÉXODO 20:13

A pesar de sus muchos goles literarios, la versión Reina Valera erró el tiro al traducir «No matarás». El hebreo tiene un verbo que significa matar, *jarág*, pero no es el que se utiliza aquí. *Jarág* es un término amplio, utilizado para describir la matanza de personas (Gn 4:8) o animales (Lv 20:15). El verbo utilizado en Éxodo 20 es *ratsákj*. Con frecuencia se oye que *ratsákj* se refiere solamente al asesinato, pero eso tampoco es correcto. Sí se refiere al asesinato (Sal 94:6), pero también al homicidio involuntario o accidental (Nm 35:6). No obstante, sea cual sea la situación o la motivación, *ratsákj* siempre se trata de quitar una vida humana. No se puede *ratsákj* a un mosquito. *Ratsákj* tampoco se utiliza jamás para los soldados que matan en combate o para cuando Dios o sus agentes imponen la pena de muerte.

Ratsákj es de máxima gravedad porque la víctima es de máxima importancia. «El que derrame sangre de hombre», dice Dios, «por el hombre su sangre será derramada, porque a imagen de Dios hizo Él al hombre» (Gn 9:6). *Ratsákj* es quitar la imagen de aquel que porta la imagen de Dios. Esto subraya aun más cuán misericordioso ha sido el Padre con nosotros en su Hijo: nuestro derramamiento de su sangre, en lugar de ser el fin del mundo, es el nuevo comienzo del mundo. En el *ratsákj* del Mesías, somos redimidos.

Padre, perdónanos por todas las veces que hemos herido o dañado a nuestro prójimo, y capacítanos para ayudarlo y apoyarlo con amor.

24 DE MARZO

El pecado grande נאף

«NO COMETERÁS ADULTERIO».

ÉXODO 20:14

Cuando Dios advirtió a Abimelec que no tuviera relaciones sexuales con Sara, el rey se quejó de que las mentiras de Abraham casi habían traído sobre él y sobre su reino un «pecado tan grande» (Gn 20:9). Al llamar a esto un «pecado [...] grande», Abimelec repetía el nombre dado al adulterio en muchos códigos legales antiguos. En el AT, *naáf* no significa simplemente tener relaciones sexuales ilícitas, sino mantener relaciones sexuales con alguien que no es tu cónyuge.

Sin embargo, muchas referencias a *naáf* no se tratan de sexo, sino de idolatría. De hecho, los otros cuatro casos de «pecado grande» se refieren al becerro de oro de Aarón (Éx 32:21, 30-31) y a los becerros idolátricos de Jeroboam (2R 17:21). Esto concuerda con la gráfica imagen, tantas veces repetida, de que Israel se «prostituyó con otros dioses». Por lo tanto, este mandamiento, así como el primero, son dos caras de la misma moneda: adorar *solamente* al Señor y tener relaciones sexuales *solamente* con tu cónyuge.

Qué apropiado, entonces, que al describir la conexión de la Iglesia con el Mesías, Pablo diga que la Iglesia es la novia de Cristo. Habiendo Jesús expiado el doble «pecado grande» —idolatría y adulterio—, nos casamos con nuestro Novio celestial y lo adoramos. «Él permanece fiel, pues no puede negarse Él mismo» (2Ti 2:13). Nuestro gran pecado no es rival para su redención más grande.

Señor nuestro, fiel y perdonador, límpianos de toda mancha de pecado, para que podamos llevar vidas fieles y santas a tu servicio y el de los demás.

25 DE MARZO

Dedos pegajosos y corazones robados גנב

«NO HURTARÁS».

ÉXODO 20:15

Hay una notable coincidencia entre el hebreo *ganáb* y el verbo hurtar o la expresión «a hurtadillas» (derivada de hurtar). Tal como los adolescentes «entran a hurtadillas» (a escondidas) en casa cuando regresan más tarde de lo autorizado, los hombres *ganáb* en la ciudad avergonzados como cobardes que huyen de una batalla (2S 19:3). Decimos que un hombre «se robó el corazón de una mujer» tal como Absalón «*ganáb* el corazón de los hombres de Israel» (2S 15:6). Y tanto en hebreo como en español, el secuestro es el robo o *ganáb* de una persona (Éx 21:16). El mandato de no *ganáb* consiste en considerar y tratar lo que Dios ha concedido a otra persona como un don perteneciente a ella, y no como algo a lo cual tenemos derecho o como una posesión potencial.

Es una gran ironía que las autoridades hayan temido que los primeros cristianos robaran el cuerpo de Jesús para fingir la resurrección (Mt 27:64). Este mismo Mesías había enseñado que «El ladrón solo viene para robar, matar y destruir. Yo he venido para que tengan vida, y para que la tengan en abundancia» (Jn 10:10). Él nos da esa vida abundante en su resurrección. Y esa vida da frutos de amor en nuestras acciones. Por eso Pablo escribe: «El que roba, no robe más, sino más bien que trabaje, haciendo con sus manos lo que es bueno, a fin de que tenga qué compartir con el que tiene necesidad» (Ef 4:28).

Oh Espíritu Santo, arranca de nuestros corazones las malezas de la avaricia y siembra en nosotros las semillas de la satisfacción.

Falso testimonio שקר

«NO DARÁS FALSO TESTIMONIO CONTRA TU PRÓJIMO».

ÉXODO 20:16

En Israel, esta ley prohibía faltar a la verdad en los procedimientos judiciales. «Dar» es *aná* («responder») y *ed shéquer* es un testimonio mentiroso. Podríamos parafrasearlo así: Cuando testifiques delante de los jueces acerca de tu prójimo, no seas un testigo mentiroso. Proverbios describe dos tipos de testigos: «El testigo veraz no miente, pero el *ed shéquer* respira mentiras» (14:5 RVA-2015). Esta exhalación de maldad tiene eco en los salmos, donde los testigos falsos «respiran violencia» (27:12). Los palos y las piedras pueden romper mis huesos, pero las palabras rompen corazones, almas, reputaciones, y medios de vida. Nadie puede domar la lengua, nos recuerda Santiago, porque es «un mal turbulento y lleno de veneno mortal» (3:8). La primera jugada del diablo fue hablar.

Cuando la Verdad se encarnó en Jesús, las mentiras le hicieron la guerra. Su archienemigo es «el padre de la mentira» (Jn 8:44). Tras el arresto del Mesías, «muchos [dieron] falso testimonio contra Él», aunque ni siquiera pudieron mentir de manera coherente (Mr 14:55-59). Respiraron mentiras y exhalaron violencia hasta que, finalmente, crucificado, el Cristo de la Verdad «expiró» (Lc 23:46). Pero eso era solo el principio. De pie, otra vez con vida, y fuera de su tumba, se halla «Jesucristo, el testigo fiel, el primogénito de los muertos y el soberano de los reyes de la tierra» (Ap 1:5).

«Guíame en Tu verdad y enséñame, porque Tú eres el Dios de mi salvación; en Ti espero todo el día» (Sal 25:5).

27 DE MARZO

Asir, no caer a tierra חמד

«NO CODICIARÁS LA CASA DE TU PRÓJIMO. NO CODICIARÁS LA MUJER DE TU PRÓJIMO, NI SU SIERVO, NI SU SIERVA, NI SU BUEY, NI SU ASNO, NI NADA QUE SEA DE TU PRÓJIMO».

ÉXODO 20:17

Aunque solemos llamarlo «la caída», el pecado de Adán y Eva consistió en asir, no en golpearse contra el suelo. Eva extendió su codiciosa mano para asir. Vio «que el árbol era deseable [*kjamád*] para alcanzar sabiduría» (3:6). El verbo *kjamád* es ambiguo: las leyes de Dios deben ser *kjamád* (Sal 19:10), pero no debes *kjamád* nada de tu prójimo (Éx 20:17). Todos sabemos que el deseo puede ser dulce como la miel o amargo como un veneno. En este mandamiento, obviamente se trata de lo segundo, pero el verbo *kjamád* es un recordatorio de que, a menudo, los pecados son deseos mal enfocados. Codiciar es tomar el deseo que Dios nos da y enfocarlo en el objeto equivocado, tal como la lujuria es enfocar el deseo sexual, dado por Dios, en la persona equivocada.

Se dice que incluso el propio Señor desea, pues él ha *kjamád* Sión «para morada Suya» (Sal 68:16). Pero cuando Dios envió a su Mesías a esa morada, «No había en él belleza ni majestad alguna; su aspecto no era atractivo y nada en su apariencia lo hacía deseable [*kjamád*]» (Is 53:2 NVI). Era «como uno de quien los hombres esconden el rostro» (v. 3). ¡Pero él nos desea! Y nos tendrá, porque el mayor deseo de Dios es llamarnos sus amados.

Oh Señor, oye el deseo del humilde; fortalece su corazón; inclina tu oído (Sal 10:17).

Adoración de cuerpo completo חוה

ENTONCES DIOS DIJO A MOISÉS: «SUBE HACIA EL SEÑOR, TÚ Y AARÓN, NADAB Y ABIÚ, Y SETENTA DE LOS ANCIANOS DE ISRAEL, Y ADORARÁN DESDE LEJOS».

ÉXODO 24:1

En hebreo, la adoración no es solo un acto de la cabeza o una alabanza en el corazón, sino que involucra todo el cuerpo. *Kjavá* es poner el rostro en tierra, ya sea delante de Dios (en adoración) o de personas (por respeto). Cuando Abraham vio que tres visitantes se acercaban, corrió al encuentro de ellos y «se postró [*kjavá*] en tierra» (Gn 18:2; *cf.* 19:1). En el Sinaí, Dios le dice a Moisés que «*kjavá* desde lejos» (Éx 24:1). Cuando el Señor hizo pasar su gloria delante de Moisés, este «se apresuró a inclinarse a tierra y *kjavá*» (34:8). El hebreo destruye cualquier falsa noción de que los seres humanos son solo «cerebros puestos en un palo», como dice James K. A. Smith, o almas atrapadas en cuerpos. Más bien, como imágenes de Dios encarnadas, adoramos a nuestro Creador con la totalidad de lo que somos: rodillas, brazos, pecho, pies y rostro incluidos.

Esta misma corporeidad de la adoración continúa en el NT. Cuando los sabios del oriente vieron a Jesús, «postrándose lo adoraron» (Mt 2:11). Al orar a su Padre, Jesús mismo «cayó sobre Su rostro, orando» (26:39). La corporeidad de la adoración es en sí misma una confesión de que nuestros cuerpos son dones de Dios, con los cuales lo servimos, adoramos y alabamos.

Padre celestial, Creador de nuestros cuerpos, concédenos adorarte con todo lo que somos.

29 DE MARZO

La sangre del pacto דם הברית

ENTONCES MOISÉS TOMÓ LA SANGRE Y LA ROCIÓ SOBRE EL PUEBLO, Y DIJO: «ESTA ES LA SANGRE DEL PACTO QUE EL SEÑOR HA HECHO CON USTEDES, SEGÚN TODAS ESTAS PALABRAS».

ÉXODO 24:8

Esta es la única vez que se rocía con sangre a los israelitas. El paralelo más cercano se encuentra en la ordenación de Aarón y sus hijos como sacerdotes, cuando se les unta sangre en las orejas, los pulgares y los dedos gordos de los pies (29:20). Puesto que «la vida de la carne está en la sangre», y que la sangre «hace expiación» (Lv 17:11), Dios está literalmente rociando vida y expiación sobre su pueblo. Por medio de la sangre, lo está convirtiendo en un «reino de sacerdotes y una nación santa» (Éx 19:6). Esta *dam jaberít* («sangre del pacto») los une firmemente a sí mismo como su pueblo escogido.

Cuando Jesús da la copa a sus discípulos en su última Pascua, dice: «esto es Mi sangre del nuevo pacto, que es derramada por muchos para el perdón de los pecados» (Mt 26:28). El paralelo es inequívoco. En lugar de rociarnos externamente con sangre, cuando bebemos de su copa, Cristo rocía su sangre en nuestro interior, de modo que nuestros «corazones [son] purificados de mala conciencia» (Heb 10:22 RVR1977); se nos da la vida de Dios, somos ordenados como su reino de sacerdotes (1P 2:5, 9), y se nos hace parte del nuevo pacto del pueblo escogido de Dios (Heb 12:24).

Rocía nuestros corazones con tu sangre, oh Cristo, para que estemos limpios y perdonados, listos para el servicio.

30 DE MARZO

Dios se va de acampada שׁכן

Y LA GLORIA DEL SEÑOR REPOSÓ SOBRE EL MONTE SINAÍ, Y LA NUBE LO CUBRIÓ POR SEIS DÍAS. AL SÉPTIMO DÍA, DIOS LLAMÓ A MOISÉS DE EN MEDIO DE LA NUBE.

ÉXODO 24:16

El Señor no es una deidad lejana, desvinculada, situada en un balneario celestial a un millón de kilómetros de distancia. Está en medio de la acción, levantando su tienda entre su pueblo. La gloria del Señor *shakán* en el Sinaí. *Shakán* es establecerse, residir, montar una tienda. En este momento, la tienda de Dios es el monte Sinaí. Su cima es como el Lugar Santísimo (donde un solo hombre, Moisés, puede entrar); sus laderas son como el Lugar Santo (donde unos pocos, como los sacerdotes, pueden entrar); y su pie es como el atrio y el área alrededor del tabernáculo (donde los israelitas adoran). Cuando la tienda de Dios —el tabernáculo— sea construida, será un Sinaí portátil. La nube de la gloria de Dios lo llenará (Éx 40:34) tal como la misma nube envolvió el Sinaí. Todos los israelitas supieron dónde se había situado Dios. Sabían exactamente dónde encontrarlo.

Cuando la Palabra del Padre se hizo carne, levantó su tienda («tabernaculó», o acampó) entre nosotros (Jn 1:14). «Vimos su gloria», añade Juan. La gloria de Dios ya no se halla en una tienda, sino en un hombre. El Mesías es el lugar donde Dios se ha situado; el lugar donde lo encontramos. En efecto, el Mesías es Yahvé encarnado. Es Emmanuel, Dios-con-nosotros.

Oh ven, oh ven, Emmanuel, y habita entre nosotros, para que en ti hallemos misericordia y santidad.

31 DE MARZO

Sigan el diseño תבנית

«QUE ME HAGAN UN SANTUARIO, PARA QUE YO HABITE ENTRE ELLOS. CONFORME A TODO LO QUE TE VOY A MOSTRAR, CONFORME AL DISEÑO DEL TABERNÁCULO Y AL DISEÑO DE TODO SU MOBILIARIO, ASÍ USTEDES LO HARÁN».

ÉXODO 25:8-9

Cualquier arquitecto te dirá que un plano desprolijo conduce a una construcción desprolija. Dios no quiere eso. Moisés debe asegurarse de que cada elemento se haga exactamente conforme al «diseño [*tabnít*]» que Dios le muestra. *Tabnít* significa copia, modelo, imagen o plano. El Señor, por así decirlo, le muestra un modelo a Moisés. «Hazlo de esta manera», le dice, «hasta el más mínimo detalle». Cuando esté terminado, no habrá dos tabernáculos —uno arriba en el cielo, y otro abajo en la tierra—, sino que ambos existirán uno dentro del otro: uno visible, y el otro, invisible. Así, cuando Isaías ve al Señor en su templo, aún está en la tierra, en Jerusalén, solo que ahora el velo de sus ojos es quitado para que contemple la realidad que ha estado allí todo el tiempo (6:1ss.). La adoración es el cielo en la tierra. El tabernáculo terrenal es el tabernáculo celestial, y viceversa.

No es diferente hoy en día, cuando la Iglesia se reúne para adorar. Estamos rodeados de ángeles y santos. Cristo y su Padre están allí con el Espíritu. En realidad, no iniciamos la adoración, sino que nos unimos a la adoración continua alrededor del trono de Dios y del Cordero. Nos hemos «acercado al monte Sión» (Heb 12:22).

Dirige nuestros corazones, oh Señor, para que te adoren en espíritu y en verdad.

El cofre del pacto ארון

«HARÁN TAMBIÉN UN ARCA DE MADERA DE ACACIA; SU LONGITUD SERÁ DE DOS CODOS Y MEDIO, SU ANCHURA DE UN CODO Y MEDIO, Y SU ALTURA DE UN CODO Y MEDIO».

ÉXODO 25:10 LBLA

Aunque ambas se traducen como «arca», Noé tenía una *tebá* («embarcación») y el tabernáculo tenía un *arón* («caja»). La palabra *arón* puede referirse a un ataúd (Gn 50:26) o a un cofre de dinero (2R 12:10). Pero la gran mayoría de las referencias del AT se refieren al *arón* del pacto, que recibía ese nombre porque en su interior se hallaban depositadas las dos tablas de la ley o del pacto (25:16). Así, el «arca del pacto» es la abreviatura de «el cofre que contenía los documentos del pacto». David también llama al *arón* el «estrado de nuestro Dios» (1Cr 28:2), sobre el cual el Señor se hallaba entronizado como el divino Rey de Israel.

El arca del pacto desapareció hacia el año 587 a. C., cuando los babilonios conquistaron Jerusalén y arrasaron el templo. A la llegada del Mesías, el Lugar Santísimo no albergaba ningún arca. En cualquier caso, quizás fue lo más apropiado, pues el arca verdadera ya había descendido. Se hallaba en el vientre de María, y luego se convertiría en hombre —aquel en quien residía la ley de Dios—. Cubierto no de oro, sino de carne y hueso, no sería un estrado, sino que reinaría al lado de su Padre, el cual pondría a sus «enemigos por estrado de [Sus] pies» (Sal 110:1).

Levántate, Señor Jesús, y ve al lugar de tu reposo junto al Padre, porque tú eres el arca de nuestra fortaleza (Sal 132:8).

La tapa de la expiación כפרת

«HARÁS ADEMÁS UN PROPICIATORIO DE ORO PURO [...]. HARÁS IGUALMENTE DOS QUERUBINES DE ORO; LOS HARÁS DE ORO LABRADO A MARTILLO, EN LOS DOS EXTREMOS DEL PROPICIATORIO. [...] Y PONDRÁS EL PROPICIATORIO ENCIMA DEL ARCA, Y EN EL ARCA PONDRÁS EL TESTIMONIO QUE YO TE DARÉ. ALLÍ ME ENCONTRARÉ CONTIGO, Y DE SOBRE EL PROPICIATORIO...».

ÉXODO 25:17-18, 21-22 LBLA

Los cofres tienen tapa, y el «cofre del pacto» no era la excepción. Su *kapóret*, o tapa, aunque a menudo se traduce como «propiciatorio», procede del verbo *kafár*, que significa cubrir o expiar. Así, una *kapóret* es una cubierta expiatoria. Dos querubines de oro, con las alas extendidas, estaban situados uno frente al otro encima de la *kapóret*. Aquí, además, se rociaba la sangre del sacrificio en el Yom Kipur («Día de la Expiación» —*kipúr* también proviene de *kafár*—). Esta era, en efecto, la sede de la misericordia divina, pues desde «sobre [la] *kapóret*» Yahvé se reunía con Moisés para transmitirle sus palabras a Israel.

Pablo nos dice que somos «justificados gratuitamente por Su gracia por medio de la redención que es en Cristo Jesús, a quien Dios exhibió públicamente como propiciación por Su sangre» (Ro 3:24-25). En griego, «propiciación» es *jilastérion*, palabra que traduce el hebreo *kapóret*. El Padre exhibió a su Hijo como nuestra cubierta expiatoria. En el Mesías, Dios se reúne con nosotros y nos concede su misericordia.

Señor, atráenos a tu lugar santo y cúbrenos con tu misericordia.

El pan del rostro לחם פנים

«HARÁS ASIMISMO UNA MESA DE MADERA DE ACACIA; SU LONGITUD SERÁ DE DOS CODOS, SU ANCHURA DE UN CODO Y SU ALTURA DE UN CODO Y MEDIO. [...] Y PONDRÁS SOBRE LA MESA EL PAN DE LA PRESENCIA PERPETUAMENTE DELANTE DE MÍ».

ÉXODO 25:23, 30 LBLA

El pan, *lékjem*, es el alimento básico esencial de los hebreos. Los israelitas habrían encontrado la petición «Danos hoy nuestro pan de cada día» perfectamente ajustada a sus necesidades y estilo de vida. Tal como su pueblo tenía pan en sus tiendas, Dios tenía pan sobre su mesa dentro de su tienda. Las antiguas traducciones lo llamaron «pan de la proposición». Es el *lékjem paním*: literalmente, «pan del rostro». Cuando estamos frente al rostro de alguien, estamos en su presencia —así que *paním* significa presencia—. Este pan, al estar frente al rostro de Dios, era santo. Cada día de reposo, los doce panes eran comidos por los sacerdotes (como representantes de las doce tribus) y reemplazados por una nueva docena. Consumían un pan impregnado de la santa presencia de Dios. Ingerían santificación.

El Señor utilizó muchas comidas en la historia de Israel como telón de fondo (o como entremeses, si se quiere) para dar a su Iglesia la mayor comida de todas. Hoy, nos reunimos en torno a la mesa de Dios para comer el pan lleno de la presencia de Cristo. «Tomen, coman; esto es Mi cuerpo», dice el Mesías (Mt 26:26). Ingerimos su santidad.

Padre celestial, danos hoy, y cada día, el Pan de vida, Jesús, nuestro Salvador.

4 DE ABRIL

El luminoso árbol de la vida מנורה

«ENTONCES HARÁS UN CANDELABRO DE ORO PURO. EL CANDELABRO, SU BASE Y SU CAÑA HAN DE HACERSE LABRADOS A MARTILLO. SUS COPAS, SUS CÁLICES Y SUS FLORES SERÁN DE UNA PIEZA CON ÉL».

ÉXODO 25:31

Aunque Adán y Eva fueron excluidos del árbol de la vida en el huerto sagrado de Dios (Gn 3:24), el Señor proveyó un árbol sustituto en su tabernáculo para los descendientes de ellos. Su santuario fue un nuevo Edén en medio de un mundo caído. Flora y fauna —como las de un huerto— adornaban las cortinas de su tienda. Y en su lugar santo había una *menorá* («candelabro») con ramas —como las de un árbol— que salían por ambos lados. La *menorá* era el árbol de la vida sustituto, que iluminaba el santuario edénico de Dios con el ardiente fruto de la luz.

La *menorá* del AT, ícono de luz y vida, se convirtió en símbolo tanto del Espíritu de Dios (Ap 4:5) como de sus Iglesias (Ap 1:20). El Espíritu «ha resplandecido en nuestros corazones, para iluminación del conocimiento de la gloria de Dios en el rostro de Cristo» (2Co 4:6). Y como Iglesia de Cristo, dejamos que esa luz «brille [...] delante de los hombres, para que vean [nuestras] buenas acciones y glorifiquen a [nuestro] Padre que está en los cielos» (Mt 5:16). Reflejamos al Mesías, «la Luz del mundo» (Jn 9:5), que convirtió el madero [árbol] de la cruz en el árbol de la vida.

«¡Alza, oh Señor, sobre nosotros la luz de Tu rostro!» (Sal 4:6).

5 DE ABRIL

El velo פרכת

«HARÁS ADEMÁS UN VELO DE TELA AZUL, PÚRPURA Y ESCARLATA, Y DE LINO FINO TORCIDO. SERÁ HECHO CON QUERUBINES, OBRA DE HÁBIL ARTÍFICE. [...] EL VELO LES SERVIRÁ COMO DIVISIÓN ENTRE EL LUGAR SANTO Y EL LUGAR SANTÍSIMO».

ÉXODO 26:31, 33

En la creación, Dios dividió (*badal*) una cosa de la otra. Él *badal* la luz de las tinieblas (1:4); las aguas de abajo de las aguas de arriba (1:6); y el día de la noche (1:14). Aquí, el verbo se repite para el velo que separa el santuario interior del exterior. El tabernáculo es un minicosmos donde el Creador está colocando cada cosa en su sitio. El *poréket* («velo») es una pantalla profusamente tejida y bordada con ángeles tras la cual se encuentra la sala del trono de Dios, su «cielo interior» en la tierra. Solamente una vez al año, en el Día de la Expiación, el sumo sacerdote entraba en esta sala del trono, y nunca sin llevar sangre (Heb 9:7).

El rasgamiento del *poréket* durante el sacrificio de crucifixión del gran sumo sacerdote, Jesús, significó que la división quedó erradicada (Mt 27:51). Ahora se permitía el tráfico diario en ambos sentidos. Dios salió del templo para llevar su gloria a todas las naciones, comenzando por Jerusalén. Y, en Cristo, todas las naciones entran en el lugar santo por la sangre de Jesús, porque a través del velo de su carne se nos abrió un camino nuevo y vivo para entrar en la presencia de Dios (Heb 10:19-20).

Cristo, nuestro gran sumo sacerdote sobre la casa de Dios, danos confianza para presentarnos delante de ti y de tu Padre por la gracia de tu Espíritu.

6 DE ABRIL

Vestimentas de Cristo בגדי־קדש

«ENTONCES HARÁS QUE SE ACERQUE A TI, DE ENTRE LOS ISRAELITAS, TU HERMANO AARÓN, Y CON ÉL SUS HIJOS, PARA QUE ME SIRVA COMO SACERDOTE: AARÓN, CON NADAB, ABIÚ, ELEAZAR E ITAMAR, HIJOS DE AARÓN. HARÁS VESTIDURAS SAGRADAS PARA TU HERMANO AARÓN, PARA GLORIA Y HERMOSURA».

ÉXODO 28:1-2

Las *bigdei-códesh* («vestiduras sagradas») de los sacerdotes fueron tomadas del armario del Hijo de Dios. En la visión de Isaías, la orla [*shul*] del manto del Señor llenaba el templo (6:1) —se utiliza la misma palabra para describir la orla del manto del sumo sacerdote (Éx 28:33)—. Y el Señor que Isaías vio era Jesús, pues Isaías «vio Su gloria, y habló de Él» (Jn 12:41). Del mismo modo, cuando Juan vio a Cristo en el Apocalipsis, en una especie de templo lleno de menorás, estaba «vestido con una túnica que le llegaba hasta los pies y ceñido por el pecho con un cinto de oro» (1:13). Las mismas palabras griegas utilizadas en Apocalipsis para «túnica» y «cinto» se emplean en la Septuaginta para traducir la túnica y el cinto del sumo sacerdote (Éx 25:7; 28:4).

La gloria y la belleza de estas *bigdei-códesh* eran la gloria y la belleza del Mesías. Los sumos sacerdotes de Israel estaban vestidos como Cristo, nuestro «gran Sacerdote sobre la casa de Dios» (Heb 10:21). Sus vestiduras estaban investidas de la profecía de aquel que nos revestiría de su propia justicia.

Oh Señor Jesús, vestido de esplendor y majestad, vístenos de justicia para que cantemos con gozo (Sal 104:1; 132:9).

Oh Señor, huele mi oración קטרת

«HARÁS ADEMÁS UN ALTAR PARA QUEMAR INCIENSO EN ÉL. DE MADERA DE ACACIA LO HARÁS. [...] PONDRÁS EL ALTAR DELANTE DEL VELO QUE ESTÁ JUNTO AL ARCA DEL TESTIMONIO, DELANTE DEL PROPICIATORIO QUE ESTÁ SOBRE EL ARCA DEL TESTIMONIO, DONDE YO ME ENCONTRARÉ CONTIGO. AARÓN QUEMARÁ INCIENSO AROMÁTICO SOBRE ÉL».

ÉXODO 30:1, 6-7

Hace algunos días hablamos de cómo la adoración hebrea involucraba todo el cuerpo. Junto con ello, era plenamente sensorial: se sentía, se saboreaba, se oía, se veía y se olía. El incienso, *quetóret*, implicaba estas últimas dos cosas: la vista y el olfato. Cada mañana y tarde, un sacerdote quemaba *quetóret* en el altar, justo delante del velo que cubría el propiciatorio. «Sea puesta mi oración delante de Ti como incienso», oraba el salmista (141:2), pues el incienso era la oración hecha visible. Su olor llegaba hasta las narices de Dios, de modo que el incienso era también la oración hecha olfativa.

Encendidas por el Espíritu, las peticiones de Israel ondulaban en una nube de incienso en y alrededor de su trono de gracia. Así, también, en el culto celestial de Apocalipsis, hay «copas de oro llenas de incienso, que son las oraciones de los santos» (5:8). Nuestras bocas, como incensarios, exhalan el incienso de la oración que Cristo, nuestro sumo sacerdote, mezcló con el suyo ante el trono del Padre.

«Sea puesta mi oración delante de Ti como incienso, el alzar de mis manos como la ofrenda de la tarde» (Sal 141:2).

8 DE ABRIL

Espejos fundidos כיור

EL SEÑOR HABLÓ A MOISÉS Y LE DIJO: «HARÁS TAMBIÉN UNA PILA DE BRONCE, CON SU BASE DE BRONCE, PARA LAVATORIO. LA COLOCARÁS ENTRE LA TIENDA DE REUNIÓN Y EL ALTAR, Y PONDRÁS AGUA EN ELLA. CON ELLA SE LAVARÁN LAS MANOS Y LOS PIES AARÓN Y SUS HIJOS».

ÉXODO 30:17-19

Para que los sacerdotes pudieran manejar los objetos sagrados y pisar suelo sagrado de manera segura, debían lavarse. Este lavamiento requería de una pila, por lo que se construyó el *kiór*. Se fabricó fundiendo «los espejos de las mujeres que servían a la puerta de la tienda de reunión» (Éx 38:8). Nunca se nos dice quiénes eran estas mujeres ni lo que hacían, pero sus antiguos espejos se convirtieron en un objeto que seguía reflejando —reflejaba la necesidad de estar limpio para entrar en la presencia de Dios—. Las manos y los pies sin lavar constituían un riesgo (30:20-21). Este *kiór* relativamente pequeño se convertiría en el enorme mar de bronce del templo, con múltiples lavatorios más pequeños sobre ruedas (1R 7:23-39).

El bautismo no es agua común, sino agua con una historia sagrada. Parte de esa historia es el *kiór* de bronce. Como sacerdotes compañeros de Jesús, entramos en la presencia de Dios. No solo nuestras manos y pies, sino «nuestros cuerpos [han sido] lavados con agua pura» (Heb 10:22) mediante el «lavamiento de la regeneración y la renovación por el Espíritu Santo» (Tit 3:5) para que podamos reflejar al Mesías.

Oh Sumo Sacerdote celestial, «Lávame por completo de mi maldad, y límpiame de mi pecado» (Sal 51:2).

De lo divino a lo bovino עגל מסכה

[AARÓN] LOS TOMÓ DE SUS MANOS Y LES DIO FORMA CON BURIL, E HIZO DE ELLOS UN BECERRO DE FUNDICIÓN. Y ELLOS DIJERON: «ESTE ES TU DIOS, ISRAEL, QUE TE HA SACADO DE LA TIERRA DE EGIPTO».

ÉXODO 32:4

El Señor y su novia aún estaban alojados en su suite nupcial del Sinaí cuando ella empezó a engañarlo. «Haznos un dios», exigió el pueblo. Y Aarón no necesitó que le doblaran la mano. Nos da la impresión de que este no era su primer rodeo. Fabricó el *éguel masseká* («becerro fundido») en un santiamén. Probablemente se trataba de un modelo de madera recubierto de oro. Un *éguel* es un buey joven, a menudo representado en el arte antiguo como la plataforma para una deidad; un trono divino. Lo más probable es que Israel, habiendo residido por siglos en una tierra ebria de idolatría, estuviera reproduciendo lo que había visto en la madre patria. Los israelitas estaban revelando cuánto se habían egiptizado. Un pequeño paso de lo divino a lo bovino para Aarón; una caída gigantesca para Israel.

¿Qué salvó a la nación de la aniquilación inmediata? Solo la mediación de Moisés. Suplicó por sus vidas, y Dios cedió (32:11-14). De hecho, Dios cedería y cedería, siglo tras siglo, hasta que finalmente el Cordero se encargara del pecado de Israel (y el nuestro) de una vez por todas.

Perdónanos, querido Padre, por todas las veces que nos hemos alejado de ti para adorar mentiras y engaños. Ten piedad de nosotros y haz que volvamos a ti.

Romper literalmente las reglas לחת

ENTONCES SE VOLVIÓ MOISÉS Y DESCENDIÓ DEL MONTE CON LAS DOS TABLAS DEL TESTIMONIO EN SU MANO, TABLAS ESCRITAS POR AMBOS LADOS. POR UNO Y POR EL OTRO ESTABAN ESCRITAS. LAS TABLAS ERAN OBRA DE DIOS, Y LA ESCRITURA ERA ESCRITURA DE DIOS GRABADA SOBRE LAS TABLAS. [...] TAN PRONTO COMO MOISÉS SE ACERCÓ AL CAMPAMENTO, VIO EL BECERRO Y LAS DANZAS. SE ENCENDIÓ LA IRA DE MOISÉS, ARROJÓ LAS TABLAS DE SUS MANOS, Y LAS HIZO PEDAZOS AL PIE DEL MONTE.

ÉXODO 32:15-16, 19

Moisés no explotó ni se puso a romper cosas así sin más. Su ruptura de las *lukjót* («tablas») fue un acto ritual y calculado. Israel había roto el pacto, así que Moisés rompió literalmente las tablas grabadas con el pacto. Estas *lukjót* —que pueden referirse a tablas de piedra, tablas de madera o placas de metal— no eran piedras voluminosas, sino losas más pequeñas, con hebreo por ambas caras. La ley yacía ahora hecha pedazos en el suelo.

Esa ley, con sus exigencias incumplidas, seguiría agravando una deuda que los pecadores no podían pagar. Pero el Mesías podía pagarla, y lo hizo. No la hizo añicos en el suelo, sino que «[quitó] de en medio [ese registro de deudas], clavándolo en la cruz», donde lo pagó por completo con moneda carmesí (Col 2:14).

Perdónanos nuestras deudas, Padre celestial, y escribe tu amor y tu fidelidad en la tabla de nuestro corazón (Pr 3:3).

11 DE ABRIL

Ver el dorso de Dios אחור

ENTONCES EL SEÑOR DIJO: «HAY UN LUGAR JUNTO A MÍ, Y TÚ ESTARÁS SOBRE LA PEÑA; Y SUCEDERÁ QUE AL PASAR MI GLORIA, TE PONDRÉ EN UNA HENDIDURA DE LA PEÑA Y TE CUBRIRÉ CON MI MANO HASTA QUE YO HAYA PASADO. DESPUÉS APARTARÉ MI MANO Y VERÁS MIS ESPALDAS; PERO MI ROSTRO NO SE VERÁ».

ÉXODO 33:21-23

Cuando Moisés pide darle un vistazo a la gloria de Dios, el Señor responde que sí con reservas. Hará pasar su bondad, proclamará su nombre divino y vendará los ojos de Moisés con su mano. Solo después de eso Moisés podrá vislumbrar. Sin embargo, en lugar del rostro de Dios, verá su divina *akjór* («espalda» o «parte trasera»). Este extraño procedimiento es necesario para que Moisés sobreviva, pues el Señor dice: «No puedes ver Mi rostro; porque nadie me puede ver, y vivir» (33:20). Cuando la bondad de Dios pasa, y se declara su nombre, la gloria divina luce como el dorso oculto y apagado de Dios.

En Juan 17, Jesús se refiere reiteradamente al momento en que su gloria será revelada (vv. 5, 22, 24). Sin embargo, ¡qué sorprendente es descubrir que se refiere a su nada gloriosa ejecución! Esta es la máxima manifestación de la gloria de Dios —la gloria de su *akjór*— que nos revela su bondad y a la vez pone su nombre sobre nosotros.

«Ayúdanos, oh Dios de nuestra salvación, por la gloria de Tu nombre; líbranos y perdona nuestros pecados por amor de Tu nombre» (Sal 79:9).

12 DE ABRIL

El Dios celoso קנא

NO ADORARÁS A NINGÚN OTRO DIOS, YA QUE EL SEÑOR, CUYO NOMBRE ES CELOSO, ES DIOS CELOSO.

ÉXODO 34:14

A las divinidades del mundo antiguo no les parecía mal el equivalente teológico de acostarse con cualquiera. Los adoradores podían acostarse con tantas deidades como quisieran. Podían ofrecerle una cabra a Baal, una pizca de incienso a Asera, o un chorrito de vino a El. Esa era la norma religiosa politeísta. Mientras cada dios recibiera una parte de la acción, todo estaba bien. Sin embargo, el Dios de los hebreos no podría haber sido más diferente. Declaraba ser el Dios único, objeto de adoración exclusiva, y además celoso. A los pueblos antiguos, todo esto les habría parecido estrecho y sin sentido. Pero el pueblo de Dios era la esposa de él. No la compartiría con nadie más.

Yahvé es *canná* («celoso») —de hecho, su apodo podría ser «Celoso»—, pero no porque fuera dominante, sino por la gran intensidad y pasión con la que estaba dedicado a Israel. Al decirle a su esposa: «No adorarás a ningún otro dios», estaba diciéndole: «No te acostarás con ningún otro hombre».

Nuestro único Señor, Jesús el Mesías, amó a su esposa, la «iglesia y se dio Él mismo por ella» (Ef 5:25). No admitiría rival alguno. Sus celos, y su amor indomable, lo obligaron a llegar hasta el final, hasta la cruz, para convertir a la Iglesia en su esposa inmaculada y conservarla como tal.

Señor Jesús, santifícanos, purifícanos con el agua y la Palabra para que seamos santos y sin mancha.

13 DE ABRIL

Miguel Ángel y el Moisés con cuernos קרן

CUANDO MOISÉS DESCENDÍA DEL MONTE SINAÍ [...] NO SABÍA QUE LA PIEL DE SU ROSTRO RESPLANDECÍA POR HABER HABLADO CON DIOS. [...] CUANDO MOISÉS ACABÓ DE HABLAR CON [LOS ISRAELITAS], PUSO UN VELO SOBRE SU ROSTRO.

ÉXODO 34:29, 33

A veces, las malas traducciones se convierten en buenas obras de arte. Basta ver a Miguel Ángel. En su famosa escultura de Moisés, unos cuernos sobresalen de la cabeza del profeta. ¿Por qué esos cuernos? Cuando Moisés descendió del Sinaí, «su rostro *carán* [resplandecía]». Sin embargo, la Vulgata latina tradujo *carán* («resplandecía») como *cornuta* («cuernos»). Es un error fácil de cometer. La palabra *carán* es muy similar a la palabra *quéren* («cuerno»). Muy probablemente, el resplandor brotaba de su rostro tal como sobresalen los cuernos de un buey.

De hecho, posiblemente la palabra *carán* se eligió porque suena como *quéren*. Era una alusión al becerro de oro, la historia que precede inmediatamente a este relato. El mensaje es el siguiente: «Escucha, Israel, no busques un animal con cuernos para que sea el intermediario entre tú y yo. Observa el rostro radiante de Moisés, con quien hablo cara a cara. Aquel becerro estúpido, idolátrico y sin vida ni siquiera puede mugir, pero el Moisés vivo y radiante pronuncia mis palabras que dan vida». O, como dirá el Padre más tarde, hablando de su Hijo, la Luz del mundo y el profeta semejante a Moisés: «Óiganlo a Él» (Mt 17:5).

Quita el velo de nuestros corazones, oh Señor, para que podamos contemplar tu gloria y oír tus palabras que dan vida.

14 DE ABRIL

Traer una ofrenda קרב

EL SEÑOR LLAMÓ A MOISÉS Y LE HABLÓ DESDE LA TIENDA DE REUNIÓN: «DI A LOS ISRAELITAS: "CUANDO ALGUIEN DE USTEDES TRAIGA UNA OFRENDA AL SEÑOR, TRAERÁN SU OFRENDA DE ANIMALES DEL GANADO O DEL REBAÑO"».

LEVÍTICO 1:1-2

Casi todas las palabras hebreas se forman a partir de una raíz de tres consonantes. Los prefijos, sufijos y otros añadidos a esa raíz la convierten en un verbo, sustantivo, adjetivo o adverbio concreto. La traducción al español no permite ver la red interconectada de muchas palabras hebreas. Por ejemplo, la raíz q-r-b es la base de «acercarse», «traer», «ofrenda», «en medio» y «cerca». Esto es vital para entender Levítico. Juntando todas las palabras q-r-b (o, c-r-b), podríamos decir: «Porque el Señor está en medio de Israel (*quéreb*), y cerca de ellos (*carób*), ellos se acercan a él (*caráb*) trayéndole (*jicríb*) una ofrenda (*corbán*)». Como las ramas de un árbol, las cinco palabras proceden del mismo tronco q-r-b. Y juntas nos enseñan que la cercanía de Dios hace posible que Israel se acerque a él con ofrendas.

Todas estas ofrendas son el trasfondo del Mesías, que se acercó a nosotros como sacerdote y ofrenda. «Hemos sido santificados mediante la ofrenda del cuerpo de Jesucristo ofrecida una vez para siempre» (Heb 10:10), «Porque por una ofrenda Él ha hecho perfectos para siempre a los que son santificados» (v. 14).

Jesús, sacerdote nuestro y ofrenda nuestra, haz de nuestros cuerpos un sacrificio vivo en amoroso servicio a los demás.

No era una barbacoa santa עלה

«SI SU OFRENDA ES UN HOLOCAUSTO DEL GANADO, OFRECERÁ UN MACHO SIN DEFECTO; LO OFRECERÁ A LA ENTRADA DE LA TIENDA DE REUNIÓN, PARA QUE SEA ACEPTADO DELANTE DEL SEÑOR. PONDRÁ SU MANO SOBRE LA CABEZA DEL HOLOCAUSTO, Y LE SERÁ ACEPTADO PARA EXPIACIÓN SUYA».

LEVÍTICO 1:3-4

El altar no era una barbacoa. La carne que se colocaba sobre él no se asaba hasta quedar poco cocida o bien cocida, sino hasta quedar reducida a humo y cenizas. El sacrificio principal y fundamental para Israel es el *olá* («holocausto»). Formado a partir del verbo *alá* («subir»), el *olá* se llamaba así porque —con excepción de la piel— ascendía completamente a Dios como humo. Ofrecido tanto por la nación como por individuos, este *olá* producía aceptación delante de Dios. Y no solo aceptación, sino todo lo que ello conllevaba: purificación, perdón, bendición, santificación.

Israel recibía los dones del Señor envueltos en los elementos de la creación. En Levítico, fue la sangre y la carne de un animal. En otras partes fue el maná o el agua. Hoy Dios actúa de la misma manera, pues tanto en el agua del bautismo como en el pan y el vino de la cena del Señor nos da lo que necesitamos: purificación, perdón, bendición y santificación, todo adquirido para nosotros por el Mesías, cuando se ofreció a sí mismo en el altar romano de la crucifixión.

Bendito seas, oh Señor, Rey del universo, que nos das dones que podemos gustar, ver y tocar.

16 DE ABRIL

Compartir sal con Jesús מלח

«ADEMÁS, TODA OFRENDA DE CEREAL TUYA SAZONARÁS CON SAL, PARA QUE LA SAL DEL PACTO DE TU DIOS NO FALTE DE TU OFRENDA DE CEREAL; CON TODAS TUS OFRENDAS OFRECERÁS SAL».

LEVÍTICO 2:13

Puesto que Yahvé era el verdadero dueño de la tierra santa, los israelitas le «pagaban el alquiler» ofreciendo los frutos y granos de sus campos. Una parte del grano molido y convertido en harina se colocaba sobre el altar, y el resto se entregaba a los sacerdotes como parte de su paga. A esta harina siempre se le añadía *mélakj* («sal»). Se la llama «sal del pacto» porque, en el mundo antiguo, «compartir sal» era una forma de concretar una relación entre dos partes. Por eso los aliados del rey persa Artajerjes dijeron que comían de la «sal del palacio» (Esdras 4:14 JBS).

Antes de ascender, Jesús compartió *mélakj* con sus seguidores. Aunque Hechos 1:4 suele traducirse como «estando [Jesús y ellos] juntos», el verbo griego (*sunalízo*) significa «compartir sal». Nuestro Sumo Sacerdote estaba compartiendo sal con los otros sacerdotes del nuevo pacto. Estaba comprometiéndose con ellos —y con nosotros—. Nosotros, bautizados como sacerdotes, cenamos con el gran Sumo Sacerdote en torno a su mesa del pacto. De este modo, se nos santifica para servir en su reino como «sal de la tierra» (Mt 5:13).

Oh Señor, que nuestra conversación sea siempre con gracia, sazonada como con sal, para que sepamos cómo debemos responder a cada persona (Col 4:6).

17 DE ABRIL

Sacrificios de shalom שלמים

«SI ALGUIEN OFRECE SU OFRENDA COMO SACRIFICIO DE LAS OFRENDAS DE PAZ, SI LA OFRECE DEL GANADO, SEA MACHO O HEMBRA, LA OFRECERÁ SIN DEFECTO DELANTE DEL SEÑOR. PONDRÁ SU MANO SOBRE LA CABEZA DE SU OFRENDA Y LA DEGOLLARÁ A LA PUERTA DE LA TIENDA DE REUNIÓN. ENTONCES LOS SACERDOTES HIJOS DE AARÓN ROCIARÁN LA SANGRE SOBRE EL ALTAR POR TODOS LOS LADOS».

LEVÍTICO 3:1-2

Shalom, al igual que Amén y Aleluya, es una de esas palabras que se encuentran naturalmente en los labios de todo tipo de hablantes no hebreos. Shalom es también la raíz de uno de los principales sacrificios de Israel, la *shelamím* («ofrenda de paz»). Sin embargo, shalom no abarca solamente la paz, sino también la plenitud, la integridad y el bienestar. El AT griego traduce *shelamím* como «sacrificios de salvación». Y la salvación, la paz y el bienestar eran, literalmente, algo a lo cual se le podía hincar el diente. La *shelamím* era la comida que Dios compartía con su pueblo. La sangre quedaba en el altar, pero la mayor parte de la carne se devolvía al adorador, a fin de que fuera cocinada e ingerida en una comida de celebración (7:11ss.).

Empezando por el árbol de la vida, Dios ha hecho que su vida y sus bendiciones sean comestibles. «[Gusten] y vean que el Señor es bueno» (Sal 34:8). «Los pobres comerán y se saciarán» (Sal 22:26), pues Cristo mismo es nuestra paz y nuestra ofrenda de paz (Ef 2:14). Dios prepara para nosotros una mesa llena del propio Cordero.

Los ojos de todos te miran, oh Señor, para que nos alimentes con la comida que permanece para vida eterna.

Las ofrendas por el pecado y de reparación חטאת

«SI TODA LA CONGREGACIÓN DE ISRAEL ES LA QUE COMETE ERROR, Y EL ASUNTO PASA DESAPERCIBIDO A LA ASAMBLEA, [...] CUANDO SE LLEGUE A SABER EL PECADO QUE ELLOS HAN COMETIDO, ENTONCES LA ASAMBLEA OFRECERÁ UN NOVILLO DEL GANADO COMO OFRENDA POR EL PECADO, Y LO TRAERÁN DELANTE DE LA TIENDA DE REUNIÓN. [...] ASÍ EL SACERDOTE HARÁ EXPIACIÓN POR ELLOS, Y ELLOS SERÁN PERDONADOS».

LEVÍTICO 4:13-14, 20

El Señor no era ingenuo. Sabía muy bien que Israel lo estropearía todo. Por medio del robo, la mentira, el fraude o cualquier otro vicio, se contaminarían a sí mismos y a los demás. Para proporcionar una vía de expiación y perdón, instituyó tanto la *kjattaá* («ofrenda por el pecado») como la *ashám* («ofrenda de expiación»). La *ashám* difiere en que era ofrecida solo por individuos, y además del sacrificio, incluía un 20 por ciento de reparación. Sin embargo, ambos sacrificios compartían el mismo objetivo: limpiar al pecador impío para que se reuniera con el Dios santo.

Cuando Isaías profetiza la muerte del Siervo mesiánico, dice: «... quiso el Señor quebrantarlo, sometiéndolo a padecimiento. Cuando Él se entregue a Sí mismo como ofrenda de expiación» (53:10). El crucificado es nuestra *ashám*, la «ofrenda de expiación» por la que nosotros, pecadores impíos, somos reconciliados con nuestro Padre santo.

«Ten piedad de mí, oh Dios, conforme a Tu misericordia; conforme a lo inmenso de Tu compasión, borra mis transgresiones» (Sal 51:1).

19 DE ABRIL

Un puñado sacerdotal מלאים

[MOISÉS DIJO A AARÓN Y A SUS HIJOS:] «Y NO SALDRÁN DE LA ENTRADA DE LA TIENDA DE REUNIÓN POR SIETE DÍAS, HASTA QUE TERMINE EL TIEMPO DE SU CONSAGRACIÓN; PORQUE POR SIETE DÍAS SERÁN CONSAGRADOS».

LEVÍTICO 8:33

Cuando alguien dice: «Tengo las manos llenas», quiere decir que se encuentra muy ocupado. Sin embargo, cuando un israelita decía: «Tengo las manos llenas», quería decir que se había convertido en sacerdote. Aunque tradicionalmente se ha traducido como «consagración», *miluím* significa «acción de llenar». Se basa en el verbo *malá* («llenar»), y deriva del modismo hebreo «llenar la mano». Moisés tomó pan, aceite y un sacrificio, y «puso todo en las manos de Aarón y en las manos de sus hijos» (8:27). Al «llenar sus manos», los colocó en el cargo.

Después de resucitar, Jesús mostró a sus discípulos «las manos y los pies» (Lc 24:40). Aquellas manos llenas de cicatrices eran la insignia sacerdotal de su oficio. El Padre había entregado todas las cosas en sus manos (Jn 13:3). Con esas manos todopoderosas lavó pies sucios y recibió los clavos que lo traspasaron. Ahora levanta esas mismas manos para bendecirnos, interceder por nosotros y, un día, resucitar nuestros cuerpos y colocarnos en la Nueva Jerusalén. Allí, como el sumo sacerdote de antaño, cada uno de nosotros llevará en la frente el santo nombre de Dios (Éx 28:36; Ap 22:4).

Llena nuestras manos, Espíritu Santo, con las bendiciones de nuestro Padre, para que podamos servir como sacerdotes de nuestro gran Sumo Sacerdote.

Inmundo no significa sucio טמא

ESTA ES LA LEY ACERCA DE LOS ANIMALES, DE LAS AVES, DE TODO SER VIVIENTE QUE SE MUEVE EN LAS AGUAS Y DE TODO ANIMAL QUE SE ARRASTRA SOBRE LA TIERRA, PARA HACER DISTINCIÓN ENTRE LO INMUNDO Y LO LIMPIO, ENTRE EL ANIMAL QUE SE PUEDE COMER Y EL ANIMAL QUE NO SE PUEDE COMER.

LEVÍTICO 11:46-47

Tamé («inmundo») es el término técnico para la impureza ritual. No tiene nada que ver con estar sucio ni con «dar asco». Las personas quedaban temporalmente *tamé* (por ejemplo, al tocar un cadáver; Nm 9:6) y algunos animales eran *tamé* en forma permanente (por ejemplo, los cerdos). Al guardar las distinciones impuestas por Dios sobre los alimentos que debían poner en su mesa, los israelitas practicaban la disciplina de guardar las distinciones impuestas por Dios sobre las personas que debían invitar a su mesa (Lv 20:22-26). De este modo, la comida y la comunión se cocían juntas.

En su ministerio, Jesús «declaró […] limpios todos los alimentos» (Mr 7:19) y comió «con los recaudadores de impuestos y pecadores» (Mt 9:10-11). Demostró, en una visión dada a Pedro, que las leyes del antiguo pacto —entre alimentos inmundos y personas inmundas— quedaban ahora anuladas. La orden de comer (Hch 10:13) fue seguida por la invitación a visitar la casa de un gentil (10:17ss.). Las leyes alimentarias y de comunión del antiguo pacto se acabaron, pues «No hay judío ni griego; no hay esclavo ni libre; no hay hombre ni mujer, porque todos son uno en Cristo Jesús» (Gá 3:28).

Bendito seas, Señor Jesús, por acogernos en tu santa mesa.

21 DE ABRIL

¿Qué tienen de malo las funciones corporales naturales? נדה

«ESTA ES LA LEY PARA EL QUE TIENE FLUJO Y PARA EL HOMBRE QUE TIENE UNA EMISIÓN DE SEMEN, CONTAMINÁNDOSE POR ÉL, Y PARA LA MUJER QUE ESTÁ ENFERMA POR CAUSA DE SU IMPUREZA MENSTRUAL».

LEVÍTICO 15:32-33

A la gente moderna, todo esto del semen y la menstruación nos parece extraño. ¿Por qué una mujer en *niddá* («menstruación») sería inmunda (*tamé*)? O ¿por qué lo sería un hombre con flujo seminal? Son funciones corporales naturales. Lo más probable es que esta fuera la manera que Dios tenía de declarar que la sangre de la mujer y el semen del hombre no eran sagrados. En las culturas circundantes solía ser al revés, especialmente en las religiones que practicaban la prostitución ritual. A esto, Dios dice enfáticamente que no. Su santuario debe mantenerse limpio de todas esas ideas y prácticas paganas. De este modo, el Señor estableció medios por los que hombres y mujeres podían purificarse antes de entrar en los atrios sagrados de su tabernáculo.

Uno de los relatos más notables de los Evangelios es el de una mujer que, habiendo estado impura por doce años a causa de una hemorragia menstrual, toca el borde del manto de nuestro Señor (Mr 5:25-34). Este toque habría dejado a Jesús ritualmente impuro. Sin embargo, en lugar de reprender a la mujer, Jesús le dice: «Hija, tu fe te ha sanado [...]; vete en paz y queda sana de tu aflicción» (v. 34). El Mesías absorbe nuestra impureza para que en él podamos ser limpiados, restaurados y curados.

«Purifícame con hisopo, y seré limpio; lávame, y seré más blanco que la nieve» (Sal 51:7).

22 DE ABRIL

El macho cabrío para Azazel עזאזל

«LUEGO [AARÓN] TOMARÁ LOS DOS MACHOS CABRÍOS, Y LOS OFRECERÁ AL SEÑOR, A LA ENTRADA DEL TABERNÁCULO DE REUNIÓN. ECHARÁ SUERTES SOBRE LOS DOS MACHOS CABRÍOS, UNA DE ELLAS POR EL SEÑOR Y LA OTRA POR AZAZEL».

LEVÍTICO 16:7-8 *RVC*

Las traducciones más antiguas entendieron *Azazel* no como un nombre propio, sino como una combinación de *ez* («cabra») y *azal* («alejarse»). Sin embargo, la mayoría de los eruditos actuales identifican a Azazel como un demonio del desierto, como de hecho lo hicieron algunos rabinos, que lo llamaron Azael. Esta cabra no es una víctima inocente que carga con la culpa (como cuando decimos, coloquialmente: «El jefe cubrió sus propios errores utilizándola como chivo expiatorio»). Más bien, en Yom Kipur, los pecados *ya han sido expiados* por el primer macho cabrío sacrificado (Lv 16:15-19). Cuando el sumo sacerdote pone sus manos sobre la cabeza del macho cabrío de Azazel, y confiesa y lo envía al desierto, este macho cabrío no es un testimonio de culpa, sino de absolución. El macho cabrío va al diablo, por así decirlo, para desfilar exhibiendo la expiación en el terreno del propio acusador.

Cuando Jesús, después de su muerte, descendió a los infiernos, desfiló ante el enemigo en una marcha victoriosa que tocó el tambor del perdón. Tras el Yom Kipur final del Calvario, Satanás ya no podía reclamarnos nada. Todo estaba consumado.

Señor Jesús, Cordero de nuestra absolución, recibe toda la gloria por la expiación con que pisoteaste a todos nuestros enemigos.

Descubrir la desnudez גלה ערוה

«NINGUNO DE USTEDES SE ACERCARÁ A UNA PARIENTA CERCANA SUYA PARA DESCUBRIR SU DESNUDEZ. YO SOY EL SEÑOR. NO DESCUBRIRÁS LA DESNUDEZ DE TU PADRE, O LA DESNUDEZ DE TU MADRE. ES TU MADRE, NO DESCUBRIRÁS SU DESNUDEZ».

LEVÍTICO 18:6-7

Los modismos condimentan un idioma, pero a menudo desconciertan a los hablantes no nativos. ¡Imagina intentar entender literalmente «luchar a brazo partido» o «cuesta un ojo de la cara»! Lo mismo sucede con el hebreo. Por ejemplo, *galá ervá* («descubrir la desnudez [de alguien]») suele referirse implícitamente a tener sexo con la Persona X mientras que, explícitamente, se alude a la Persona Y. En consecuencia, «descubrir la desnudez de un padre» es en realidad cometer incesto con la madre. Sin embargo, como ella y su marido son «una sola carne» (Gn 2:24), el cuerpo de ella es de él, y el de él, es de ella. Todas las leyes sexuales de Levítico 18 son variaciones de este tema: los miembros de la familia son nuestra carne y sangre, y hay que defenderlos de todo mal.

«Sea el matrimonio honroso en todos, y el lecho matrimonial sin deshonra, porque a los inmorales y a los adúlteros los juzgará Dios» (Heb 13:4). Nuestras familias son dones de Dios. Cada matrimonio es una representación de Cristo y su esposa. Que nuestro Padre nos defienda de todo ataque del maligno, el cual busca fracturar las familias, incluida la familia de Dios.

Bendito seas, oh Señor, dador del matrimonio y la familia; solo tú eres nuestra roca y nuestra salvación.

24 DE ABRIL

Tatuados por los muertos קעקע

«NO SE HARÁN SAJADURAS EN SU CUERPO POR UN MUERTO, NI SE HARÁN TATUAJES. YO SOY EL SEÑOR».

LEVÍTICO 19:28

Cada sociedad tiene su manera de llorar a los muertos. Algunas visten de negro; otras lloran en público; otras dejan recuerdos junto a la tumba. En las antiguas culturas que rodeaban a Israel, el dolor interior solía expresarse por medio de alteraciones físicas. Los dolientes se desfiguraban el cuerpo, se afeitaban la cabeza o se hacían un *caacá* («tatuaje») en la piel (p. ej., Jer 16:6). El *caacá* era un acto de culto. La tinta los unía religiosamente con los muertos. En Israel, sin embargo, el Dios vivo erigió límites claros entre los vivos y los muertos. Con él, aun los creyentes que ya murieron están vivos, pues «Él no es Dios de muertos, sino de vivos» (Mt 22:32).

A veces este versículo se interpreta erróneamente como una prohibición de dejarse entintar por el tatuador del barrio. Sin embargo, como el contexto deja en evidencia, se refería a que Israel debía mantener la santidad evitando confraternizar con los muertos por medio de prácticas paganas. Los cristianos lloramos, por supuesto, tal como Jesús lloró ante la tumba de su amigo Lázaro. Pero al llorar a nuestros muertos, no lo hacemos como los incrédulos, que no tienen esperanza (1Ts 4:13). Aun a través de las lágrimas, vemos la tumba vacía de Cristo, y también nuestra resurrección prometida, gracias a aquel que ha grabado a Sión —y a nosotros, sus ciudadanos— en las palmas de sus manos (Is 49:16).

Consuélanos en nuestro dolor, Señor Jesús, con la esperanza cierta y segura de tu resurrección.

La Fiesta de las Semanas שבעת

«CONTARÁN DESDE EL DÍA QUE SIGUE AL DÍA DE REPOSO, DESDE EL DÍA EN QUE TRAJERON LA GAVILLA DE LA OFRENDA MECIDA; CONTARÁN SIETE SEMANAS COMPLETAS. CONTARÁN CINCUENTA DÍAS HASTA EL DÍA SIGUIENTE AL SÉPTIMO DÍA DE REPOSO; ENTONCES PRESENTARÁN UNA OFRENDA DE ESPIGA TIERNA AL SEÑOR».

LEVÍTICO 23:15-16

Los cristianos la llaman Pentecostés (griego para «quincuagésima»), pero los israelitas la llamaban *Shavuot* («semanas»). Después de la Pascua, contaban siete *shavuot*, y al día siguiente comenzaba esta segunda fiesta anual. Originalmente, *Shavuot* era una fiesta agrícola en la que se llevaban al altar las primicias de la cosecha primaveral del trigo. Sin embargo, mucho antes del siglo I, también se había convertido en el momento de celebrar la entrega de la Torá por parte de Dios en el Sinaí. Dado que la nación había llegado a ese monte al tercer mes después de la primera Pascua (Éx 19:1), el período de siete semanas más un día encajaba. En Hechos 2, cuando los judíos de todo el mundo se reunieron en Jerusalén, estaban allí para celebrar la entrega del antiguo pacto.

Sin embargo, el Espíritu Santo tenía otros planes. Tal como el Sinaí había ardido en llamas y humeado, en este nuevo *Shavuot* hubo una «ráfaga de viento impetuoso» y «lenguas como de fuego». Tal como Israel había ofrecido sus primicias, ahora Cristo daba a su pueblo «las primicias del Espíritu» (Ro 8:23). Las lenguas de los discípulos hablaban del mensaje universal de gracia para todos en el nuevo pacto.

Espíritu Santo, fuego de Dios procedente de lo alto, enciende en nuestros corazones la fe, la esperanza y el amor.

26 DE ABRIL

El día de aflicción y expiación ענה

Y EL SEÑOR DIJO A MOISÉS: «A LOS DIEZ DÍAS DE ESTE SÉPTIMO MES SERÁ EL DÍA DE EXPIACIÓN; SERÁ SANTA CONVOCACIÓN PARA USTEDES, Y HUMILLARÁN SUS ALMAS Y PRESENTARÁN UNA OFRENDA ENCENDIDA AL SEÑOR. TAMPOCO HARÁN NINGÚN TRABAJO EN ESTE DÍA, PORQUE ES DÍA DE EXPIACIÓN, PARA HACER EXPIACIÓN POR USTEDES DELANTE DEL SEÑOR SU DIOS».

LEVÍTICO 23:26-28

Solo una vez al año, en Yom Kipur («Día de la Expiación»), se dice a los israelitas: «Aflíjanse». El verbo *aná* («afligirse» o «humillarse») sugiere tanto la contrición interior por los pecados como el ayuno exterior de comida, bebida, sexo y baño. Aún hoy los judíos se refieren al tiempo entre Rosh Hashaná y Yom Kipur como los «Diez días de *Teshubá* [Arrepentimiento]». No se trata solo de «apalearse», sino de confesar los pecados y rogar por la misericordia de Dios. El ayuno y el arrepentimiento no merecen la expiación, sino que son la forma que Dios tiene de hacer que su pueblo tome conciencia de su profunda y permanente necesidad de la misericordia divina.

El propio Siervo sufriente mesiánico de Isaías 53 es *aná* («afligido», v. 7). Incluso ayunó de hablar, pues «no abrió Su boca». Aunque no tenía pecados propios de los cuales arrepentirse, los pecados nuestros se convirtieron en los suyos, pues «el SEÑOR hizo que cayera sobre Él la iniquidad de todos nosotros» (v. 6).

Oh Señor, que te complaces en tu pueblo, adorna de salvación a los afligidos (Sal 149:4).

La fiesta de las chozas סכות

«EL DÍA QUINCE DEL MES SÉPTIMO COMIENZA LA FIESTA DE LAS ENRAMADAS EN HONOR AL SEÑOR, LA CUAL DURARÁ SIETE DÍAS. […] DURANTE SIETE DÍAS VIVIRÁN BAJO ENRAMADAS. TODOS LOS ISRAELITAS NATIVOS VIVIRÁN BAJO ENRAMADAS, PARA QUE SUS DESCENDIENTES SEPAN QUE YO HICE VIVIR ASÍ A LOS ISRAELITAS CUANDO LOS SAQUÉ DE EGIPTO. YO SOY EL SEÑOR SU DIOS».

***LEVÍTICO 23:34, 42-43** NVI*

La tercera gran reunión anual de los israelitas es la fiesta de la «rusticidad», en otoño. Nada de camas cómodas en el Hilton de Jerusalén, sino siete días viviendo en *sukkót* improvisadas. Una *sukká* (plural: *sukkót*) es una choza o cabaña hecha de ramas frondosas. Vivir en estas *sukkót* era la forma que Israel tenía de recordar que sus antepasados habían vivido de manera similar cuando Dios los sacó de Egipto. En el siglo I, durante Sucot, el sumo sacerdote derramaba agua alrededor del altar para recordar el agua que Dios les había dado mientras peregrinaban por el desierto, y además, para anticipar la profusión de agua vivificante que sería derramada por el Mesías.

El último día de Sucot, Jesús se dio a conocer como el Mesías (Jn 7:2, 37). De pie en el templo, proclamó: «Si alguien tiene sed, que venga a Mí y beba» (v. 37). De Cristo, la *sukká* encarnada de Dios, brotan ríos de agua viva para todos los que creen en Él (v. 38).

Señor Jesús, que siempre nos saciemos de la abundancia de tu casa y bebamos del río de tus delicias (Sal 36:8).

28 DE ABRIL

El año del cuerno de carnero יובל

«EN EL DÍA DE LA EXPIACIÓN USTEDES TOCARÁN EL CUERNO POR TODA LA TIERRA. ASÍ CONSAGRARÁN EL QUINCUAGÉSIMO AÑO Y PROCLAMARÁN LIBERTAD EN LA TIERRA PARA TODOS SUS HABITANTES. SERÁ DE JUBILEO PARA USTEDES, Y CADA UNO DE USTEDES VOLVERÁ A SU POSESIÓN, Y CADA UNO DE USTEDES VOLVERÁ A SU FAMILIA».

LEVÍTICO 25:9-10

Hoy, «jubileo» puede referirse a todo, desde un aniversario especial hasta un personaje de los X-Men. Todo empezó con la palabra hebrea *yobél*. Un *yobél* («jubileo») es un cuerno de carnero ahuecado en forma de instrumento (p. ej., Jos 6:5). Cada quincuagésimo año, en Yom Kipur, un toque de *yobél* pisaba el freno para que la nación gozara de un reposo prolongado. Se perdonaban las deudas. Se devolvían las tierras ancestrales. Se liberaba a los esclavos. Era el reposo principal. Todos, incluida la tierra, disfrutaban de un descanso del trabajo, el cautiverio y las deudas. *Yobél* era un anticipo del reposo definitivo que llegaría con el Mesías.

Cuando Jesús predicó su primer sermón en Nazaret, anunció que el *Yobél* mesiánico estaba a las puertas. Citando a Isaías, dijo a la sinagoga que había venido para liberar a los cautivos, dar vista a los ciegos, poner en libertad a los oprimidos y proclamar el año favorable del Señor (Lc 4:18-19). Los pecados fueron perdonados. Las cadenas fueron rotas. En Jesús, el Espíritu toca el cuerno de la salvación para anunciar que hemos entrado en el Jubileo permanente que no tiene fin.

Toda la gloria sea para ti, Señor, por llevarnos a nosotros, cansados y agobiados, a tu descanso.

Cuando Dios sonríe פנים

«EL SEÑOR TE BENDIGA Y TE GUARDE; EL SEÑOR HAGA RESPLANDECER SU ROSTRO SOBRE TI, Y TENGA DE TI MISERICORDIA; EL SEÑOR ALCE SOBRE TI SU ROSTRO, Y TE DÉ PAZ. ASÍ INVOCARÁN MI NOMBRE SOBRE LOS ISRAELITAS, Y YO LOS BENDECIRÉ».

NÚMEROS 6:24-27

En las conversaciones se habla frecuentemente de caras: tener un cara a cara, echar algo en cara, o tener cara de póquer. En la bendición sacerdotal, el *paním* («rostro») de Dios hace dos cosas: resplandece y se alza. Sin embargo, este resplandor no es lo que solemos llamar un «rostro radiante». Cuando el rostro de Dios se ilumina, es misericordioso y salva (Sal 31:16). Él ilumina nuestra oscuridad. Del mismo modo, cuando «alza su *paním*», mira de manera favorable. Sobre su rostro se extiende una sonrisa que nos llena de paz. El rostro resplandeciente y sonriente de Dios, junto con la triple repetición de su nombre sobre nosotros, es su forma de bendecirnos.

Cuando Jesús se transfiguró ante sus discípulos, su rostro resplandeció como el sol (Mt 17:2), «Pues Dios, que dijo: "De las tinieblas resplandecerá la luz", es el que ha resplandecido en nuestros corazones, para iluminación del conocimiento de la gloria de Dios en el rostro de Cristo» (2Co 4:6). En el rostro de Jesús vemos la sonrisa de la gracia y el favor del Padre, porque en él somos bendecidos por el Espíritu.

«Oh Dios de los ejércitos, restáuranos; haz resplandecer Tu rostro sobre nosotros, y seremos salvos» (Sal 80:7).

30 DE ABRIL

Una conversación boca a boca פה אל פה

[DIOS] DIJO: «OIGAN AHORA MIS PALABRAS: SI ENTRE USTEDES HAY PROFETA, YO, EL SEÑOR, ME MANIFESTARÉ A ÉL EN VISIÓN. HABLARÉ CON ÉL EN SUEÑOS. NO ASÍ CON MI SIERVO MOISÉS; EN TODA MI CASA ÉL ES FIEL. CARA A CARA HABLO CON ÉL, ABIERTAMENTE Y NO EN DICHOS OSCUROS, Y ÉL CONTEMPLA LA IMAGEN DEL SEÑOR».

NÚMEROS 12:6-8

Nos comunicamos de diversas maneras: correo electrónico, mensajes de texto, llamadas telefónicas, video y cara a cara. Cuando el Señor quería transmitir un mensaje, también tenía opciones. Normalmente, a los gentiles, como el Faraón, les hablaba en sueños (Gn 41:1). A la mayoría de los profetas les hablaba en visiones (Is 1:1). Pero con Moisés, el profeta supremo, hablaba *pe el pe* («boca a boca»). La imagen procede de la realeza, pues solo los servidores más cercanos al rey dialogaban regularmente con él. Como en 2 Reyes 25:19, donde los «consejeros del rey» son literalmente «los que ven la cara del rey». Lo mismo ocurriría con Moisés, que conocía «cara a cara» al Rey de reyes (Dt 34:10).

Moisés predijo que el Señor levantaría un profeta como él (Dt 18:15). Jesús, en efecto, fue ese profeta, pero fue infinitamente más, «Porque la ley fue dada por medio de Moisés; la gracia y la verdad fueron hechas realidad por medio de Jesucristo» (Jn 1:17). De su boca sale «una espada aguda de dos filos» para defendernos a nosotros, el pueblo que escucha su voz (Ap 1:16).

Abre nuestros oídos, Señor, para escuchar la voz de tu Palabra omnisapiente y omnipotente.

1 DE MAYO

Saltamontes y gigantes נפלים

Y DIFUNDIERON ENTRE LOS ISRAELITAS FALSOS INFORMES ACERCA DE LA TIERRA QUE HABÍAN EXPLORADO, DICIÉNDOLES: — LA TIERRA QUE HEMOS RECORRIDO Y EXPLORADO ES UNA TIERRA QUE DEVORA A SUS HABITANTES. TODA LA GENTE QUE VIMOS EN ELLA ES DE GRAN ESTATURA; TAMBIÉN VIMOS ALLÍ NEFILITAS (LOS DESCENDIENTES DE ANAC PROVIENEN DE LOS NEFILITAS). NOSOTROS, A SU LADO, TENÍAMOS LA IMPRESIÓN DE SER COMO SALTAMONTES, Y ESO MISMO LES PARECÍAMOS A ELLOS.

NÚMEROS 13:32-33 BLPH

Puede que Goliat sea el gigante más conocido de la Biblia, pero fue apenas uno en una larga lista de hombres hercúleos. Siglos antes de que el valiente David enfrentara a su enemigo, sus pusilánimes antepasados se acobardaron ante los nefilitas y los descendientes de Anac. Nefilitas significa «caídos», y Anac viene de «cuello», refiriéndose, probablemente, a un pueblo de cuello largo (es decir, gigantes) o a una tribu que usaba collares. En los días anteriores al Diluvio, los nefilitas fueron conocidos como «héroes [...] hombres de renombre» (Gn 6:4). Dado que, probablemente, el típico varón israelita medía entre 1,50 y 1,60 metros, es probable que los espías se hayan sentido realmente «como saltamontes» en comparación con ellos. Sin embargo, lo que no creyeron fue que la batalla era del Señor. Él mismo lucharía por ellos.

Tal como David luchó contra Goliat, el Hijo de David empuñó su arma contra cada uno de los monstruos y enemigos gigantescos que encadenan a la humanidad al miedo y la muerte. Su tumba vacía marca la sepultura de todos nuestros enemigos.

Desenvaina tu espada, oh Señor, y levanta tu escudo, para luchar en favor de tu pueblo.

La buena nueva de la larga nariz de Dios ארך אפים

«EL SEÑOR ES LENTO PARA LA IRA Y ABUNDANTE EN MISERICORDIA, Y PERDONA LA INIQUIDAD Y LA TRANSGRESIÓN; PERO DE NINGUNA MANERA TENDRÁ POR INOCENTE AL CULPABLE; SINO QUE CASTIGARÁ LA INIQUIDAD DE LOS PADRES SOBRE LOS HIJOS HASTA LA TERCERA Y LA CUARTA GENERACIÓN».

NÚMEROS 14:18

Para el israelita, el corazón de Dios se hace visible en su *af* («nariz»). Cuando «se encendió la ira del SEÑOR contra Moisés» (Éx 4:14), el hebreo dice que «la *af* de Yahvé ardió». De forma aun más gráfica, David dice que de la nariz divina sale humo (Sal 18:8). Hablar de una nariz ardiente sería como decir que a alguien le hirvió la sangre. Sin embargo, lo contrario no es tener una nariz fría, sino una nariz larga. Moisés dice que «el SEÑOR es *érek appáyim*»: literalmente, «de nariz larga», tal como nosotros usamos expresiones como «ser de mecha corta» o «tener una paciencia larga». En el contexto de Números 14, el Señor estuvo a punto de aniquilar a Israel cuando este se negó obstinadamente a entrar en la tierra prometida. Sin embargo, Moisés le recuerda a Dios que no es una divinidad de nariz corta, sino el Rey pactual de nariz larga.

La palabra griega utilizada para traducir esta expresión hebrea se encuentra en 1 Corintios 13:4: «El amor es paciente». El amor es narigudo. Si le diéramos un toque hebreo a 2 Pedro 3:9, diríamos que el Señor es «narigudo para con ustedes, no queriendo que nadie perezca, sino que todos vengan al arrepentimiento». El largo brazo de la ley de Dios puede acusarnos, pero la larga nariz de su gracia divina nos salva.

Alarga tu nariz hacia nosotros, Padre celestial, y concédenos tu amor inquebrantable.

3 DE MAYO

Los extranjeros residentes en Israel גר

«Y SI UN EXTRANJERO RESIDE CON USTEDES, O UNO QUE ESTÉ ENTRE USTEDES POR SUS GENERACIONES, Y DESEA PRESENTAR UNA OFRENDA ENCENDIDA COMO AROMA AGRADABLE AL SEÑOR, COMO LO HACEN USTEDES, ASÍ LO HARÁ ÉL».

NÚMEROS 15:14

Nunca te olvides de quién fuiste. Esa máxima definía el modo en que los israelitas debían tratar a un *guer* («extranjero residente»). Dios les dijo: «No oprimirás al *guer*, porque ustedes conocen los sentimientos del *guer*, ya que ustedes también fueron *guerím* en la tierra de Egipto» (Éx 23:9). Al igual que los refugiados de hoy, un *guer* abandonaba su tierra, su hogar y sus propiedades para buscar refugio en un país extranjero. Aunque no se les concedía la ciudadanía plena en Israel, se los protegía, e incluso —si se mantenían ritualmente puros— se les permitía participar en la Pascua (Éx 12:47-48) y otros sacrificios (Nm 15:14). Israel debía incorporar proactivamente a los gentiles a los caminos y el culto de Yahvé.

Dios deseaba que los extranjeros se unieran a él, y que lo sirvieran y ofrecieran sacrificios en su altar. ¿Por qué? Porque «Mi casa», dijo, «será llamada casa de oración para todos los pueblos» (Is 56:7). Jesús citó estas palabras cuando expulsó a los cambistas del templo (Mt 21:13). Con ello estaba anunciando la muerte del templo antiguo y el nacimiento del nuevo, pues el Mesías es el nuevo templo y el nuevo Israel, donde creyentes tanto judíos como gentiles tienen plena ciudadanía.

«Oh Señor, yo amo la habitación de Tu casa, y el lugar donde habita Tu gloria» (Sal 26:8).

4 DE MAYO

Un uniforme real y sacerdotal ציצת

TAMBIÉN EL SEÑOR HABLÓ A MOISÉS Y DIJO: «HABLA A LOS ISRAELITAS Y DILES QUE SE HAGAN FLECOS EN LOS BORDES DE SUS VESTIDOS, POR SUS GENERACIONES, Y QUE PONGAN EN EL FLECO DE CADA BORDE UN CORDÓN AZUL. Y EL FLECO LES SERVIRÁ A USTEDES PARA QUE CUANDO LO VEAN SE ACUERDEN DE TODOS LOS MANDAMIENTOS DEL SEÑOR, A FIN DE QUE LOS CUMPLAN Y NO SIGAN NI A SU CORAZÓN NI A SUS OJOS, TRAS LOS CUALES SE HAN PROSTITUIDO».

NÚMEROS 15:37-39

Tal como los anillos de boda que las parejas usamos son una especie de miniuniforme que marca nuestra unión mutua, los *tsitsít* («flecos») eran el uniforme de Israel. «Ver» los *tsitsít*, que colgaban de sus mantos como borlas, era «acordarse de todos los mandamientos del Señor», su Esposo divino.

Lo más significativo era que en los *tsitsít* había un cordón azul, el mismo color que en el efod del sumo sacerdote (Éx 28:6) y el velo interior del tabernáculo (26:31). Este color significaba que todos los israelitas vestían de «azul real» como miembros de «un reino de sacerdotes y una nación santa» (Éx 19:6). Los *tsitsít* prefiguraban la obra del Mesías, que «hizo de nosotros un reino, sacerdotes para Dios, Su Padre» (Ap 1:6). Nuestra vestidura real y santa es Jesús mismo, pues nosotros, su Iglesia, estamos «vestidos de justicia» (Sal 132:9) y «poder de lo alto» (Lc 24:49).

Quita, oh Señor, nuestras sucias vestiduras, y revístenos de tu justa misericordia.

Las cenizas de una novilla alazana פרה אדמה

«DI A LOS HIJOS DE ISRAEL QUE TE TRAIGAN UNA NOVILLA ALAZANA SIN DEFECTO, QUE NO TENGA MANCHAS Y SOBRE LA CUAL NUNCA SE HAYA PUESTO YUGO. Y LA DARÉIS AL SACERDOTE ELEAZAR, Y ÉL LA SACARÁ FUERA DEL CAMPAMENTO, Y SERÁ DEGOLLADA EN SU PRESENCIA».

NÚMEROS 19:2-3 LBLA

Para Israel, la impureza era contagiosa. Tal como nosotros, al tener contacto con un enfermo, nos contagiamos de un virus, el pueblo de Dios se «contagiaba» de impureza cuando tocaba cosas impuras como un cadáver. Esto era inevitable, desde luego, ya que los cuerpos de los seres queridos debían ser enterrados con dignidad. Por lo tanto, Dios proveyó un medio inusual de purificación para aquellos que quedaban impuros por la muerte: puso los restos de la muerte sobre ellos. Se mataba una *pará adummá* («novilla alazana»), se quemaba su cuerpo hasta reducirlo a cenizas, y estas cenizas se mezclaban con agua y se guardaban fuera del campamento. Cuando los israelitas quedaban impuros por la muerte, se los rociaba con esta agua mezclada con ceniza. La muerte vencía a la muerte.

Hebreos conecta directamente estas cenizas con el Mesías:

«Porque si la sangre de los machos cabríos y de los toros, y la ceniza de la novilla, rociadas sobre los que se han contaminado, santifican para la purificación de la carne, ¿cuánto más la sangre de Cristo, quien por el Espíritu eterno Él mismo se ofreció sin mancha a Dios, purificará nuestra conciencia de obras muertas para servir al Dios vivo?» (9:13-14). Su muerte «fuera de la puerta» (13:12) vence a la muerte dentro de nosotros.

Rocía sobre nosotros, Señor Jesús, tu sangre de vida purificadora.

6 DE MAYO

Miriam, la primera María מרים

LOS HIJOS DE ISRAEL, TODA LA CONGREGACIÓN, LLEGARON AL DESIERTO DE ZIN EN EL MES PRIMERO; Y EL PUEBLO SE QUEDÓ EN CADES. ALLÍ MURIÓ MIRIAM Y ALLÍ LA SEPULTARON.

NÚMEROS 20:1 LBLA

Si alguna vez te has preguntado quién es la responsable de que haya tantas «Marías» en el Nuevo Testamento —¡son seis o siete!—, todos los dedos apuntan a Miriam. Su nombre, *Miriám*, es el equivalente hebreo del nombre griego *Mariam* o *Maria* («María»). Miriam fue, pues, la primera María de la Biblia. Esta hermana mayor del bebé Moisés estuvo allí para ayudar a rescatarlo del Nilo. Más tarde, en el mar Rojo, siendo ya profetisa, dirigió el coro en el exultante canto de Israel. Como casi todos los adultos que salieron de Egipto, esta «María» nunca pisó la tierra prometida. Murió sin haber recibido lo prometido (Heb 11:39).

Pero otra Miriam sí lo hizo. Su tocaya, una joven virgen de Galilea, no solo vivió en la tierra prometida, sino que llevó en su vientre, dio a luz y amamantó a la Promesa misma. Tal como la profetisa entonó el cántico junto al mar, María cantó su salmo: el Magníficat. Y, al igual que Miriam, María rescató, junto con José, al niño de la promesa —irónicamente, llevándolo a Egipto—. De la antigua a la nueva María, seguimos el progreso del divino relato de la salvación.

Nuestras almas te engrandecen, oh Señor, y nuestros espíritus se regocijan en ti, nuestro Salvador, por el don del niño Cristo, que vino a nosotros a través de María.

7 DE MAYO

La serpiente de salvación נחש נחשת

EL SEÑOR DIJO A MOISÉS: «HAZTE UNA SERPIENTE ABRASADORA Y PONLA SOBRE UN ASTA; Y ACONTECERÁ QUE CUANDO TODO EL QUE SEA MORDIDO LA MIRE, VIVIRÁ». Y MOISÉS HIZO UNA SERPIENTE DE BRONCE Y LA PUSO SOBRE EL ASTA; Y SUCEDÍA QUE CUANDO UNA SERPIENTE MORDÍA A ALGUIEN, Y ESTE MIRABA A LA SERPIENTE DE BRONCE, VIVÍA.

NÚMEROS 21:8-9

El hebreo se deleita haciendo juegos de palabras, aun en historias desagradables y poco alegres como esta. La «serpiente de bronce» es la *nakjásh nekjóshet*. La palabra para serpiente (*nakjásh*) suena como la palabra para bronce (*nekjóshet*). En la historia bíblica, las serpientes ocupan un lugar bastante bajo, desde la serpiente del Edén hasta la «camada de víboras» farisea. Resulta extraño, entonces, que esta imagen de bronce, representación de curación y vida, fuera semejante a la verdadera fuente del veneno y la muerte.

Extraño, ciertamente, pero al mismo tiempo espléndidamente apropiado, a la luz de Cristo. Él se vincula a esta serpiente de bronce, diciendo: «Y como Moisés levantó la serpiente en el desierto, así es necesario que sea levantado el Hijo del Hombre» (Jn 3:14). El que es curación y vida absorbió la fuente del pecado venenoso y de la muerte. Con ojos de fe contemplamos nuestra «Serpiente de salvación» (Lutero). «Al que no conoció pecado, [Dios] lo hizo pecado por nosotros, para que fuéramos hechos justicia de Dios en Él» (2Co 5:21).

Señor Jesús, levantado en la cruz, levántanos en unión contigo, para que seamos curados en tus heridas.

8 DE MAYO

El sabio asno de un profeta necio פתח

Y VIENDO EL ASNA AL ÁNGEL DEL SEÑOR, SE ECHÓ DEBAJO DE BALAAM; Y BALAAM SE ENOJÓ Y GOLPEÓ AL ASNA CON SU PALO. ENTONCES EL SEÑOR ABRIÓ LA BOCA DEL ASNA, LA CUAL DIJO A BALAAM: «¿QUÉ TE HE HECHO YO QUE ME HAS GOLPEADO ESTAS TRES VECES?».

NÚMEROS 22:27-28

Balaam es una figura cómica. Este profeta a sueldo estaba ciego ante el peligro que su asno veía con total claridad. Lo contrataron para maldecir a Israel, pero ni siquiera era capaz de manejar a su propia bestia. Al final, como un niño pequeño que no obtiene lo que quiere, Balaam monta en cólera y se enzarza en una pelea a gritos con un asno aparentemente sabio y estoico. Humor de golpes y porrazos al estilo bíblico. El lenguaje de «abrir» deja claro que Dios está controlando los acontecimientos. Dios *patákj* («abrió») la boca del asno, como cuando Dios *patákj* la boca de los profetas (p. ej., Ez 33:22). Este animal, en lugar de rebuznar, ¡profetiza más que el profeta!

Al final, Dios obligó a Balaam a bendecir a Israel en lugar de maldecirlo. El ejército de Israel acabó por neutralizarlo (Nm 31:8), pero su recuerdo perduró en la infamia. Aun en el Nuevo Testamento es sinónimo de falsa enseñanza (Ap 2:14). Es un vívido recordatorio de que, para decir su verdad, Dios siempre encontrará a alguien o algo, aun si su predicación queda a cargo de las piedras —o de un asno— (Lc 19:40).

Oh Señor, abre nuestros labios para que nuestra boca anuncie tu alabanza (Sal 51:15).

9 DE MAYO

La estrella de Jacob כוכב

[BALAAM DIJO:] «LO VEO, PERO NO AHORA; LO CONTEMPLO, PERO NO CERCA; UNA ESTRELLA SALDRÁ DE JACOB, Y UN CETRO SE LEVANTARÁ DE ISRAEL QUE APLASTARÁ LA FRENTE DE MOAB Y DERRUMBARÁ A TODOS LOS HIJOS DE SET».

NÚMEROS 24:17

Referirse a «estrellas» en Hollywood tiene precedentes antiguos. En hebreo, «estrella» es *kokáb* y «estrellas» es *kokabím*. A lo largo de la historia, se ha llamado *kokabím* a personas o criaturas de renombre, incluidos los ángeles (Job 38:7). En la resurrección, los creyentes brillarán «como las estrellas, por toda la eternidad» (Dn 12:3). En la revuelta judía de 132-135 d. C., el rabino Akiva pensó que el líder era el mesías, por lo que le dio el nombre arameo de Bar Kojba («hijo de una estrella»). Akiva basó el nombre en la conocida interpretación de que el Ungido sería «una estrella [*kokáb*]» procedente «de Jacob» (Nm 24:17).

Pero, por supuesto, Akiva llegó con cien años de retraso, y cometió un gran error, pues el verdadero Mesías ya había venido. Los sabios del oriente siguieron una estrella que los llevó hasta esta Estrella de Jacob. Hablando de sí mismo, testificó: «Yo soy la raíz y la descendencia de David, la brillante estrella de la mañana» (Ap 22:16 NVI). Él gobierna con el cetro de su Palabra. Aplasta la frente de todos sus enemigos —especialmente la serpiente antigua— pisoteándolos con sus pies resucitados.

Bendito seas, Señor Jesucristo, nuestra brillante estrella de la mañana, porque brillas sobre nosotros para guiarnos por el camino de la paz.

10 DE MAYO

El pastor monárquico רעה

ENTONCES MOISÉS RESPONDIÓ AL SEÑOR: «PONGA EL SEÑOR, DIOS DE LOS ESPÍRITUS DE TODA CARNE, UN HOMBRE SOBRE LA CONGREGACIÓN, QUE SALGA Y ENTRE DELANTE DE ELLOS, Y QUE LOS HAGA SALIR Y ENTRAR A FIN DE QUE LA CONGREGACIÓN DEL SEÑOR NO SEA COMO OVEJAS QUE NO TIENEN PASTOR».

NÚMEROS 27:15-17

«Como ovejas que no tienen pastor». Jesús utilizó esa imagen para describir a las multitudes de las cuales tuvo compasión (Mt 9:36). Pero él, como estudioso de Moisés y los profetas, no estaba inventando el símil; estaba reutilizando una antigua analogía de las Escrituras. Esta aparece por primera vez cuando Moisés le pide a Dios un líder (Josué) que lo reemplace, a fin de que Israel «no sea como ovejas que no tienen *roé* [pastor]». Más tarde, Micaías vio «a todo Israel esparcido por los montes, como ovejas sin *roé*» (1R 22:17). Y Ezequiel vio al pueblo de Dios «dispersado por falta de *roé*» (34:5).

Que un rey (como David) o un líder (como Josué) fuera llamado *roé* era algo común (2S 5:2). Así que, cuando Jesús se autodenomina «el buen pastor», está haciendo algo más que pintar un cuadro pintoresco. Se está proclamando rey. Él es el soberano de Israel. Sin embargo, en lugar de enseñorearse de nosotros, «da Su vida por las ovejas» (Jn 10:11).

«Presta oído, oh Pastor de Israel; Tú que guías a José como un rebaño [...], despierta Tu poder y ven a salvarnos» (Sal 80:1-2).

Idolatría baja en lugares altos במה

[EL SEÑOR DIJO A ISRAEL:] «CUANDO CRUCEN EL JORDÁN A LA TIERRA DE CANAÁN, EXPULSARÁN A TODOS LOS HABITANTES DE LA TIERRA DELANTE DE USTEDES, Y DESTRUIRÁN TODAS SUS PIEDRAS GRABADAS, Y DESTRUIRÁN TODAS SUS IMÁGENES FUNDIDAS, Y DEMOLERÁN TODOS SUS LUGARES ALTOS».

NÚMEROS 33:51-52

Aunque se traduce como «lugar alto», la palabra *bamá* es un nudo lingüístico difícil de desatar. Puede referirse tanto a la parte posterior de algo como a una cumbre (Dt 33:29). Dado que un *bamá* religioso podía estar situado en un valle (Ez 6:3), la traducción «lugar alto» no encaja del todo. Pero una cosa es clara: tuvieran el aspecto que tuvieran, todos los *bamá* cultuales cananeos se hallaban sujetos a la destrucción israelita. Tal como limpiamos un derrame de petróleo para que no contamine el suelo, Israel debía «limpiar» la influencia contaminante del culto pagano en el territorio sagrado de Dios. Un *bamá* pagano no debía tolerarse más de lo que se toleraría la estatua de una deidad hindú en una iglesia.

Todo ídolo es la máscara religiosa de un demonio. Por eso, Pablo advierte: «Huyan de la idolatría» (1Co 10:14), porque lo que los paganos sacrifican lo ofrecen a los demonios (v. 20). El único «lugar alto» para la verdadera adoración piadosa es aquella cruz elevada sobre la que reina nuestro Dios y Señor, Jesús el Mesías.

No alzamos, oh Señor, nuestros ojos a los montes, sino a ti, de donde viene nuestro socorro (Sal 121:1-2).

Cardos en tus costillas צנינים

«PERO SI NO EXPULSAN DE DELANTE DE USTEDES A LOS HABITANTES DE LA TIERRA, ENTONCES SUCEDERÁ QUE LOS QUE DE ELLOS DEJEN SERÁN COMO AGUIJONES EN SUS OJOS Y COMO ESPINAS EN SUS COSTADOS, Y LOS HOSTIGARÁN EN LA TIERRA EN QUE HABITEN».

NÚMEROS 33:55

Desde frases como «Tres tristes tigres tragaban trigo en un trigal» hasta otras como «Pedro Pablo Pérez Pereira, pobre pintor portugués...», la aliteración se encuentra en todo lugar. Lo único que necesitas es repetir la misma consonante. El hebreo también puede jugar a este juego. En Números 33:55, encontramos el sonido «ts» en tres palabras seguidas: *tseniním* (espinas), *tsad* (costado) y *tsarár* (hostigar). Podríamos decir: «Cardos en tus costillas para cabrearte». Pero esto no es broma. Si Israel no purga de idolatría la tierra, los idólatras los aguijonearán e inclinarán hacia sus propias costumbres paganas.

No obstante, el Señor permitió que algunos cananeos permanecieran en la tierra a fin de que su pueblo aprendiera a luchar y a seguir su palabra (Jue 3:1-4). ¿No es esto lo que Dios hace con Pablo? Tres veces Pablo suplicó a Dios que le quitara su propia «espina en la carne» (2Co 12:7), pero Dios dijo «No». Su gracia era todo lo que Pablo necesitaba, pues el poder divino se perfecciona en la debilidad humana. A veces, los soldados y predicadores de Dios deben soportar espinas. De hecho, alguna vez, una mata de estas fue la corona de nuestro Rey entronizado.

Salvador nuestro, coronado de espinas, perfecciona en nuestra debilidad el poder de tu gracia.

13 DE MAYO

El redentor de sangre גאל הדם

«CUANDO CRUCEN EL JORDÁN A LA TIERRA DE CANAÁN, ESCOGERÁN PARA USTEDES CIUDADES PARA QUE SEAN SUS CIUDADES DE REFUGIO, A FIN DE QUE PUEDA HUIR ALLÍ EL QUE HAYA MATADO A ALGUNA PERSONA SIN INTENCIÓN. LAS CIUDADES SERÁN PARA USTEDES COMO REFUGIO CONTRA EL VENGADOR, PARA QUE EL QUE HAYA MATADO A ALGUIEN NO MUERA HASTA QUE COMPAREZCA DELANTE DE LA CONGREGACIÓN PARA JUICIO».

NÚMEROS 35:10-12

No todos los redentores (*goél*) bíblicos eran iguales; algunos buscaban sangre. El *goél jaddám* («vengador de sangre», 35:19) vengaría la muerte de un miembro de la familia aunque se tratara de una muerte accidental. Para proteger al autor de la muerte durante el tiempo requerido para determinar su culpabilidad o inocencia, Dios estableció «ciudades de refugio» a las cuales el homicida podría huir antes de que el *goél jaddám* lo alcanzara. Si se lo declaraba culpable, sería ejecutado. Pero si era inocente, permanecería a salvo residiendo en la ciudad de refugio «hasta la muerte del sumo sacerdote» (Nm 35:25). De este modo, en lugar de que el pariente cobrara su redención vengativa, la muerte del sacerdote ungido por Dios pagaba, por así decirlo, el precio de su redención misericordiosa.

Si la muerte de un sumo sacerdote pecador podía liberar a otro pecador encerrado en una ciudad de refugio, ¿cuánto más la muerte y la resurrección de Cristo, nuestro sumo sacerdote perfecto, nos libera para que andemos en una vida nueva?

Bendito seas, Jesucristo, nuestro misericordioso sumo sacerdote, por pagar el precio de nuestra redención.

Los postreros días אחרית הימים

«EN LOS POSTREROS DÍAS, CUANDO ESTÉS ANGUSTIADO Y TODAS ESAS COSAS TE SOBREVENGAN, VOLVERÁS AL SEÑOR TU DIOS Y ESCUCHARÁS SU VOZ. PUES EL SEÑOR TU DIOS ES DIOS COMPASIVO; NO TE ABANDONARÁ, NI TE DESTRUIRÁ, NI OLVIDARÁ EL PACTO QUE ÉL JURÓ A TUS PADRES».

DEUTERONOMIO 4:30-31

En las carreras de automóviles, los comisarios ondean banderas de diversos colores para dar avisos a los pilotos. El blanco suele significar que están entrando en la última vuelta. El predicador de Hebreos agita su propia bandera blanca: «Dios, habiendo hablado hace mucho tiempo, en muchas ocasiones y de muchas maneras a los padres por los profetas, en estos últimos días nos ha hablado por Su Hijo» (Heb 1:1-2). La «bandera blanca» es la frase «estos últimos días», que en el AT es *akjarít jayamím* («los postreros días»). En Deuteronomio 4, Moisés habla de estos «postreros días», como también lo hace Isaías: «Acontecerá en los postreros días [*akjarít jayamím*], que el monte de la casa del Señor será establecido como cabeza de los montes» (2:2).

Puesto que el Padre nos habló por medio de su Hijo «en estos últimos días», hemos estado viviendo en los *akjarít jayamím* los dos últimos milenios. Estamos en la era mesiánica de la historia del mundo. En estos días, Jesús expande su reino hasta que él vuelva para establecer el día eterno de la resurrección.

Oh Señor, escudo nuestro, defiéndenos en estos últimos días con tu bondadosa protección.

15 DE MAYO

El Shemá שמע

«ESCUCHA, OH ISRAEL, EL SEÑOR ES NUESTRO DIOS, EL SEÑOR UNO ES. AMARÁS AL SEÑOR TU DIOS CON TODO TU CORAZÓN, CON TODA TU ALMA Y CON TODA TU FUERZA».

DEUTERONOMIO 6:4-5

El centro del culto diario de los judíos es la recitación del *Shemá* («escucha»). Pero está lejos de ser simplemente una confesión judía. El *Shemá* se halla en el corazón de la fe cristiana. Jesús mismo recita estas palabras para indicar que el amor a Dios es el principal mandamiento (Mr 12:29-30). Santiago, hermano de Jesús y líder de la Iglesia en Jerusalén, las cita (2:19), al igual que Pablo (1Co 8:4). La unidad divina («el SEÑOR uno es») exige un amor unificado e indiviso («con todo tu corazón, con toda tu alma y con toda tu fuerza»). Que nuestro amor sea uno tal como Dios es uno. Aunque varios pasajes han hablado del amor de Dios por nosotros, esta es la primera vez que las Escrituras mencionan el amor de nosotros por Dios.

La proscripción «No tendrás otros dioses» se equilibra con la prescripción: «Amarás al SEÑOR». Nuestro Dios quiere la totalidad de lo que somos. Pertenecerle por completo es la única manera de florecer de verdad en este mundo. Su Espíritu moldea este amor en nosotros a medida que nos remodela a la imagen de Jesús, que es la encarnación del corazón del Padre.

Dios misericordiosísimo, haz que te amemos con todo nuestro corazón, con toda nuestra alma y con toda nuestra fuerza.

Palabras entre tus ojos טוטפות

«ESTAS PALABRAS QUE HOY TE MANDO CUMPLIR ESTARÁN EN TU CORAZÓN, Y SE LAS REPETIRÁS A TUS HIJOS, Y HABLARÁS DE ELLAS CUANDO ESTÉS EN TU CASA, Y CUANDO VAYAS POR EL CAMINO, Y CUANDO TE ACUESTES Y CUANDO TE LEVANTES. LAS ATARÁS EN TU MANO COMO UNA SEÑAL, Y LAS PONDRÁS ENTRE TUS OJOS COMO FRONTALES, Y LAS ESCRIBIRÁS EN LOS POSTES DE TU CASA, Y EN TUS PUERTAS».

***DEUTERONOMIO 6:6-9** RVC*

Dios quiere que la vida de su pueblo esté tan impregnada de su Palabra que, dondequiera que vayan o miren, esas palabras aparezcan grandes a la vista. ¿Mientras estén sentados o acostados? Sí. ¿Entre sus ojos? Sí. ¿En el dintel de la puerta? Sí. Las palabras de Dios deben inundar nuestras vidas. Muchos judíos interpretan estos versículos literalmente. Escriben versículos selectos en pergaminos pequeños, los colocan en cajas de cuero negro llamadas *tefilín*, y las usan alrededor de sus brazos y frentes durante las oraciones diarias. Lo que los judíos de hoy llaman *tefilín*, en la Biblia se llaman *totafót* («frontales»).

Nuestros oídos deben estar siempre abiertos a nuestro Padre, para que vivamos «de toda palabra que sale de la boca del Señor» (Dt 8:3 RVA-2015). Toda palabra procede del Logos, la Palabra del Padre, que ha unido su propia naturaleza y vida a la nuestra y ha escrito nuestros nombres con tinta de crucifixión en el Libro de la Vida del Cordero.

Bendito seas, oh Señor, Rey del mundo, que nos has enriquecido con tu Palabra.

17 DE MAYO

Duros de cuello קשה ערף

«COMPRENDE, PUES, QUE NO ES POR TU JUSTICIA QUE EL SEÑOR TU DIOS TE DA ESTA BUENA TIERRA PARA POSEERLA, PUES ERES UN PUEBLO TERCO».

DEUTERONOMIO 9:6

«Astuto como un zorro. Lento como una tortuga. Sucio como un cerdo». Este tipo de comparaciones entre humanos y animales se hallan también a través de toda la Biblia. En el principio, Adán puso nombres a los animales, de modo que, a su vez, estos comenzaron a servir para describir a los hijos de Adán, a menudo en forma despectiva. Por ejemplo, frecuentemente se describe a Israel como *cashé-oréf* —un pueblo «de dura cerviz»—. Todo comenzó tras la debacle del becerro de oro (Éx 32:9). ¿Por qué? Porque el pueblo se comportaba como la bestia de dura cerviz a la que adoraron. Eran «necios como un buey», podríamos decir.

La Biblia enseña esta verdad una y otra vez: adoptamos las características de aquello que adoramos. Como dijo un erudito: «Eres semejante a lo que veneras, ya sea para ruina o restauración» (G. K. Beale). El salmista dice: «Se volverán como [sus ídolos] los que los hacen, y todos los que en ellos confían» (Sal 115:8). «Se fueron tras ídolos inútiles, de modo que se volvieron inútiles ellos mismos» (2R 17:15 NVI).

Puesto que Cristo es la imagen de Dios, adorarlo es llegar a ser como él, y como el Padre, en el poder del Espíritu. Venerar a Cristo es reflejarlo, a fin de que, como ovejas de su rebaño, sigamos al Cordero, que es nuestro pastor (Ap 7:17).

Oh Cordero de Dios, que quitas el pecado del mundo, restáuranos a tu imagen.

18 DE MAYO

Leche de cabra y sirope de dátiles חלב ודבש

«GUARDEN, PUES, TODOS LOS MANDAMIENTOS QUE LES ORDENO HOY, PARA QUE SEAN FUERTES, Y ENTREN Y TOMEN POSESIÓN DE LA TIERRA A LA CUAL ENTRAN PARA POSEERLA; PARA QUE PROLONGUEN SUS DÍAS EN LA TIERRA QUE EL SEÑOR JURÓ DAR A SUS PADRES Y A SU DESCENDENCIA, UNA TIERRA QUE MANA LECHE Y MIEL».

DEUTERONOMIO 11:8-9

Para los israelitas, la principal fuente de *kjaláb* («leche») eran las cabras. Y puesto que no tenemos evidencias de apicultura en la antigua Canaán, probablemente *debásh* («miel») sea un líquido almibarado hecho de dátiles. Así, la «tierra que mana leche y miel» es la «tierra que mana leche de cabra y sirope de dátiles». Suena menos romántico, sin duda, pero es más exacto. Mientras los israelitas se encontraban en el desierto, indudablemente sus esperanzas fueron alimentadas por la promesa de estos productos de la tierra ricos en proteínas y carbohidratos.

La tierra de Israel fue como un Edén ampliado. Abundaban las viñas, los rebaños y las manadas. En esta tierra, Dios estaba preparando el mundo para un Edén aun más expandido, cuando la bendición de Abraham fluiría a todos los pueblos. Cuando Jesús vino, envió a sus discípulos a los confines de la tierra para plantar pequeños «edenes» por todo el mundo, donde la leche de su Palabra aliviara las almas resecas y la miel de su gracia alimentara los corazones hambrientos.

Oh Señor, «¡Cuán dulces son a mi paladar Tus palabras! Sí, más que la miel a mi boca» (Sal 119:103).

19 DE MAYO

Perforación de oreja al estilo hebreo רצע

«[SI TU SIERVO HEBREO] TE DICE: "NO ME IRÉ DE TU LADO", PORQUE TE AMA A TI Y A TU CASA, PUES LE VA BIEN CONTIGO, ENTONCES TOMARÁS UNA LEZNA Y HORADARÁS SU OREJA CONTRA LA PUERTA, Y SERÁ TU SIERVO PARA SIEMPRE».

DEUTERONOMIO 15:16-17

Cuando los israelitas experimentaban tiempos difíciles, a veces se convertían voluntariamente en siervos temporales de otros creyentes. Cada séptimo año (el año sabático), quedaban libres. A veces, no obstante, si llegaban a amar a la gente para la cual trabajaban, decidían permanecer de por vida como siervos de aquella casa. En tales casos, se les perforaba la oreja al estilo hebreo. El verbo *ratsá* («perforar») aparece una sola vez: «Su amo le *ratsá* la oreja con una lezna» (Éx 21:6). Esta perforación de la oreja lo marcaba como siervo voluntario permanente. Era especialmente apropiado que se hiciera en la oreja porque, a partir de ese día, el siervo «prestaría oído» a las instrucciones de su amo.

El Mesías dice a su Padre: «Me has abierto los oídos» (Sal 40:6). Cristo hizo realidad lo simbolizado por la perforación de las orejas de los siervos. No tuvo necesidad de perforación, porque los oídos de este Siervo ungido estuvieron siempre abiertos a la voz de su Padre, cumpliendo de buen grado y para siempre su voluntad de efectuar la salvación y la libertad de la humanidad.

Abre nuestros oídos, Padre celestial, para escuchar la voz del Espíritu de tu Hijo que habla a través de tu Palabra.

20 DE MAYO

El Cristo ecuestre סוּס

EL REY [ISRAELITA QUE DIOS ELIJA] NO DEBERÁ ADQUIRIR GRAN CANTIDAD DE CABALLOS, NI HACER QUE EL PUEBLO VUELVA A EGIPTO CON EL PRETEXTO DE AUMENTAR SU CABALLERÍA, PUES EL SEÑOR TE HA DICHO: «NO VUELVAS MÁS POR ESE CAMINO».

***DEUTERONOMIO 17:16** NVI*

En la Biblia, el *sus* («caballo») tiene connotaciones tanto positivas como negativas. Positivamente, Jeremías promete que, si los hijos de David «[practican] el derecho y la justicia», entrarán «montados en carros y caballos» para sentarse en el trono (22:1-4). Sin embargo, negativamente, los reyes israelitas «no [deberán] adquirir gran cantidad de caballos» (Dt 17:16 NVI). Salomón hizo pedazos esta ley, pues ¡«tenía 40 000 establos de caballos para sus carros y 12 000 jinetes»! (1R 4:26). El *sus* también encarnaba la precipitación al mal («como caballo que se lanza con ímpetu a la batalla»; Jer 8:6 RVR1995) y la lujuria («Eran caballos cebados y fogosos, cada cual relinchando tras la mujer de su prójimo»; 5:8).

Jesús montó un asno para entrar en la ciudad donde fue crucificado, pero volverá montando un animal diferente. Del cielo saldrá un caballo de guerra, blanco, montado por el Rey Mesías (Ap 19:11). Sus ojos llamean. Su frente está adornada por una diadema. En su manto y en su muslo está escrito: «Rey de reyes y Señor de señores» (v. 16). Ejércitos celestiales lo siguen sobre caballos blancos (v. 14). Cabalgan para destruir definitivamente a todo enemigo que nos haga frente.

Cabalga a nuestro rescate, Guerrero fiel y verdadero, cuando los enemigos nos rodeen y ataquen.

21 DE MAYO

Prescripción y predicción נביא

«UN PROFETA DE EN MEDIO DE TI, DE TUS HERMANOS, COMO YO, TE LEVANTARÁ EL SEÑOR TU DIOS; A ÉL OIRÁN».

DEUTERONOMIO 18:15

Algunos imaginan al *nabí* («profeta») bíblico aislado en una cueva, meditando, esperando que Dios le susurre al oído un oráculo para que Israel conozca el futuro. Es cierto que algunos *nebiím* («profetas») tuvieron experiencias extáticas. Y, sí, la Palabra del Señor venía a ellos, a menudo en visiones. Pero un *nabí* era fundamentalmente un predicador. Era la boca de Dios para los oídos de Israel. A veces predecían el futuro, pero el principal deber de su vocación era la predicación. Interpretaban y predicaban las Escrituras, especialmente la Torá. En la tradición judía, aun los autores de libros como Josué, Jueces y Reyes fueron historiadores proféticos.

Moisés fue un profeta prescriptivo, pero hacia el final de su vida también predijo el advenimiento del Profeta de los profetas. Como verdadero profeta, Jesús no habló por su propia autoridad, sino que dijo lo que el Padre le había dicho que dijera (Jn 12:49-50). De hecho, mucha gente pensó que era simplemente un profeta o un profeta del AT resucitado (Mt 16:14). No obstante, como confesó Pedro, era mucho más: «Tú eres el Cristo, el Hijo del Dios viviente» (v. 16).

Jesús, Hijo del Dios viviente, danos oídos para escucharte, y vivifícanos con tu gracia, para que confesemos valientemente tu nombre.

Ojo por ojo עין תחת עין

«NO TENDRÁS PIEDAD: VIDA POR VIDA, OJO POR OJO, DIENTE POR DIENTE, MANO POR MANO, PIE POR PIE».

DEUTERONOMIO 19:21

Levítico nos informa por primera vez de esta ley: «*áyin tákjat áyin* ["ojo por ojo"] [...]; según la lesión que haya hecho a otro, así se le hará» (24:20; *cf.* Éx 21:22-25). Esta ley de compensación (en latín: *lex talionis*) no debe leerse con un legalismo rígido. Más bien se trata de un principio general según el cual el castigo debe ajustarse al delito. No dice: «Dos brazos y dos piernas por ojo» ni «un primogénito por ojo», sino *áyin tákjat áyin*. En la antigüedad, este principio era bien conocido; leyes como esta se encuentran también en el famoso Código de Hammurabi, de la Babilonia del siglo XVIII a. C.

Jesús cita la ley del «ojo por ojo», pero añade: «Pero Yo les digo: no resistan al que es malo; antes bien, a cualquiera que te abofetee en la mejilla derecha, vuélvele también la otra» (Mt 5:39). Jesús, en lugar de deshacer la ley, en realidad la fortifica, porque es mucho más fácil buscar retribución que demostrar misericordia. Somos mucho más propensos a arrancarle la cabeza a nuestro enemigo que a ofrecerle nuestra mejilla con amor. Y esto nos atrapa. Aun el cumplimiento de *áyin tákjat áyin* muestra que solo tenemos en cuenta nuestro propio interés. Por tanto, oramos:

Señor, ten piedad. Cristo, ten piedad. Señor, ten piedad.

Colgado de un árbol תלה

«SI UN HOMBRE HA COMETIDO PECADO DIGNO DE MUERTE, Y SE LE HA DADO MUERTE, Y LO HAS COLGADO DE UN ÁRBOL, SU CUERPO NO QUEDARÁ COLGADO DEL ÁRBOL TODA LA NOCHE, SINO QUE CIERTAMENTE LO ENTERRARÁS EL MISMO DÍA (PUES EL COLGADO ES MALDITO DE DIOS), PARA QUE NO CONTAMINES LA TIERRA QUE EL SEÑOR TU DIOS TE DA EN HEREDAD».

DEUTERONOMIO 21:22-23

Entre los israelitas, la forma habitual de ejecución era la lapidación. Sin embargo, a veces el cuerpo del criminal se exponía temporalmente a la vista del público. Lo *talá* («colgaban») de un árbol. Josué, por ejemplo, *talá* el cuerpo del rey de Hai «en un árbol hasta la tarde» (Jos 8:29; *cf.* 10:26). La muerte en un árbol lo marcaba como alguien «maldito de Dios».

Cuando Pablo quiso enfatizar hasta dónde llegó Cristo para redimirnos, recurrió a la Torá: «Cristo nos redimió de la maldición de la ley, habiéndose hecho maldición por nosotros, porque escrito está: "Maldito todo el que cuelga de un madero"» (Gá 3:13). ¡Qué grande es el Gran intercambio! El Mesías se hace maldición para que recibamos bendición, y muere para que podamos vivir. El Hijo de Dios se despoja de todo para que nosotros rebosemos del amor y los dones de su Padre.

Señor del madero [árbol], que sufriste la maldición por nosotros, llénanos de tus bendiciones para que podamos vivir en ti.

24 DE MAYO

Borrar nombres מחה

«ACUÉRDATE DE LO QUE TE HIZO AMALEC EN EL CAMINO CUANDO SALISTE DE EGIPTO, CÓMO TE SALIÓ AL ENCUENTRO EN EL CAMINO, Y ATACÓ ENTRE LOS TUYOS A TODOS LOS AGOTADOS EN TU RETAGUARDIA CUANDO TÚ ESTABAS FATIGADO Y CANSADO; Y ÉL NO TEMIÓ A DIOS. POR TANTO, CUANDO EL SEÑOR TU DIOS TE HAYA DADO DESCANSO DE TODOS TUS ENEMIGOS ALREDEDOR, EN LA TIERRA QUE EL SEÑOR TU DIOS TE DA EN HEREDAD PARA POSEERLA, BORRARÁS DE DEBAJO DEL CIELO LA MEMORIA DE AMALEC; NO LO OLVIDES».

DEUTERONOMIO 25:17-19

Entre las maldiciones hebreas, *yimákj shemó* ocupa un lugar destacado. *Shemó* es «su nombre» y *yímakj* viene de *makjá* («borrar»). Por lo tanto, «Que su nombre sea borrado». Dios *makjá* todo ser vivo en el diluvio (Gn 6:7). David pide al Señor que *makjá* sus iniquidades (Sal 51:9). Y, puesto que los amalecitas habían emboscado a los más vulnerables, Dios ordena que el recuerdo de ese pueblo sea *makjá* de debajo del cielo.

Hablando a la Iglesia de Sardis, Jesús le da un giro positivo a esta imagen: «Así el vencedor será vestido de vestiduras blancas y no borraré su nombre del libro de la vida, y reconoceré su nombre delante de Mi Padre y delante de Sus ángeles» (Ap 3:5). En el libro de la vida, nuestros nombres no están escritos con lápiz, sino con tinta indeleble. Jesús nunca los *makjá*.

Borra nuestras iniquidades, Señor Jesús, y pronuncia nuestros nombres con alegría delante de tus huestes celestiales.

El credo del agricultor ארמי אבד אבי

«MI PADRE FUE UN ARAMEO ERRANTE Y DESCENDIÓ A EGIPTO Y RESIDIÓ ALLÍ, SIENDO POCOS EN NÚMERO; PERO ALLÍ LLEGÓ A SER UNA NACIÓN GRANDE, FUERTE Y NUMEROSA. PERO LOS EGIPCIOS NOS MALTRATARON Y NOS AFLIGIERON Y PUSIERON SOBRE NOSOTROS DURA SERVIDUMBRE».

DEUTERONOMIO 26:5-6

Estas frases forman parte de una confesión más larga que los israelitas pronunciaban cuando presentaban una cesta de productos en el santuario. Los primeros rabinos la llamaron *Micrá Bikkurím* («recitación de las primicias»); nosotros podríamos llamarla el credo del agricultor. No era solamente una acción de gracias por las cosechas, sino también alegría por la redención. Las palabras aliteradas, al comienzo, son poéticas: «*Arammí obéd abí* [Mi padre fue un arameo errante]». «Mi padre» es Abraham, que procedía de Aram (Gn 24:4, 10) y que, a instancias de Dios, se alejó de su tierra natal (Gn 12:1). Cuando la familia de Abraham creció y acabó siendo esclavizada, el Señor del pacto los redimió. Los trajo a la tierra floreciente de cosechas. Habiendo dejado de ser errantes; se hallaban arraigados en tierra santa.

Dios no se avergüenza de ser el Creador. Él ama lo físico. Su obra redentora y sus palabras creadoras son dos caras de la misma moneda. Al fin y al cabo, nuestra salvación es un hombre de carne y sangre, el cual no solo habría personalmente confesado que Dios era su Padre celestial, sino también que «[su] padre [había sido] un arameo errante». Jesús, Hijo de Dios e hijo de Abraham, es nuestro Creador y Redentor.

Bendito seas, Jesucristo, que nos has hecho y nuevamente nos has hecho tuyos.

26 DE MAYO

Mantén el hierro lejos ברזל

«ADEMÁS, EDIFICARÁS ALLÍ [SOBRE EL MONTE EBAL] UN ALTAR AL SEÑOR TU DIOS, UN ALTAR DE PIEDRAS; PERO NO ALZARÁS SOBRE ELLAS HERRAMIENTAS DE HIERRO. CONSTRUIRÁS EL ALTAR DEL SEÑOR TU DIOS DE PIEDRAS ENTERAS; Y SOBRE ÉL OFRECERÁS HOLOCAUSTOS AL SEÑOR TU DIOS; Y SACRIFICARÁS OFRENDAS DE PAZ Y COMERÁS ALLÍ, Y TE ALEGRARÁS DELANTE DEL SEÑOR TU DIOS».

DEUTERONOMIO 27:5-7

Dios no siempre explica completamente sus prohibiciones. Pensemos, por ejemplo, en la prohibición de usar *barzel* («hierro») para tallar piedras para el altar. En el Sinaí, Dios dijo: «Si me haces un altar de piedra, no lo construirás de piedras labradas. Porque si alzas tu cincel sobre él, lo profanarás» (Éx 20:25; *cf.* 1R 6:7). ¿Qué tenía Dios contra el hierro? Una explicación probable se encuentra en la Mishná, una antigua recopilación de leyes orales judías: «El hierro fue creado para acortar los días del hombre, mientras que el altar fue creado para alargar los días del hombre; lo que acorta no puede levantarse contra lo que alarga» (Midot 3:4).

El altar fue creado para alargar la vida. Por medio de él, el Señor limpiaba, perdonaba y sostenía a su pueblo. Pero aun el altar era temporal, a la espera del sacrificio final en que el propio Mesías se presentaría como la ofrenda. Por esta, el Padre nos ha dado días eternos en su reino.

Atráenos a tu altar, Salvador misericordioso, para que nos regocijemos ante ti.

27 DE MAYO

El sobrino Ajenjo לענה

«NO [...] HAYA ENTRE USTEDES HOMBRE O MUJER, FAMILIA O TRIBU, CUYO CORAZÓN SE ALEJE HOY DEL SEÑOR NUESTRO DIOS PARA IR Y SERVIR A LOS DIOSES DE AQUELLAS NACIONES; NO SEA QUE HAYA ENTRE USTEDES UNA RAÍZ QUE PRODUZCA FRUTO VENENOSO Y AJENJO. Y SUCEDERÁ QUE CUANDO ÉL OIGA LAS PALABRAS DE ESTA MALDICIÓN, SE ENVANECERÁ, DICIENDO: "TENDRÉ PAZ AUNQUE ANDE EN LA TERQUEDAD DE MI CORAZÓN"».

DEUTERONOMIO 29:18-19

En lo que respecta a «Ajenjo», nombre del tentador novato en la versión original de las *Cartas del diablo a su sobrino*, C. S. Lewis está en deuda con la palabra *laaná*. Y ciertamente es un nombre diabólico, pues *laaná* se refiere a una planta que produce un aceite intensamente amargo. El AT utiliza metafóricamente *laaná* para referirse a la idolatría (Dt 29:18), a una adúltera (Pr 5:4) y al castigo divino (Jer 9:15). Su nombre griego es dado a una gran estrella que cae ardiendo desde el cielo: «El nombre de la estrella es Ajenjo. La tercera parte de las aguas se convirtió en ajenjo, y muchos hombres murieron por causa de las aguas, porque se habían vuelto amargas» (Ap 8:11).

El salmista canta: «¡Cuán dulces son a mi paladar Tus palabras! Sí, más que la miel a mi boca» (119:103). Dios nos creó a su imagen para la miel de su Palabra, no para el ajenjo de la mentira. ¡Abre tus labios para saborear cuán dulces son su salvación y su misericordia!

Aliméntanos con tu gracia, Señor Jesús, y no dejes que ninguna raíz de amargura brote entre nosotros (Heb 12:15).

Trigo, riñones y grasa חלב

[DIOS] HIZO [A ISRAEL] CABALGAR SOBRE LAS ALTURAS DE LA TIERRA, Y COMIÓ EL PRODUCTO DEL CAMPO; LE HIZO GUSTAR MIEL DE LA PEÑA, Y ACEITE DEL PEDERNAL, CUAJADA DE VACAS Y LECHE DE OVEJAS, CON GRASA DE CORDEROS, Y CARNEROS DE RAZA DE BASÁN Y MACHOS CABRÍOS, CON LO MEJOR DEL TRIGO; DE LA SANGRE DE UVAS BEBISTE VINO.

DEUTERONOMIO 32:13-14

En las culturas occidentales, la grasa tiene mala reputación. No así en Israel. La *kjéleb* («grasa») de algo es la mejor parte, como también la más fina. Por ejemplo, «lo mejor del trigo» es literalmente la «grasa de los riñones del trigo». El Faraón le dice a José que su familia «[comerá de la] *kjéleb* de la tierra» de Egipto (Gn 45:18). Incluso en algunas sociedades modernas —las cuales, así como Israel, sufren hambrunas con regularidad—, la grasa es un signo de salud y bienestar. A veces, en el AT, la grasa se usa de manera negativa (corazones «envueltos [por] su grosura» = insensibilidad; Sal 17:10 RVR1960), pero la mayoría de las veces se usa positivamente.

En el mundo bíblico, tener unos centímetros de más en la cintura no era motivo para hacer dieta, sino para bailar. Así que sonríe y da gracias a Dios por tener comida en tu mesa. Y alégrate de que un buen día cenaremos y gozaremos de postres en el banquete de las bodas del Cordero, abundante en grasa y rico en vino.

Recibe toda la alabanza, oh Señor, por el pan de cada día, los placeres cotidianos y la deliciosa comida que nos proporcionas.

Jesurún, apodo de Israel ישרון

«PERO JESURÚN ENGORDÓ Y DIO COCES (HAS ENGORDADO, ESTÁS CEBADO Y ROLLIZO); ENTONCES ABANDONÓ A DIOS QUE LO HIZO, Y DESPRECIÓ A LA ROCA DE SU SALVACIÓN».

DEUTERONOMIO 32:15

Llamar a Israel «Jesurún» es como apodar «chiquito» a un jugador de fútbol americano. El nombre deriva de *yashár*, que significa «recto» o «derecho». Israel puede haber sido muchas cosas, pero ¿recto? No según su currículum moral. De hecho, en este versículo, Jesurún no actúa rectamente, sino claramente mal. Como un becerro con sobrepeso y rebelde, dan patadas contra su dueño. Abandonan a Dios. Desprecian a la Roca de su salvación. En los otros tres usos del nombre, Jesurún no tiene nada que ver con la rectitud de Israel sino que se relaciona enteramente con la rectitud del verdadero *Yashár*: Dios mismo (Dt 33:5, 26; Is 44:2).

¿No es Jesurún un resumen de toda nuestra existencia como pueblo receptor de los dones de Dios? Somos santos (un don del Dios Santo); somos justos (un don de nuestro justo Salvador); somos amados (un don de nuestro amoroso Padre); y somos rectos (un don de nuestro recto Señor). Nuestras vidas están «[escondidas] con Cristo en Dios» (Col 3:3). Lo que somos y el nombre que recibimos se refleja completamente en lo que Él es y en lo que nos concede por gracia. Nosotros también somos Jesurún, porque somos el pueblo de Cristo.

Oh Señor, que nos hiciste y nos ayudas, alabado seas, porque todo lo que tenemos procede de tu mano misericordiosa.

30 DE MAYO

El beso de la muerte נשיקה

Y ALLÍ MURIÓ MOISÉS, SIERVO DEL SEÑOR, EN LA TIERRA DE MOAB, CONFORME A LA PALABRA DEL SEÑOR. Y ÉL LO ENTERRÓ EN EL VALLE, EN LA TIERRA DE MOAB, FRENTE A BET PEOR; PERO NADIE SABE HASTA HOY EL LUGAR DE SU SEPULTURA. AUNQUE MOISÉS TENÍA 120 AÑOS CUANDO MURIÓ, NO SE HABÍAN APAGADO SUS OJOS, NI HABÍA PERDIDO SU VIGOR.

DEUTERONOMIO 34:5-7

Según una antigua leyenda judía, Dios se llevó el alma de Moisés por medio de un beso (*neshicá*) en la boca. Esto dio origen a la expresión hebrea *mitat neshicá* («muerte por un beso»), que se refiere a una muerte repentina y pacífica en la vejez. Los rabinos derivaron esto de la muerte de Moisés «conforme a la palabra del Señor» o, literalmente, «conforme a la *pe* [boca] de Yahvé». La boca de Dios dio a Moisés el beso de la muerte. Una interpretación rocambolesca, sin duda, pero muy hermosa y esperanzadora en su mensaje.

Moisés, el amado siervo de Dios, fue quitado de esta vida con un beso mientras sus ojos contemplaban la tierra prometida. Esa es, también, una imagen para nosotros: fijando los ojos en la resurrección, la tierra prometida eterna, morimos con el beso de Dios, cuyos labios, al final, dirán: «Yo hago nuevas todas las cosas» (Ap 21:5).

Hasta el final de nuestro viaje, oh Cristo, guárdanos en tu gracia y, al toque de tu trompeta, resucítanos a la vida eterna.

Gruñir por la Palabra de Dios הגה

«ESTE LIBRO DE LA LEY [I. E. LA TORÁ] NO SE APARTARÁ DE TU BOCA, SINO QUE MEDITARÁS EN ÉL DÍA Y NOCHE, PARA QUE CUIDES DE HACER TODO LO QUE EN ÉL ESTÁ ESCRITO».

JOSUÉ 1:8

El verbo hebreo para «meditar» es *jagá*. Pero no imagines a un monje budista sentado en la posición del loto cantando «Om». Imagina un león que gruñe sobre su presa (Is 31:4), o una paloma que arrulla o gime de angustia (Is 38:14). El profeta Isaías utiliza *jagá* para describir los sonidos de estos dos animales. Es la voz de la meditación.

En otras palabras, la meditación no consiste en cerrar los ojos, guardar silencio y desaparecer dentro de uno mismo. Se trata de enfocar los ojos en la Biblia, pronunciar sus palabras y desaparecer dentro de Cristo. Cuando meditas, eres un león agachado sobre su presa. Tú eres el que come y la Palabra es tu alimento. Coge un bocado, mastícalo, degústalo, haz que los verbos crujan y deja que los sustantivos te hagan salivar. No hay prisa. Esto no es un McDonald's. Saborea el festín. Gruñe al tragar las palabras. Permite que resuenen en las cámaras de tu cuerpo. Deja que cada palabra diga lo suyo. Ninguna carece de importancia. Cada una tiene su voz. Déjalas salir de tu lengua. Lo que comes es lo que dices. La Palabra de Dios se convierte en tu palabra.

Oh Señor, enséñanos a deleitarnos en tu Palabra, para que meditemos en ella día y noche.

1 DE JUNIO

Un cordón de esperanza תקוה

[LOS ESPÍAS DIJERON A RAJAB:] «PERO TÚ DEBES ATAR ESTE CORDÓN ROJO EN LA VENTANA POR DONDE NOS DESCOLGASTE. ESO NOS SERVIRÁ DE SEÑAL CUANDO ENTREMOS A LA CIUDAD. REÚNE EN TU CASA A TODA TU FAMILIA, ES DECIR, A TU PADRE Y A TU MADRE, Y A TODOS TUS HERMANOS Y PARIENTES».

JOSUÉ 2:18

Los términos homógrafos son palabras que, aunque se escriben de la misma manera, pueden significar cosas diferentes, como «mango» (fruta o agarradera) o «real» (verdadero o monárquico). La palabra *ticvá* es un homógrafo hebreo que significa «cordón» o «esperanza». De hecho, en todo el AT, *ticvá* se refiere a «esperanza», excepto en el caso de Rajab, donde se refiere al cordón rojo escogido como señal por ella y los espías que protegió en Jericó. Josué 2:18 está insinuando fuertemente que este cordón, que fue una bandera de seguridad para Rajab, simboliza también la esperanza que puso en la redención venidera, cuando ella y su familia fueran salvos. La que puso un *ticvá* (cordón) en su ventana puso también su *ticvá* (esperanza) en el único Dios verdadero de Israel.

Esta prostituta de origen gentil, mujer de fe (Heb 11:31), no solo fue adoptada en la familia de Dios, sino que además formó parte del árbol genealógico del Mesías (Mt 1:5). Su esperanza —esperanza en el Señor del pacto, en su misericordia y en su Mesías— es como un cordón rojo que recorre todas las Escrituras.

«Porque Tú eres mi esperanza; oh Señor Dios, Tú eres mi confianza desde mi juventud» (Sal 71:5).

El mar salado ים המלח

LAS AGUAS [DEL JORDÁN] QUE VENÍAN DE ARRIBA SE DETUVIERON Y SE ELEVARON EN UN MONTÓN, A UNA GRAN DISTANCIA EN ADAM, LA CIUDAD QUE ESTÁ AL LADO DE SARETÁN. LAS AGUAS QUE DESCENDÍAN HACIA EL MAR DE ARABÁ, EL MAR SALADO, FUERON CORTADAS COMPLETAMENTE. ASÍ EL PUEBLO PASÓ HASTA ESTAR FRENTE A JERICÓ.

JOSUÉ 3:16

A más de 400 metros bajo el nivel del mar, la orilla del mar Muerto es la elevación terrestre más baja de la Tierra. Con un 34 por ciento de salinidad, es también una de las masas de agua más saladas del planeta. Aunque su nombre es apropiado para este lugar casi sin vida, en la Biblia recibe diferentes nombres: mar de Arabá, mar Oriental y *Yam Jammélakj* («Mar de Sal»). En una visión extraordinaria, Ezequiel ve un hilo de agua que sale por el costado de un templo y se hace cada vez más ancho y profundo a medida que fluye desde Sión hasta el *Yam Jammélakj*. Cuando desemboca en el mar, «las aguas del mar quedan purificadas [literalmente, "curadas"]» (47:8). El mar de Sal se desalinizará; el mar Muerto resucitará.

Utilizando esta profecía, Juan dice que este «río de agua de vida» vivificante fluye «del trono de Dios y del Cordero» (22:1). La misma agua de Dios que desaliniza uno de los mares más salados del mundo fluye sobre nosotros en el bautismo. Aunque antes estábamos muertos, recibimos la vida en Cristo.

Bendito eres, oh Señor, por habernos dado un río cuyas corrientes alegran la ciudad de Dios (Sal 46:4).

3 DE JUNIO

Tierra seca... otra vez חרבה

LOS SACERDOTES QUE LLEVABAN EL ARCA DEL PACTO DEL SEÑOR ESTUVIERON EN TIERRA SECA EN MEDIO DEL JORDÁN MIENTRAS QUE TODO ISRAEL CRUZABA SOBRE TIERRA SECA, HASTA QUE TODO EL PUEBLO ACABÓ DE PASAR EL JORDÁN.

JOSUÉ 3:17

En su viaje de la esclavitud a la libertad, los israelitas debieron cruzar agua tanto al principio —el mar Rojo— como al final —el río Jordán—. En el primer cruce, abandonaron la tierra de la amenaza y la humillación; en el segundo, entraron en la tierra de la leche y la miel. En el primero, sus enemigos fueron destruidos; tras el segundo, ellos destruyeron a sus enemigos. Ambos cruces tienen en común que no se realizaron nadando, vadeando ni atravesando en balsa, sino caminando sobre *kjarabá* («tierra seca»). Su Señor, que dijo: «Que aparezca lo seco» en el tercer día de la creación (Gn 1:9), pronunció una vez más su Palabra todopoderosa para conducir a su pueblo sobre *kjarabá* hasta la nueva creación de liberación y alegría.

Cuando Jesús fue bautizado en el Jordán, no fueron las aguas las que se separaron: se rasgaron los cielos mismos (Mt 3:16). El Mesías, Israel reducido a un individuo, o más aun, toda la humanidad en un solo hombre, fue acogido por el Padre como su Hijo amado en el cual se complace. Bautizados en Cristo, su gracia nos moja y, sin embargo, pisamos también la tierra seca que conduce a la libertad y a la alegría como hijos amados de Dios.

Planta firmemente nuestros pies, querido Padre, en el suelo de la fe, la esperanza y el amor.

Un temor saludable e integral ירא

«USTEDES SE LO EXPLICARÁN A SUS HIJOS Y LES DIRÁN: "ISRAEL CRUZÓ ESTE JORDÁN EN TIERRA SECA". PORQUE EL SEÑOR SU DIOS SECÓ LAS AGUAS DEL JORDÁN DELANTE DE USTEDES HASTA QUE PASARON, TAL COMO EL SEÑOR SU DIOS HABÍA HECHO AL MAR ROJO, EL CUAL ÉL SECÓ DELANTE DE NOSOTROS HASTA QUE PASAMOS, PARA QUE TODOS LOS PUEBLOS DE LA TIERRA CONOZCAN QUE LA MANO DEL SEÑOR ES PODEROSA, A FIN DE QUE USTEDES TEMAN AL SEÑOR SU DIOS PARA SIEMPRE».

JOSUÉ 4:22-24

No todos los temores son iguales. Tampoco son todos malos. Uno de ellos es el principio y la esencia misma de la sabiduría: *yaré* al Señor. Este temor es integral. En cierto modo, es un mejor resumen de nuestra vida con Dios que la fe, la esperanza, el amor y la adoración, porque los engloba a todos. Temer a Dios es saber que «la mano del SEÑOR es poderosa» para salvar (Jos 4:24). Más adelante, en Josué, «temer al Señor» equivale a «adorar al Señor» (22:25). Y en Salmo 115:11, el «temor» y la «confianza» son paralelos.

Haciéndose eco de Salmo 103:17, María canta en el Magnificat que «de generación en generación es su misericordia para los que le temen» (Lc 1:50). Esa misericordia se encontraba en el niño que llevaba en su vientre: el Salvador a quien tememos, amamos y en quien confiamos por encima de todo.

«Enséñame, oh SEÑOR, Tu camino; andaré en Tu verdad; unifica mi corazón para que tema Tu nombre» (Sal 86:11).

La circuncisión y el Gólgota גלל

CUANDO TERMINARON DE CIRCUNCIDAR A TODA LA NACIÓN, PERMANECIERON EN SUS LUGARES EN EL CAMPAMENTO HASTA QUE SANARON. ENTONCES EL SEÑOR DIJO A JOSUÉ: «HOY HE QUITADO DE USTEDES EL OPROBIO DE EGIPTO». POR ESO AQUEL LUGAR SE HA LLAMADO GILGAL HASTA HOY.

JOSUÉ 5:8-9

¿Qué tienen en común la circuncisión, Gilgal y el Gólgota? Puesto que los niños israelitas no fueron circuncidados en el desierto, esta ceremonia se realizó cuando Israel llegó a Canaán (Jos 5:2-9). Esta circuncisión *galál* («quitó haciendo rodar») el oprobio de Egipto. Por lo tanto, ese lugar fue llamado Gilgal (el lugar donde se «hizo rodar»). En Gilgal, por medio de la circuncisión, Dios quitó toda la mancha y el dolor de la esclavitud de su pueblo. Todo vestigio de su cautiverio pasado desapareció.

Puesto que la raíz *galál* se refiere a cosas o acciones redondas, *galál* es también la raíz de *gulgólet* («calavera»), cuyo paralelo arameo es Gólgota, «el lugar de la calavera». En el Gólgota, Jesús quitó todo nuestro oprobio. Llevó sobre sí toda la mancha y el dolor de nuestro pecado y esclavitud. *Galál* se refiere también al rodar de una piedra (Jos 10:18). En la mañana de Pascua, cuando la piedra fue *galál* de la tumba de Cristo, la eliminación del oprobio fue completa. Todo indicio de nuestra vergüenza y culpa pasadas desapareció. Las dos palabras hebreas que Josué 5:9 utiliza para «quitar» y «oprobio» se utilizan en Salmo 119:22, que es nuestra oración:

«Quita de mí el oprobio y el desprecio, porque yo guardo Tus testimonios».

El general Jesús שׂר

CUANDO JOSUÉ ESTABA YA CERCA DE JERICÓ, LEVANTÓ LOS OJOS Y VIO QUE UN HOMBRE ESTABA FRENTE A ÉL CON UNA ESPADA DESENVAINADA EN LA MANO, Y JOSUÉ FUE HACIA ÉL Y LE DIJO: «¿ES USTED DE LOS NUESTROS O DE NUESTROS ENEMIGOS?». «NO», RESPONDIÓ; «MÁS BIEN YO VENGO AHORA COMO CAPITÁN DEL EJÉRCITO DEL SEÑOR». Y JOSUÉ SE POSTRÓ EN TIERRA, LE HIZO REVERENCIA, Y DIJO: «¿QUÉ TIENE QUE DECIRLE MI SEÑOR A SU SIERVO?». ENTONCES EL CAPITÁN DEL EJÉRCITO DEL SEÑOR DIJO A JOSUÉ: «QUÍTATE LAS SANDALIAS DE TUS PIES, PORQUE EL LUGAR DONDE ESTÁS ES SANTO». Y ASÍ LO HIZO JOSUÉ.

JOSUÉ 5:13-15

Un *sar* es un líder, príncipe o representante de un rey. Isaías se refiere al Mesías como *Sar Shalom*, «Príncipe de paz» (Is 9:6). Cuando va unido a *tsabá* («ejército»), el *sar* es un comandante militar. El *sar* que se aparece a Josué repite, casi textualmente, lo que el mensajero divino le dijo a Moisés en la zarza ardiente: que se quitara el calzado en suelo sagrado (Éx 3:5).

En ambos casos, el que habla es el Hijo de Dios, quien visitó a su pueblo de antaño bajo diversas apariencias. El general Jesús, que dirigirá las fuerzas del cielo en la batalla final (Ap 19:11ss.), también las dirige aquí, pues es el Guerrero que siempre lucha en nuestro favor.

«Combate, oh Señor, a los que me combaten; ataca a los que me atacan» (Sal 35:1).

7 DE JUNIO

Dedicados al anatema חרם

JOSUÉ LE DIJO A LA GENTE: «¡GRITEN! PORQUE EL SEÑOR LES HA DADO LA CIUDAD. LA CIUDAD Y TODO LO QUE HAY EN ELLA DEBE SER CONSAGRADO AL SEÑOR PARA LA DESTRUCCIÓN. SÓLO QUEDARÁN VIVOS RAJAB, LA PROSTITUTA, Y TODOS LOS QUE ESTÁN CON ELLA EN LA CASA, PORQUE ELLA ESCONDIÓ A LOS MENSAJEROS QUE ENVIAMOS».

JOSUÉ 6:16-17 PDT

Cuando una autoridad gubernamental declara que un edificio está «clausurado», quiere decir que ya no es seguro o apto para ser habitado. Dios tenía su propio método para clausurar: declaraba las cosas *kjérem*. Si una ciudad o persona era *kjérem*, se hallaba «dedicada al anatema» o «consagrada para la destrucción». Puesto que, en Jericó, todo era *kjérem* (excepto Rajab y su familia), nada debía quedar con vida. A medida que la historia se desarrolla, nos enteramos de que Acán se llevó algunas de las cosas *kjérem* (7:1) ¡provocando que el propio Israel se convirtiera en anatema (v. 12)! Solo cuando Acán finalmente confesó, y fue ejecutado, el juicio del Señor cesó.

Kjérem ilustra que Dios no se ocupa del pecado y del mal en forma parcial, sino total. Y esa es una muy buena noticia para nosotros. Jesús no murió por el 50 por ciento de los pecados, ni por el 99,9 por ciento. Se ocupó del mal en su totalidad. En la cruz, ningún pecado quedó fuera de Jesús, por lo que ningún pecado permanece en nosotros. Cristo se hizo *kjérem* por nosotros para que, en él, gocemos del aprecio de Dios.

Oh Cordero de Dios, que quitas el pecado del mundo, ten piedad de nosotros.

El valle de la turbación y la puerta de la esperanza עכור

Y JOSUÉ DIJO [A ACÁN]: «¿POR QUÉ NOS HAS TURBADO? EL SEÑOR TE TURBARÁ HOY». TODO ISRAEL LOS APEDREÓ Y LOS QUEMARON DESPUÉS DE HABERLOS APEDREADO. LEVANTARON SOBRE ÉL UN GRAN MONTÓN DE PIEDRAS QUE PERMANECE HASTA HOY. EL SEÑOR SE VOLVIÓ DEL FUROR DE SU IRA. POR ESO SE HA LLAMADO AQUEL LUGAR EL VALLE DE ACOR HASTA EL DÍA DE HOY.

JOSUÉ 7:25-26

El mapa de Israel rememora el pecado. Acán, que turbó (*akár*) a Israel y fue turbado (*akár*) por el Señor, fue sepultado en el Valle de la Turbación (*Akor*). Cuando pudieron haber estado alegres y celebrando, el pecado de Acán aguó la fiesta de Israel. Sin embargo, en un giro inesperado, los profetas posteriores señalan el Valle de la Turbación como la Puerta de la Esperanza. Oseas predice un segundo éxodo, encabezado por el Mesías, en el cual Dios sacará a Israel del desierto y le dará «el valle de Acor por puerta de esperanza» (2:15). Asimismo, Isaías, al describir las futuras bendiciones del pueblo de Dios en Cristo, dice que Dios convertirá «el valle de Acor [en] lugar de descanso de vacas» (65:10).

Ningún problema es mayor que la capacidad de Dios para derribarlo. Su Espíritu sopla sobre las cenizas de la desesperación para encender la llama de la esperanza, porque él es el Señor que, del Viernes Santo, saca la Pascua de Resurrección.

«Sea sobre nosotros Tu misericordia, oh Señor, según hemos esperado en Ti» (Sal 33:22).

9 DE JUNIO

Montículos de remembranza תל

JOSUÉ NO RETIRÓ SU MANO CON LA CUAL TENÍA EXTENDIDA LA JABALINA, HASTA QUE HUBO EXTERMINADO POR COMPLETO A TODOS LOS HABITANTES DE HAI. SOLO EL GANADO Y LOS DESPOJOS DE AQUELLA CIUDAD TOMÓ ISRAEL PARA SÍ COMO BOTÍN, CONFORME A LA PALABRA QUE EL SEÑOR HABÍA ORDENADO A JOSUÉ. JOSUÉ INCENDIÓ LA CIUDAD DE HAI Y LA CONVIRTIÓ EN UN MONTÓN DE RUINAS PARA SIEMPRE, EN UNA DESOLACIÓN HASTA EL DÍA DE HOY.

JOSUÉ 8:26-28

Salpicando el paisaje del Medio Oriente hay miles de montículos semejantes a colinas que los arqueólogos llaman *tels*. En hebreo, *tel* significa «montón», como cuando Josué demolió Hai, convirtiéndola en un «*tel* de ruinas». A través de los siglos, un *tel* se formaba cuando una ciudad era destruida y luego se la reconstruía encima de las ruinas, poniendo una capa sobre la otra. Algunas ciudades del AT llevan esta palabra dentro de su nombre, como Tel Abib (Ez 3:15) y Tel Harsa (Neh 7:61).

Cada *tel* es un montículo de remembranza. Son testigos mudos de la naturaleza transitoria de las ciudades terrenales, las cuales se tambalean al borde de una guerra, un incendio o un terremoto. Junto con Abraham, esperamos «la ciudad que tiene cimientos, cuyo arquitecto y constructor es Dios» (Heb 11:10). No es un *tel*, que crece hacia arriba, sino «la ciudad santa, la nueva Jerusalén, que [desciende] del cielo, de Dios, preparada como una novia ataviada para su esposo» (Ap 21:2).

Ábrenos, oh Señor, las puertas de la justicia, para que residamos por siempre entre los muros de Sión.

10 DE JUNIO

Lectura en voz alta קרא

DESPUÉS JOSUÉ LEYÓ TODAS LAS PALABRAS DE LA LEY, LA BENDICIÓN Y LA MALDICIÓN, CONFORME A TODO LO QUE ESTÁ ESCRITO EN EL LIBRO DE LA LEY. NO HUBO NI UNA PALABRA DE TODO LO QUE HABÍA ORDENADO MOISÉS QUE JOSUÉ NO LEYERA DELANTE DE TODA LA ASAMBLEA DE ISRAEL, INCLUYENDO LAS MUJERES, LOS NIÑOS Y LOS EXTRANJEROS QUE VIVÍAN ENTRE ELLOS.

JOSUÉ 8:34-35

Antes de los tiempos modernos, la lectura en silencio, incluso cuando se estaba solo, era algo prácticamente desconocido. Leer significaba leer en voz alta. El verbo *cará*, entre muchas otras cosas, significa «Leer o recitar un pergamino o documento en voz alta». La forma sustantiva, *micrá*, podía designar «la lectura» de las Escrituras (Neh 8:8). Cuando Josué leyó pública y oralmente la Torá a «toda la asamblea de Israel», estableció una tradición que continúa en la Iglesia hasta el día de hoy. La Palabra de Dios es derramada en los oídos de hombres, mujeres y niños.

En una sinagoga de Nazaret, Jesús recibió el rollo del profeta Isaías. Como Josué antes que él, Jesús leyó frente a la gente. Solo que, cuando terminó, no dijo: «Esto es palabra del Señor». Dijo, en esencia: «Yo soy la palabra del Señor», pues declaró a los adoradores: «Hoy se ha cumplido esta Escritura que han oído» (Lc 4:21). El que estaba leyendo las Escrituras delante de ellos era el autor y el fin de las Escrituras.

Abre nuestros ojos, oh Señor, para que veamos las maravillas de tu Palabra (Sal 119:18).

11 DE JUNIO

Ora por la paz de Jerusalén ירושלם

CUANDO ADONISEDEC, REY DE JERUSALÉN, SE ENTERÓ DE QUE JOSUÉ HABÍA CAPTURADO A HAI Y QUE LA HABÍA DESTRUIDO POR COMPLETO (COMO HABÍA HECHO CON JERICÓ Y CON SU REY ASÍ HABÍA HECHO CON HAI Y CON SU REY), Y QUE LOS HABITANTES DE GABAÓN HABÍAN CONCERTADO LA PAZ CON ISRAEL Y ESTABAN DENTRO DE SU TIERRA, TUVO GRAN TEMOR.

JOSUÉ 10:1-2

Yerusháláim («Jerusalén») se forma a partir de dos palabras: «Jeru-», que viene de *yará* («fundar» o «establecer»), y «-salem», que viene de *shalom* («paz» o «plenitud»). Es lamentable, sin embargo, que el primer uso de este nombre en la Biblia (Jos 10:1) sea en un contexto bélico, pues este «cimiento de la paz» rara vez le hizo honor a su nombre. Desde tiempos inmemoriales, se ha visto sacudido por guerras civiles, insurrecciones, golpes de estado y asedios. No obstante, esa fue la ciudad de David y el terruño de Yahvé. Pese a estar manchada por milenios de tragedia y muerte, *Yerusháláim* fue la ciudad montañosa en la que, de entre todas las moradas de la tierra, Dios eligió colgar su sombrero.

Jesús sabía que debía morir en Jerusalén. Ningún otro código postal serviría. En este «cimiento de la paz», él mismo se convertiría en nuestra paz (Ef 2:14), cerrando con su propio cuerpo la brecha entre judíos y gentiles. En él tenemos una *shalom* que sobrepasa todo entendimiento. Y aguardamos, con fe y esperanza, el día en que el Señor «[creará] a Jerusalén para regocijo, y a su pueblo para júbilo» (Is 65:18).

«Bendito desde Sión sea el SEÑOR, que mora en Jerusalén. ¡Aleluya!» (Sal 135:21)

El armamento superior de los cananeos רכב

SALIERON ELLOS, Y TODOS SUS EJÉRCITOS CON ELLOS, TANTA GENTE COMO LA ARENA QUE ESTÁ A LA ORILLA DEL MAR, CON MUCHÍSIMOS CABALLOS Y CARROS. ASÍ QUE TODOS ESTOS REYES, HABIENDO ACORDADO UNIRSE, VINIERON Y ACAMPARON JUNTOS CERCA DE LAS AGUAS DE MEROM PARA PELEAR CONTRA ISRAEL.

JOSUÉ 11:4-5

En la tumba de Tutankamón («Rey Tut») se encontraron seis carros, testimonio de la popularidad de estos en el antiguo Egipto. El *réqueb* («carro»), del verbo *racáb* («montar»), se utilizaba para la guerra, la caza y el transporte. En las historias y los cantos de Israel, los carros se asociaban con Faraón y su ejército, a los cuales Dios «arrojó al mar» (Éx 15:4). Poco después de que Israel iniciara la conquista de la tierra, debió enfrentarse a más carros: un ejército vasto y poderoso, dirigido por el rey de Hazor. El pueblo de Dios se hallaba en inferioridad de condiciones. No obstante, el Señor, que luchó por ellos en el mar Rojo, blandió su espada por ellos aquí también. Los tan temidos carros del enemigo quedaron más tarde reducidos a cenizas (Jos 11:9).

En un extraño giro, el *réqueb*, tan estrechamente asociado con la guerra en el pasado de Israel, se convirtió en un lugar de evangelización después de Pentecostés. Utilizando profecías de Isaías, Felipe testificó de Cristo al eunuco etíope dentro de un carro en movimiento (Hch 8:28). Al igual que las espadas convertidas en rejas de arado, el carro se transformó en un vehículo del Evangelio.

Algunos confían en carros y otros en caballos, pero nosotros, Señor Dios nuestro, confiamos en tu nombre salvador (Sal 20:7).

13 DE JUNIO

Unidos a Dios con soldadura דבק

[JOSUÉ DIJO:] «SOLAMENTE GUARDEN CUIDADOSAMENTE EL MANDAMIENTO Y LA LEY QUE MOISÉS, SIERVO DEL SEÑOR, LES MANDÓ, DE AMAR AL SEÑOR SU DIOS, ANDAR EN TODOS SUS CAMINOS, GUARDAR SUS MANDAMIENTOS Y DE ALLEGARSE A ÉL Y SERVIRLE CON TODO SU CORAZÓN Y CON TODA SU ALMA».

JOSUÉ 22:5

Lo que un marido hace cuando se «une» o «aferra» a su mujer es *dabác* (Gn 2:24). Esta pintoresca palabra ilustra muchas uniones íntimas: huesos pegados a la piel (Job 19:20), lenguas pegadas a paladares (Sal 22:15), las escamas estrechamente unidas de una bestia (Job 41:17), y el apego de Rut a Noemí (Rt 1:14). En Josué 22 y otros lugares, se exhorta a Israel a *dabác* a Yahvé (p. ej., Dt 10:20). La forma sustantiva, *débec*, describe hierro unido por medio de soldadura (Is 41:7). En el hebreo moderno, *débec* significa pegamento o adhesivo.

Cuando Pablo dice: «El que se une al Señor, es un espíritu con Él», dice «se une al» utilizando un equivalente griego de *dabác* (1Co 6:17). Estamos unidos, pegados, soldados al Señor Jesús porque somos «miembros de Su cuerpo», su esposa, la Iglesia (Ef 5:30-32). Nos unimos a él por la fe mientras él se une a nosotros por amor. Soldados por el fuego del Espíritu, estamos unidos al Señor para siempre.

Oh Señor, Salvador mío, «A Ti se aferra mi alma; Tu diestra me sostiene» (Sal 63:8).

Territorio de lágrimas בכה

CUANDO EL ÁNGEL DEL SEÑOR HABLÓ ESTAS PALABRAS A TODOS LOS ISRAELITAS, EL PUEBLO ALZÓ SU VOZ Y LLORÓ. Y LLAMARON A AQUEL LUGAR BOQUIM. Y ALLÍ OFRECIERON SACRIFICIO AL SEÑOR.

JUECES 2:4-5

Puede que la mayoría de los fluidos corporales nos den asco, pero las lágrimas provocan lo contrario. Las limpiamos, y aun con besos las quitamos de los rostros de nuestros seres queridos. Las lágrimas provocan compasión —y, a menudo, en nosotros mismos, lágrimas de empatía—. Cuando el mensajero divino reprendió escalofriantemente a Israel por su desobediencia, «el pueblo alzó su voz y *baká* [lloró]». Este lugar de *baká* recibió así el nombre de Boquim («Llanto»). El Señor, compadeciéndose de «sus gemidos» (Jue 2:18), sin duda puso estas lágrimas en su frasco de misericordia (Sal 56:8).

Isaías predice el banquete de la resurrección en el que el Señor no solo «destruirá la muerte para siempre» y nos servirá la comida y los vinos más ricos, sino que además «enjugará las lágrimas de todos los rostros» (25:8). Juan reafirma esta promesa cuando dice que Cristo «enjugará toda lágrima de sus ojos, y ya no habrá muerte, ni habrá más duelo, ni clamor, ni dolor, porque las primeras cosas han pasado» (Ap 21:4). En la nueva creación no habrá territorios de lágrimas.

Recibe toda la alabanza, Señor Jesús, pues «Tú has rescatado mi alma de la muerte, mis ojos de lágrimas, mis pies de tropezar» (Sal 116:8).

15 DE JUNIO

Jueces guerreros שפטים

ENTONCES EL SEÑOR LEVANTÓ JUECES QUE LOS LIBRARON DE LA MANO DE LOS QUE LOS SAQUEABAN. SIN EMBARGO, NO ESCUCHARON A SUS JUECES, PORQUE SE PROSTITUYERON SIGUIENDO A OTROS DIOSES, Y SE POSTRARON ANTE ELLOS. SE APARTARON PRONTO DEL CAMINO EN QUE SUS PADRES HABÍAN ANDADO EN OBEDIENCIA A LOS MANDAMIENTOS DEL SEÑOR. NO HICIERON COMO SUS PADRES.

JUECES 2:16-17

Nos habríamos ahorrado algunas ideas confusas sobre el libro de los Jueces si su título hubiera sido «Salvadores». Cuando el autor los llama *shofetím* («jueces»), describe su vocación de este modo: «libraron [a Israel] de la mano de los que los saqueaban» (2:16-18). No tenían una vocación judicial; debían *yasha* («librar») al pueblo de Dios. No llevaban túnicas negras, sino espadas. Y su «tribunal» era el campo de batalla. Casi todos cometieron actos ruines —con demasiada frecuencia hicieron lo que parecía correcto a sus propios ojos—, pero aun así Dios hizo la obra de su reino utilizando estas vasijas rotas. De hecho, Hebreos los recuerda por su fe (11:32-34).

Cada «salvador» fue como un boceto en blanco y negro que Jesús llenó rica y abundantemente de colores santos. Él no fue uno más de los *shofetím*. Este Juez y Salvador todopoderoso redimió a la humanidad derrocando al señor del infierno que nos había saqueado y despojado de la vida misma. Y el reposo que Cristo nos concede no tendrá fin.

«Salva a Tu pueblo y bendice a Tu heredad, pastoréalos y llévalos en Tus brazos para siempre» (Sal 28:9).

¡Vete al olvido! שכח

LOS ISRAELITAS HICIERON LO MALO ANTE LOS OJOS DEL SEÑOR, Y OLVIDARON AL SEÑOR SU DIOS, Y SIRVIERON A LOS BAALES Y A LAS IMÁGENES DE ASERA.

JUECES 3:7

No todos los olvidos son iguales. Por ejemplo, si me olvido de ir a la tintorería para recoger la ropa de mi esposa, eso es una cosa. Pero si, más tarde, mientras peleamos por ello, le grito: «¡Vete al olvido!», eso es muy distinto. Lo primero es una debilidad, pero lo segundo es una afrenta. En hebreo, *shakákj* («olvidar») suele pertenecer a la segunda categoría. Cuando el pueblo de Dios se prostituyó espiritualmente con las deidades cananeas, no fue como si simplemente el Señor hubiera desaparecido de su memoria: activamente lo rechazaron y desdeñaron su culto exclusivo. En este sentido, *shakákj* no es un desliz de la mente, sino una corrupción del corazón. Es como decirle a Dios: «¡Vete al olvido!».

Pablo consideraba sus antiguos logros religiosos como «basura» (en griego: *skubala* [argot para «excremento»]) en comparación con alcanzar a Cristo (Fil 3:8). Algunos versículos más adelante, dice: «Una cosa hago: [olvido] lo que queda atrás y [me extiendo] a lo que está delante», es decir, al «supremo llamamiento de Dios en Cristo» (3:13-14). Pablo, a la manera hebrea, está diciéndole a su pasado: «¡Vete al olvido!». Él desea —al igual que nosotros— conocer a Cristo y el poder de su resurrección (3:10). La fe consiste en *shakákj* todo lo que nos aleja de la vida y de la salvación en el Mesías, el cual, en su misericordia, se acuerda de nosotros.

«Levántate, oh Señor; alza, oh Dios, Tu mano. No te olvides de los pobres» (Sal 10:12).

17 DE JUNIO

Dios el mercader מכר

ENTONCES SE ENCENDIÓ LA IRA DEL SEÑOR CONTRA ISRAEL, Y LOS VENDIÓ EN MANOS DE CUSÁN RISATAIM, REY DE MESOPOTAMIA. Y LOS ISRAELITAS SIRVIERON A CUSÁN RISATAIM POR OCHO AÑOS.

JUECES 3:8

Cuando los hermanos de José optaron por no matarlo, lo *makár* («vendieron») a los ismaelitas (Gn 37:28). Si un soldado israelita traía a casa una prisionera de guerra y se casaba con ella, después no la podía *makár* (Dt 21:14). Además de la venta de personas, *makár* abarca también muchas transacciones comerciales, como la venta de tierras (Gn 47:20). En múltiples ocasiones, para disciplinar a su pueblo por su idolatría, Dios los *makár* a reyes extranjeros, como Cusán Risataim (Jue 3:8), Jabín (4:2), y los filisteos (10:7). El objetivo era llevarlos al arrepentimiento, para que recordaran el pacto y volvieran a confiar en él como su Dios redentor.

Sin embargo, en última instancia, había una sola manera de tratar definitiva y plenamente el mal que atormenta a la humanidad: el propio Hijo de Dios fue vendido por Judas Iscariote a cambio de «treinta [miserables] monedas de plata» (Mt 26:15). No obstante, el resultado de esa venta fue una redención inestimable para nosotros. No fuimos rescatados con «oro o plata, sino con sangre preciosa, como de un cordero sin tacha y sin mancha: la sangre de Cristo» (1P 1:18-19).

Padre celestial, aunque nuestros pecados sean como la grana, hazlos blancos como la nieve en la sangre del Cordero.

18 DE JUNIO

El rey ternero gordo עגל

LOS ISRAELITAS VOLVIERON A HACER LO MALO ANTE LOS OJOS DEL SEÑOR. ENTONCES EL SEÑOR FORTALECIÓ A EGLÓN, REY DE MOAB, CONTRA ISRAEL, PORQUE HABÍAN HECHO LO MALO ANTE LOS OJOS DEL SEÑOR […]; Y EGLÓN ERA UN HOMBRE MUY GRUESO.

JUECES 3:12, 17

Para burlarse de los enemigos de Israel, el Antiguo Testamento utiliza sin reservas algunas expresiones que hoy consideramos políticamente incorrectas o muy ofensivas. La breve historia de Eglón es una comedia cruda y sarcástica destinada a reírse del enemigo. Esta empieza con el nombre de Eglón, una forma de la palabra hebrea *éguel*, que significa becerro o ternero. También suena y luce como la palabra *agól*, que significa «redondo» o «rotundo». Este rey enemigo le hacía honor a su nombre, pues era en verdad «un hombre muy grueso» —«gordo como una vaca», como reza el insulto—. Al final de la historia, el que había llenado su barriga con demasiada comida se tragaría la daga que anunció su perdición.

Como inspirador y a la vez heredero de esta retórica hebrea mordaz y directa, Jesús no se refrenaría de referirse a Herodes como un zorro y a los fariseos como una camada de víboras. Pablo, también, ¡les dirá a sus oponentes judaizantes que deberían castrarse! (Gá 5:12). A veces, cuando están en juego la vida y la verdad, solo sirve el lenguaje más incisivo y audaz.

Aun en nuestro hablar, oh Señor, haznos astutos como las serpientes e inocentes como las palomas (Mt 10:16).

19 DE JUNIO

El peligroso zurdo hebreo אטר

PERO LOS HIJOS DE ISRAEL CLAMARON AL SEÑOR, Y EL SEÑOR LES LEVANTÓ UN LIBERTADOR, A AOD, HIJO DE GERA, BENJAMITA, EL CUAL ERA ZURDO. Y LOS HIJOS DE ISRAEL ENVIARON TRIBUTO CON ÉL A EGLÓN, REY DE MOAB. AOD SE HIZO UNA ESPADA DE DOS FILOS, DE UN CODO DE LARGO, Y LA ATÓ A SU MUSLO DERECHO DEBAJO DE LA ROPA.

JUECES 3:15-16

A diferencia de la literatura moderna, generalmente la Biblia no nos ofrece ninguna descripción física de sus personajes. En las raras ocasiones en que lo hace, debes sentarte y prestar atención: será importante. Aod, por ejemplo, es zurdo; literalmente, «un hombre atado [*ittér*] de la mano derecha». Esto podía significar «zurdo» o, más probablemente, ambidiestro (*cf.* Jue 20:16). En cualquier caso, la paradoja es divertida, pues Aod, que emplea su mano izquierda para matar a Eglón con una daga oculta, procede de la tribu de Benjamín, ¡cuyo nombre significa «hijo de la mano derecha»! Nada más propio de Dios que utilizar un libertador de lo más inverosímil para romper las cadenas de su pueblo.

Aod procede, en efecto, de una larga línea de salvadores paradójicos que concluirá con el Salvador mismo. Este es hombre, pero también es Dios; es rechazado, pero glorificado; y su ejecución es la muerte de la propia muerte. Así actúa Dios, cuya locura es más sabia que los hombres (1Co 1:25).

«En Tu mano encomiendo mi espíritu; Tú me has redimido, oh Señor, Dios de verdad» (Sal 31:5).

20 DE JUNIO

La abeja madre profética דבורה

DÉBORA, PROFETISA, MUJER DE LAPIDOT, JUZGABA A ISRAEL EN AQUEL TIEMPO. ELLA SE SENTABA DEBAJO DE LA PALMERA DE DÉBORA ENTRE RAMÁ Y BETEL, EN LA REGIÓN MONTAÑOSA DE EFRAÍN; Y LOS ISRAELITAS SUBÍAN A ELLA A PEDIR JUICIO.

JUECES 4:4-5

El nombre Débora significa «abeja» (*deborá*) en hebreo (Dt 1:44). En una época de la historia de Israel marcada por el miedo, la dulce miel de su liderazgo, sabiduría y valor fue muy necesaria. Ella era una *nebiyá*, una profetisa, una de varias que aparecen en la Biblia, como Miriam (Éx 15:20), Hulda (2R 22:14), Noadías (Neh 6:14), la esposa de Isaías (Is 8:3), Ana (Lc 2:36) y una falsa profetisa de la Iglesia de Tiatira (Ap 2:20). El pueblo de Dios acudía a Débora en busca de *mishpat* (justicia o juicio). Ella era la portavoz de Dios, al igual que los demás profetas, por medio de los cuales el Señor revelaba su voluntad a su pueblo. Cuando Débora llamó a Barac para que llevara a Israel a la batalla, y él vaciló y titubeó, ella marchó valientemente con las tropas junto a él.

En el cántico que escribió sobre la batalla, Débora se autodenomina «madre en Israel» (5:7). Engendró una nueva esperanza para la nación. Tras sus pasos vino otra madre en Israel, la cual lleva el nombre de la profetisa Miriam (= María), y que engendró la esperanza encarnada: el Salvador que «[lleva] a la victoria la justicia» (Mt 12:20).

Bendito seas, oh Señor, por levantar mujeres como voceras de tu sabiduría y tu gracia.

21 DE JUNIO

La hora del martillo מקבת

PERO JAEL, MUJER DE HEBER, TOMÓ UNA ESTACA DE LA TIENDA Y TOMANDO EN LA MANO UN MARTILLO, SE LE ACERCÓ SILENCIOSAMENTE Y LE CLAVÓ LA ESTACA EN LAS SIENES, LA CUAL PENETRÓ EN LA TIERRA, PUES ÉL ESTABA PROFUNDAMENTE DORMIDO Y AGOTADO, Y MURIÓ.

JUECES 4:21

Cuando Sísara, el enemigo de Israel, huía, Jael lo engañó para que entrara a dormir en su tienda. Nunca despertó. Luego de saciar la sed de él con leche y de cubrirlo con una manta, Jael esperó que estuviera profundamente dormido, y entonces esta ama de casa se convirtió en guerrera. Con una estaca de la tienda y un *macquébet* («martillo») en las manos, se abalanzó sobre el general y le clavó la estaca en la cabeza. «Bendita entre las mujeres es Jael», cantó Débora, pues destrozó el cráneo del enemigo (5:24-27). En el siglo II a. C., cuando los judíos se rebelaron contra sus amos seléucidas, la familia líder eran los Macabeos o «Los Martillos». Pero Jael se les adelantó. Esta mujer con *macquébet* merece ser llamada la Matriarca de los Macabeos.

Una vez más, por medio de una mujer, Dios aplastó el cráneo de un enemigo. Una vez más, se presagia el aplastamiento definitivo del enemigo supremo por la simiente de la mujer (Gn 3:15). La breve historia de Jael encaja perfectamente con la larga historia del evangelio del Mesías que aplasta cráneos.

«Oh Dios, Señor, poder de mi salvación, Tú cubriste mi cabeza en el día de la batalla» (Sal 140:7).

La langosta ארבה

[LOS MADIANITAS CON LOS AMALECITAS Y LOS HIJOS DEL ORIENTE] ACAMPABAN FRENTE A ELLOS Y DESTRUÍAN EL PRODUCTO DE LA TIERRA HASTA GAZA, Y NO DEJABAN SUSTENTO ALGUNO EN ISRAEL, NI OVEJA, NI BUEY, NI ASNO. PORQUE SUBÍAN CON SU GANADO Y SUS TIENDAS, Y ENTRABAN COMO LANGOSTAS EN MULTITUD. TANTO ELLOS COMO SUS CAMELLOS ERAN INNUMERABLES, Y ENTRABAN EN LA TIERRA PARA DEVASTARLA.

JUECES 6:4-5

La *arbé* («langosta») se desplaza a través de toda la Biblia. Encontramos por primera vez este insecto en Egipto, durante la octava plaga (Éx 10). Más tarde, las langostas devoradoras se incluyen en la desgarradora lista de maldiciones con las que Dios castigará a Israel si desprecia su pacto (Dt 28:38). El profeta Joel predica tras una plaga de langostas (1:4). Cuando el autor de Jueces busca una metáfora para describir cómo hordas de pueblos vecinos habían devorado los productos de la tierra, dice que eran «como langostas en multitud». Por último, en Apocalipsis, las macabras langostas causan desgracias sobre la tierra (9:1-12).

Sin embargo, encontramos al precursor de Jesús masticando la *arbé*. Juan hizo de las langostas su almuerzo profético (Mt 3:4). El que preparó el camino para el Mesías indicó, aun en su elección de alimentos, que nuestro Señor devoraría al devorador, se tragaría la maldición y nos proporcionaría el alimento de la bendición.

Señor de la creación, sé nuestra torre de defensa contra todo lo que pueda dañar el cuerpo o el alma.

23 DE JUNIO

Los consortes cananeos בעל אשרה

AQUELLA MISMA NOCHE EL SEÑOR LE DIJO [A GEDEÓN]: «TOMA EL NOVILLO DE TU PADRE Y OTRO NOVILLO DE SIETE AÑOS. DERRIBA EL ALTAR DE BAAL QUE PERTENECE A TU PADRE Y CORTA LA ASERA QUE ESTÁ JUNTO A ÉL. EDIFICA DESPUÉS, EN DEBIDA FORMA, UN ALTAR AL SEÑOR TU DIOS SOBRE LA CUMBRE DE ESTE PEÑASCO. TOMA EL SEGUNDO NOVILLO Y OFRECE HOLOCAUSTO CON LA LEÑA DE LA ASERA QUE HAS CORTADO».

JUECES 6:25-26

En el panteón cananeo, Baal y Asera eran una pareja popular. Baal, un dios menor, era la deidad del cielo; Asera era la diosa de la fertilidad. A Baal se le ofrecían sacrificios para obtener buen tiempo y buenas cosechas, y a Asera, para la fertilidad y los hijos. Una tierra fértil y vientres fecundos eran necesidades elementales, especialmente en el mundo antiguo. Los israelitas, que compartían esas necesidades, y padecían —como enfermos crónicos— de un ojo idólatra inquieto, se convirtieron frecuentemente en devotos de Baal y Asera. Tal era el caso de la familia de Gedeón, que tenía un altar a Baal y un poste de Asera en su patio trasero.

El sincretismo —adorar al Dios verdadero además de deidades falsas— era, y sigue siendo, la principal tentación de la humanidad. Por eso, «No tendrás otros dioses» siempre nos acusa, induciéndonos al arrepentimiento y la fe. Solo en el Padre, el Hijo y el Espíritu nuestros corazones siempre inquietos hallan paz y descanso permanente.

Enséñanos, Padre, a temerte, amarte y confiar en ti por encima de todo.

El apodo de Gedeón ירבעל

PERO JOÁS DIJO A TODOS LOS QUE ESTABAN CONTRA ÉL: «¿LUCHARÁN USTEDES POR BAAL, O LO LIBRARÁN? A CUALQUIERA QUE LUCHE POR ÉL, SE LE DARÁ MUERTE ANTES DE LLEGAR LA MAÑANA. SI ES UN DIOS, QUE LUCHE POR SÍ MISMO, PORQUE ALGUIEN HA DERRIBADO SU ALTAR». POR TANTO, AQUEL DÍA GEDEÓN FUE LLAMADO JEROBAAL, ES DECIR, QUE BAAL LUCHE CONTRA ÉL, PORQUE HABÍA DERRIBADO SU ALTAR.

JUECES 6:31-32

En este breve intercambio aparecen múltiples formas de la palabrita *rib*. A menudo significa altercar o contender. También tiene una connotación legal, pudiendo significar «actuar como abogado defensor». Cuando la gente del pueblo le dice a Joás que su hijo debe ser ejecutado por haber derribado el santuario de Baal, él se burla, como preguntando: «¿Acaso ustedes son los abogados de Baal? ¿Qué clase de dios mediocre necesita contratar a un bufete de abogados?». Aparentemente convencidos por este argumento, los ciudadanos, utilizando un juego de palabras, dan más tarde a este destructor de altares el apodo de Jerobaal, que significa «Que Baal luche [contra él]». Después de todo, si una deidad no es capaz de rescatarse a sí misma, debe de ser un fracaso total como dios.

¡Qué diferente es el Dios verdadero! «Ciertamente cercana está Su salvación para los que le temen» (Sal 85:9). Su Hijo se llama Jesús, «porque Él salvará a Su pueblo de sus pecados» (Mt 1:21). En él «tenemos Abogado para con el Padre, a Jesucristo el Justo» (1Jn 2:1).

Jesús, amigo de los pecadores, abogado y hermano nuestro, defiéndenos con tu poder omnipotente.

25 DE JUNIO

Dios el refinador צרף

ENTONCES EL SEÑOR DIJO A GEDEÓN: «TODAVÍA EL PUEBLO ES DEMASIADO NUMEROSO. HAZLOS BAJAR AL AGUA Y ALLÍ TE LOS PROBARÉ. Y SERÁ QUE DE QUIEN YO TE DIGA: "ESTE IRÁ CONTIGO", ESE IRÁ CONTIGO. PERO TODO AQUEL DE QUIEN YO TE DIGA: "ESTE NO IRÁ CONTIGO", ESE NO IRÁ».

JUECES 7:4

Dios quería que la fuerza militar de Gedeón fuera superada en número. De lo contrario, cuando salieran victoriosos, podrían jactarse: «Mi propia fortaleza me ha librado» (7:2). Así que, en primer lugar, redujo sus fuerzas de treinta y dos mil a diez mil. No obstante, seguían siendo demasiados, así que el Señor *tsaráf* («refinó») el resto. La traducción «probaré» es un poco engañosa. El Señor es un metalúrgico que funde la escoria. Pero su método no es el fuego, sino el agua. Eligió a cada soldado que lamió el agua de su mano como un perro. Los trescientos hombres que quedaron fueron los soldados perros de Gedeón.

La Palabra de Dios es «acrisolada», es decir, pura (2S 22:31), «Plata probada en un crisol en la tierra, siete veces refinada» (Sal 12:6). Con esa misma Palabra funde «mi mente y mi corazón» (26:2). En efecto, el Mesías mismo es como «fuego de fundidor» (Mal 3:2). Él quema la escoria de nuestro pecado en el fuego del bautismo (Mt 3:11) para que podamos ser «puros e irreprensibles para el día de Cristo» (Fil 1:10).

Padre bondadoso, refínanos en el fuego de tu misericordia, a fin de que, teniendo un corazón puro, podamos verte.

26 DE JUNIO

Shofar שׁופר

Y [GEDEÓN] DIVIDIÓ LOS 300 HOMBRES EN TRES COMPAÑÍAS, Y PUSO TROMPETAS Y CÁNTAROS VACÍOS EN LAS MANOS DE TODOS ELLOS, CON ANTORCHAS DENTRO DE LOS CÁNTAROS.

JUECES 7:16

El pequeño ejército de Gedeón lucía como un grupo de estudiantes que acababan de salir de la clase de alfarería para ir a ensayar con la banda. Nada de fusiles semiautomáticos ni granadas, solo cántaros de barro, antorchas y un *shofar* en la mano. El *shofar*, conocido instrumento hebreo fabricado con un cuerno de carnero ahuecado, era utilizado en el culto israelita y en la batalla. Al amparo de la noche, el ejército de Gedeón rompió sus cántaros, alzó sus antorchas y tocó el *shofar*. El ejército madianita, enloquecido de pánico, se acuchilló mutuamente. Israel derrotó a su enemigo sin siquiera desenvainar sus espadas.

La victoria final del Mesías ocurrirá cuando «enviará a Sus ángeles con una gran trompeta» (Mt 24:31). «El Señor mismo descenderá del cielo con voz de mando, con voz de arcángel y con la trompeta de Dios» (1Ts 4:16). Todo esto sucederá «en un momento, en un abrir y cerrar de ojos, a la trompeta final. Pues la trompeta sonará y los muertos resucitarán incorruptibles, y nosotros seremos transformados» (1Co 15:52). El toque del *shofar* celestial sonará de un extremo al otro de la creación para anunciar la derrota de la muerte y el triunfo perpetuo de nuestro Señor resucitado.

Prepara nuestros oídos, oh Señor, y prepara nuestros corazones para alegrarnos con el toque del *shofar* de la resurrección.

27 DE JUNIO

El efod de la prostituta אפוד

EL PESO DE LOS ZARCILLOS DE ORO QUE ÉL PIDIÓ FUE DE 1,700 SICLOS [...] DE ORO, SIN CONTAR LOS ADORNOS DE MEDIA LUNA, LOS PENDIENTES Y LOS VESTIDOS DE PÚRPURA QUE LLEVABAN LOS REYES DE MADIÁN Y SIN CONTAR LOS COLLARES QUE LLEVABAN SUS CAMELLOS AL CUELLO. GEDEÓN HIZO DE ELLO UN EFOD, Y LO COLOCÓ EN OFRA, SU CIUDAD, CON EL CUAL TODO ISRAEL SE PROSTITUYÓ ALLÍ, Y ESTO VINO A SER RUINA PARA GEDEÓN Y SU CASA.

JUECES 8:26-27

Gedeón empezó bien, pero acabó mal. El Espíritu del Señor lo había revestido para la victoria (Jue 6:34 NTV). Pero ¿qué hizo luego? Como un perro que muerde la mano que le da de comer, se volvió contra su amo divino. El poder le hinchó la cabeza. Deleitándose en su propio éxito, el que había sido revestido del Espíritu vistió a un ídolo con un *efod* hecho del botín de guerra. Un efod es una vestidura especial que un sacerdote lleva sobre el pecho (Éx 28:6-14). El efod de Gedeón, probablemente colocado sobre una imagen pagana, era el efod de una ramera, pues «todo Israel se prostituyó allí», en adulterio espiritual.

Gedeón, un hombre de fe (Heb 11:32), fue también un hombre de ambición egoísta; un libertador con una terrible necesidad de ser liberado él mismo. Gracias a Dios que, al pie de la cruz de Cristo, hay todo un armario, lleno de vestiduras de salvación, en el que la talla única de Cristo se ajusta a todos.

Señor misericordioso, despójanos de nuestras sucias vestiduras y envuélvenos con tu amor que absuelve.

28 DE JUNIO

El rey zarza אטד

«DIJERON ENTONCES TODOS LOS ÁRBOLES A LA ZARZA: "VEN TÚ, REINA SOBRE NOSOTROS". Y LA ZARZA DIJO A LOS ÁRBOLES: "SI EN VERDAD ME UNGEN POR REY SOBRE USTEDES, VENGAN Y REFÚGIENSE A MI SOMBRA; Y SI NO, SALGA FUEGO DE LA ZARZA Y CONSUMA LOS CEDROS DEL LÍBANO"».

JUECES 9:14-15

En comparación con el NT y los primeros escritos rabínicos, donde las *mashalím* («parábolas» o «alegorías») abundan, estas son relativamente pocas en el AT. La fábula de Jotam, en Jueces 9, es una de las más memorables. Los árboles, en busca de un rey, ofrecen ungir al olivo, a la higuera y a la vid. Sin embargo, los tres se niegan. No así el *atád* («zarza», una especie de espino cerval o cambrón). Este escuálido arbusto, lleno de espinas, representa al vil Abimelec, asesino de hermanos, que había sido coronado por los insensatos ciudadanos de Siquem. Al final, como predijo Jotam, este rey zarza le prendió fuego a su propio pueblo. Más tarde, una mujer, utilizando como arma una piedra de molino, le aplastó el cráneo. No todas las fábulas, al parecer, terminan con «fueron felices para siempre».

La corona de espinas puesta sobre la cabeza del Rey de reyes pretendía ser una burla, pero resultó muy apropiada, pues el Mesías también murió por los despreciables. Murió por los asesinos, por los ladrones y —la peor amenaza— por aquellos que se creen moralmente superiores. Su corona de zarzas marca la realeza verdadera, desinteresada y divina.

Oh Rey coronado de espinas, amante de la humanidad, reina sobre nosotros con el poder de tu absolución.

29 DE JUNIO

Shibólet שבלת

Y SE APODERARON LOS GALAADITAS DE LOS VADOS DEL JORDÁN AL LADO OPUESTO DE EFRAÍN. CUANDO ALGUNO DE LOS FUGITIVOS DE EFRAÍN DECÍA: «DÉJENME CRUZAR», LOS HOMBRES DE GALAAD LE DECÍAN: «¿ERES EFRATEO?». SI ÉL RESPONDÍA: «NO», ENTONCES, LE DECÍAN: «DI, PUES, LA PALABRA SHIBOLET». PERO ÉL DECÍA: «SIBOLET», PORQUE NO PODÍA PRONUNCIARLA CORRECTAMENTE. ENTONCES LE ECHABAN MANO Y LO MATABAN JUNTO A LOS VADOS DEL JORDÁN.

JUECES 12:5-6

En nuestros tiempos, un *shibólet* es un dicho grupal interno que tiene el deliberado propósito de excluir. Construye muros lingüísticos o ideológicos que comunican: «Estás dentro» o «Estás fuera». Originalmente, la palabra hebrea significaba «espiga de maíz» o «flujo de agua» (los estudiosos están divididos al respecto), pero lo esencial no es la definición. Lo importante era si tu lengua era capaz de pronunciarla con acento galaadita. Lo deprimente del baño de sangre de Jueces es que se trató de una guerra entre hermanos israelitas. Desconocer la «contraseña» significó no volver a ver el amanecer. El habla y la matanza tienen una larga y accidentada historia en la humanidad.

La noche del arresto de Jesús, Pedro fue reconocido por su acento galileo (Mt 26:73). Este hermano negaría tres veces a su hermano; el discípulo negaría a su rabino. Gracias a Dios que, aunque el cuerpo de Jesús fue herido y golpeado de pies a cabeza, su lengua permaneció intacta, para que pudiera interceder por nosotros con palabras que su Padre escucharía, entendería y respondería.

«Oh Señor, Tú has oído el deseo de los humildes; Tú fortalecerás su corazón e inclinarás Tu oído» (Sal 10:17).

30 DE JUNIO

Nada de barberos, bares ni cadáveres נזיר

ENTONCES EL ÁNGEL DEL SEÑOR SE LE APARECIÓ A LA MUJER, Y LE DIJO: «TÚ ERES ESTÉRIL Y NO HAS TENIDO HIJOS, PERO VAS A CONCEBIR Y A DAR A LUZ UN HIJO. AHORA PUES, CUÍDATE DE NO BEBER VINO NI LICOR, Y DE NO COMER NINGUNA COSA INMUNDA. PORQUE VAS A CONCEBIR Y A DAR A LUZ UN HIJO. ÉL NO PASARÁ NAVAJA SOBRE SU CABEZA, PORQUE EL NIÑO SERÁ NAZAREO PARA DIOS DESDE EL SENO MATERNO. Y ÉL COMENZARÁ A SALVAR A ISRAEL DE MANOS DE LOS FILISTEOS».

JUECES 13:3-5

El nombre nazareo (*nazír*) proviene de *nazár* («separarse»). Prometían *nazár* de cortarse el pelo, consumir productos de la vid y tener contacto con cualquier cadáver (Nm 6:1-21). Este voto solía ser temporal, pero el de Sansón fue de por vida. No obstante, como nazareo fue un absoluto inepto, no solo por comer miel en el cadáver de un león, sino por haberse embriagado de Dalila.

Tal vez Juan el Bautista era nazareo, pues no debía consumir «vino ni licor» (Lc 1:15). Tanto Sansón como Juan dieron su vida sirviendo al Señor. Sansón «salvó a Israel» y Juan extendió la alfombra profética para el Mesías. Ambos fueron agentes del plan divino que culminó en Aquel que, por su gran amor, cuenta hasta los cabellos de nuestra cabeza.

«Y aun en la vejez y las canas, no me desampares, oh Dios, hasta que anuncie Tu poder a esta generación, Tu poderío a todos los que han de venir» (Sal 71:18).

1 DE JULIO

Chico soleado perseguidor de faldas שמשון

Y LA MUJER DIO A LUZ UN HIJO Y LE PUSO POR NOMBRE SANSÓN. EL NIÑO CRECIÓ Y EL SEÑOR LO BENDIJO. Y EL ESPÍRITU DEL SEÑOR COMENZÓ A MANIFESTARSE EN ÉL EN MAJANÉ DAN, ENTRE ZORA Y ESTAOL.

JUECES 13:24-25

La ortografía española de los nombres bíblicos suele derivar de traducciones griegas y latinas, por lo que a menudo estos no suenan como el hebreo original. Sansón es un buen ejemplo. En hebreo, su nombre es *Shimshón*, que es una forma diminutiva de *shémesh* («sol»). Sansón es el chico soleado. Sin embargo, las brillantes esperanzas asociadas a Shimshón se vieron frecuentemente eclipsadas por su lunática adicción a perseguir faldas.

> Sansón era un fortachón débil.
> Un débil fortachón era él.
> Una simple damisela seductora
> Podía aplastarlo como a una pulga.

La lujuria y el poder de *Shimshón* fueron su perdición —las grietas en la armadura de muchos hombres—. Bendito e impulsado por el Espíritu, fue al mismo tiempo maldito e impulsado por la pasión. Santo y pecador, una abigarrada mezcla de bien divino con desdicha humana. El chico soleado, tal como todos nosotros —seres mortales autodestructivos—, necesitaba los rayos de la misericordia: esos que brotan del Sol de justicia, el Mesías que se levanta trayendo salud en sus alas (Mal 4:2).

Oh Señor Dios, nuestro sol y nuestro escudo, concédenos gracia y gloria (Sal 84:11).

Sansón ríe último שחק

EL EDIFICIO ESTABA LLENO DE HOMBRES Y MUJERES, Y TODOS LOS PRÍNCIPES DE LOS FILISTEOS ESTABAN ALLÍ. Y SOBRE LA AZOTEA HABÍA COMO 3 000 HOMBRES Y MUJERES MIRANDO MIENTRAS SANSÓN LOS DIVERTÍA.

JUECES 16:27

El hebreo es una lengua ambigua, a veces juguetona, que hace guiños a las posibilidades. Un ejemplo magistral se encuentra en el acto final de Sansón. Las letras שׁ (sh) y שׂ (s) solo se distinguen por el punto en la parte superior derecha o izquierda. En los pergaminos originales, esos puntos no existían; el lector sencillamente debía saber pronunciar la palabra. El verbo traducido aquí como «divertía», *sakjác* (con שׂ), podría también leerse como «aplastaba», el verbo *shakjác* (con שׁ). Por lo tanto, mientras los filisteos miraban, ¿Sansón los divertía o los aplastaba? ¡Sí! Ambas cosas. Con un ingenioso doble sentido, el autor bíblico nos está insinuando que, aunque Sansón haya sido cegado y ridiculizado, fue él quien rió último.

Pese a todos sus defectos, Sansón cumplió su vocación de liberar a Israel con gran esfuerzo y sacrificio. Los enemigos que mató al morir fueron más de los que mató durante su vida (v. 30). Vemos aquí un anticipo del propio Redentor, cuyo sacrificio aplastó a todos nuestros enemigos a fin de que nosotros, y no el diablo, seamos los últimos en reír.

Señor del sacrificio y Dios de la alegría, provoca en nuestros corazones la risa de la fe que se alegra de tu obra salvadora.

Hondas y pecado חטא

DE TODA ESTA GENTE, 700 HOMBRES ESCOGIDOS ERAN ZURDOS; CAPACES CADA UNO DE LANZAR CON LA HONDA UNA PIEDRA A UN CABELLO SIN ERRAR.

JUECES 20:16

Estos honderos zurdos de gran precisión nos dan una idea del significado del verbo *kjatá*, comúnmente traducido como «pecar». «Sin errar», en hebreo, es sin *kjatá*. *Kjatá* es errar el tiro. Del mismo modo, en Proverbios 19:2 (NBV), el que va de prisa «*kjatá* el camino», equivoca el camino. Pecar, por tanto, es no estar a la altura de una expectativa o de un deber; es ser menos de lo que Dios se ha propuesto lograr con nosotros. No se puede *kjatá* a menos que haya una norma objetiva, una ley, una meta. El objetivo del Señor para nosotros es que seamos plenamente su imagen en la tierra; aquello para lo cual nos creó. Como pecadores, no es que no tengamos un objetivo: siempre aspiramos a algo. Lo que ocurre es que, en lugar de la vida de amor sacrificial compendiada en las leyes divinas, nuestros objetivos suelen reflejar una búsqueda egoísta de ser justos a nuestra manera.

Jesús no solo no erró nunca el tiro, sino que dio en el blanco de Dios por todos nosotros. No fue simplemente un «buen chico» que jamás rompió las reglas. Fue plena y perfectamente humano, tal como su Padre quería que fuéramos todos nosotros. Bautizados en su cuerpo, somos así restaurados a la imagen que Dios desea que todos compartamos.

«Oh Señor, ten piedad de mí; sana mi alma, porque contra Ti he pecado» (Sal 41:4).

Belén: Casa de pan בית לחם

ACONTECIÓ QUE EN LOS DÍAS EN QUE GOBERNABAN LOS JUECES, EN ISRAEL HUBO HAMBRE EN EL PAÍS. Y UN HOMBRE DE BELÉN DE JUDÁ FUE A RESIDIR EN LOS CAMPOS DE MOAB CON SU MUJER Y SUS DOS HIJOS.

RUT 1:1

Los largos y gélidos inviernos de Hell, Michigan, hacen que el nombre de esa ciudad (*hell*, en español, es «infierno») resulte bastante paradójico. En algún momento, lo mismo sucedió con *Beit Lekjem* («Casa de pan»). Durante una hambruna, la Casa de pan no tuvo pan. Tal como la hambruna de la época de Abraham y Sara provocó su viaje a Egipto, esta provocó el viaje de Noemí y su familia a Moab. Entre bastidores, en ambos exilios, se hallaba la mano del Redentor, orquestando acontecimientos que, tras varias generaciones, conducirían a actos de salvación: primero, el éxodo de Israel, en Egipto, y, segundo, el nacimiento de David, rey de Israel, en Belén. En las manos del músico divino, una ocasión de grave disonancia fue la oportunidad perfecta para escribir una balada de liberación y alegría.

En perfecta sintonía con esta música divina se produjo el nacimiento del Mesías en *Beit Lekjem*. El pan de Dios, el pan de vida, celebra su nacimiento en la Casa de pan. En este cosmos de tinieblas y desesperanza, se oyó nuevamente en el viento el susurro de un antiguo cántico de liberación y alegría.

Buen Pastor, que preparas una mesa delante de nosotros en presencia de nuestros enemigos, aliméntanos con el pan de vida.

5 DE JULIO

Amor intraducible חסד

Y NOEMÍ DIJO A SUS DOS NUERAS: «VAYAN, REGRESE CADA UNA A LA CASA DE SU MADRE. QUE EL SEÑOR TENGA MISERICORDIA DE USTEDES COMO USTEDES LA HAN TENIDO CON LOS QUE MURIERON Y CONMIGO».

RUT 1:8

Muchas palabras hebreas, tales como amén, aleluya, querubín y hosanna, han migrado al español de manera simple. Ojalá hubiera ocurrido lo mismo con *kjésed*, pues en nuestro idioma no existe un equivalente sencillo. Se ha traducido como «amor indefectible, amor firme, misericordia, benevolencia, fidelidad, bondad, gracia». No obstante, tratar de comprimir en una pequeña palabra española una palabra tan grande como *kjésed* es como intentar atrapar una cascada en una taza. Noemí la utiliza al dirigirse a sus nueras («que el Señor tenga *kjésed* de ustedes»), como también lo hará más tarde, cuando dé gracias a Dios porque no ha rehusado su *kjésed* ni a los vivos ni a los muertos (2:20).

Kjésed es un amor verdaderamente intraducible. Misericordia sin límites. Fidelidad al pacto aunque a Dios le cueste la vida de su Hijo amado. *Kjésed* es el corazón palpitante de Dios manifestado en forma de cruz. Es el tipo de amor que nos persigue hasta los confines de la tierra, nos recoge, nos coloca sobre hombros divinos y baila todo el camino de vuelta a casa. En realidad, hay una sola palabra que abarca la totalidad de lo que significa *kjésed*: Cristo. Él es el *kjésed* encarnado del Padre.

«Acuérdate, oh Señor, de Tu *kjésed* y de Tus misericordias, que son eternas» (Sal 25:6).

Llámenme Amarga מרר

ELLA LES DIJO: «NO ME LLAMEN NOEMÍ, LLÁMENME MARA, PORQUE EL TRATO DEL TODOPODEROSO ME HA LLENADO DE AMARGURA. LLENA ME FUI, PERO VACÍA ME HA HECHO VOLVER EL SEÑOR. ¿POR QUÉ ME LLAMAN NOEMÍ, YA QUE EL SEÑOR HA DADO TESTIMONIO CONTRA MÍ Y EL TODOPODEROSO ME HA AFLIGIDO?».

RUT 1:20-21

De la boca de Noemí no salen lugares comunes. Es franca. Es sincera. La mano de Dios la ha golpeado (v. 13); la ha amargado; la ha vaciado de todo; ha traído sobre ella calamidad (literalmente, «mal»); y ha testificado contra ella. El que debería defender a las viudas (Sal 68:5) ha demolido su vida. Como ya casi no es la misma mujer, cambia su propio nombre (la única persona de las Escrituras que lo hace). Ya no será Placentera («Noemí»), sino Amarga («Mara»), «porque el Señor la ha llenado de *marár*».

Noemí personifica a aquel que se lamenta. Dios no quiere chupamedias ni lamebotas. Quiere hijos honestos. Por eso nos ha dado los salmos de lamentación; oraciones amargas y crudas para aquellos que sufren. Al igual que Noemí, ponemos a los pies del Señor nuestros corazones magullados y sangrantes. Clamamos al mismo que ofreció «oraciones y súplicas con gran clamor y lágrimas al que lo podía librar de la muerte» (Heb 5:7). Y él nos escucha, nos ama y, cuando llega el momento, actúa para curarnos y consolarnos, como lo hizo con Noemí.

Pon el bálsamo curativo de tu misericordia, oh Señor, en las heridas de nuestros corazones rotos.

7 DE JULIO

Advertir lo inadvertido נכר

ENTONCES BOOZ DIJO A RUT: «OYE, HIJA MÍA. NO VAYAS A ESPIGAR A OTRO CAMPO; TAMPOCO PASES DE AQUÍ, SINO QUÉDATE CON MIS CRIADAS». [...] ELLA BAJÓ SU ROSTRO, SE POSTRÓ EN TIERRA Y LE DIJO: «¿POR QUÉ HE HALLADO GRACIA ANTE SUS OJOS PARA QUE SE FIJE EN MÍ, SIENDO YO EXTRANJERA?».

RUT 2:8, 10

Como viuda y extranjera, Rut se hallaba en una peligrosa vulnerabilidad. La podían maltratar o difamar; la podían ignorar como a alguien despreciable, como a una *persona non grata*. Misericordia era lo último que esperaba recibir. Por eso, cuando «halló gracia» ante los ojos de Booz, se sorprendió de que este se fijara en ella, una extranjera. Rut utilizó una hermosa expresión retórica. «Fijarse» es una forma del verbo *nakár*, y una «extranjera» es una *nokriyá*. Para captar el juego de palabras, podríamos decir que Rut le pregunta a Booz, su redentor y futuro esposo: «¿Por qué ha advertido lo inadvertido?».

A menudo sentimos que nuestras vidas carecen de sentido y valor. ¿Tenemos alguna importancia? ¿Hay alguien que realmente nos vea? Nuestro Redentor, el Esposo de la Iglesia, ciertamente lo hace. Él *nakár* a los *nokriyá*. Advierte a los inadvertidos. «Hasta los cabellos de la cabeza de ustedes están todos contados» (Mt 10:30). Él cuenta tus lágrimas (Sal 56:8). Ante sus ojos, todos hemos hallado gracia abundante.

Oh Señor, cuyos ojos están sobre los justos y cuyos oídos están atentos al clamor de ellos, ve y oye a estos tus hijos (Sal 34:15).

Una propuesta matrimonial arriesgada כנף

CUANDO [BOOZ] HABÍA COMIDO Y BEBIDO, Y SU CORAZÓN ESTABA CONTENTO, SE RETIRÓ A DORMIR A UN LADO DEL MONTÓN DE GRANO. ENTONCES [RUT] FUE SILENCIOSAMENTE, DESTAPÓ UN SITIO A SUS PIES Y SE ACOSTÓ. Y SUCEDIÓ QUE A LA MEDIANOCHE [BOOZ] SE ESTREMECIÓ Y SE DIO VUELTA. ¡Y HE AQUÍ QUE UNA MUJER ESTABA ACOSTADA A SUS PIES! ENTONCES ÉL LE PREGUNTÓ: —¿QUIÉN ERES TÚ? Y ELLA RESPONDIÓ: —YO SOY RUT, TU SIERVA. EXTIENDE TUS ALAS SOBRE TU SIERVA, PORQUE TÚ ERES PARIENTE REDENTOR.

RUT 3:7-9 *RVA-2015*

Al amparo de la oscuridad, Rut se acercó en puntillas a Booz, que dormitaba tras un duro día de trabajo y algunas bebidas refrescantes. Dado que «pies» suele ser un eufemismo bíblico para referirse a las partes íntimas, es posible que le haya quitado el manto y se haya tendido junto a su cuerpo parcialmente desnudo. Sobresaltado, Booz despertó y le dijo: «¿Quién eres tú?». Era el momento que Rut estaba esperando. Después de identificarse, ella —a la manera hebrea— formuló la pregunta; le pidió que «extendiera sus alas» sobre ella. Una *kanáf* («ala») se refiere a la esquina de una prenda de vestir. «Extender la *kanáf*» es tomar una esposa (Ez 16:8). Rut está pidiéndole a su *goél*, su redentor, que la haga su esposa.

Esta arriesgada propuesta de matrimonio ejemplifica el valor y la audacia de Rut. Esta mujer de fe, que confió en la gracia que su redentor ya le había mostrado (2:10), es un modelo para nosotros de la imperturbable audacia con la que podemos acercarnos a nuestro Señor redentor.

Pon audacia en nuestros corazones, bondadoso Redentor, para pedir, buscar y llamar, sabiendo que responderás.

9 DE JULIO

Fulano de Tal פלני אלמני

BOOZ SUBIÓ A LA PUERTA Y ALLÍ SE SENTÓ, Y CUANDO EL PARIENTE MÁS CERCANO DE QUIEN BOOZ HABÍA HABLADO IBA PASANDO, LE DIJO: «OYE, AMIGO, VEN ACÁ Y SIÉNTATE». Y ÉL VINO Y SE SENTÓ. Y BOOZ TOMÓ DIEZ HOMBRES DE LOS ANCIANOS DE LA CIUDAD, Y LES DIJO: «SIÉNTENSE AQUÍ». Y ELLOS SE SENTARON.

RUT 4:1-2

La abreviatura latina N. N. (*nomen nescio*, «Desconozco el nombre») se utiliza para referirse a una persona anónima. En español decimos «Fulano de Tal» o podemos hablar de «Juan Pérez». El equivalente hebreo es *peloní almoni*. Aunque en Rut 4:1 se traduce «amigo», es más como «Oye, tú». Este *peloní almoni*, aunque tiene la prioridad para redimir a Rut, opta por no cumplir con su deber. Esto, desde luego, es una buena noticia para Rut y Booz, pero es también algo que mancha a este hombre. Así, en un libro lleno de nombres y con un profundo interés en la genealogía, este sujeto tan poco redentor será conocido para siempre como, simplemente, *peloní almoni*.

Este relato que comienza con tristeza concluye con alegría cuando Booz y Rut tienen un hijo; un niño llamado Obed, que crecerá para ser padre de Isaí, quien a su vez será el padre de David. Lejos de ser *peloní almoni*, su nombre quedará grabado para siempre en la memoria de Israel, al igual que su heredero: el Hijo de David, el Mesías, Cristo nuestro Redentor.

Oh Rey salvador, recibe toda la alabanza por conocernos y llamarnos a cada uno por nuestro nombre.

El vientre compasivo רחם

«Y CUANDO LLEGABA EL DÍA EN QUE ELCANA OFRECÍA SACRIFICIO, DABA PORCIONES A PENINA SU MUJER Y A TODOS SUS HIJOS E HIJAS. Y AUNQUE A ANA LE DABA UNA SOLA PORCIÓN, ÉL LA AMABA, A PESAR DE QUE EL SEÑOR HABÍA CERRADO SU MATRIZ».

1 SAMUEL 1:4-5 RVA-2015

Los israelitas saltaban con garrocha por encima de (lo que nosotros llamamos) las causas científicas o físicas de los acontecimientos. Iban directamente a la fuente: «Dios lo hizo». Así, Ana no tenía hijos porque «el Señor había cerrado su *rékjem* ["matriz"]». Pero, con el tiempo, el mismo Dios que había cerrado su *rékjem* abrió su propio corazón para *rakjám* («tener compasión de») ella. *Rakjám* a alguien es «acogerlo en el vientre», es decir, mostrarle la misma compasión que una mujer siente por el bebé que lleva dentro. En la mente hebrea, estar en el vientre es gozar de compasión. De hecho, no existe un lugar más representativo de la compasión que el vientre. Allí es donde Dios teje la vida. Y allí también es donde nace la compasión.

Cuando María, en el Magnificat, cantó a la misericordia de Dios, en su interior estaban creciendo los dedos de las manos y los pies de esa misericordia. En su *rékjem* se hallaba la compasión de Dios en persona, porque «Como un padre se compadece de sus hijos, así se compadece el Señor de los que le temen» enviándonos a su querido Hijo (Sal 103:13).

Padre celestial, no te enfades ni escondas tu rostro de nosotros, sino ten compasión de nosotros con misericordia eterna (Is 54:8).

11 DE JULIO

Un derramamiento del alma שָׁפַךְ

ENTONCES ELÍ LE DIJO: «¿HASTA CUÁNDO ESTARÁS EMBRIAGADA? ECHA DE TI TU VINO». PERO ANA RESPONDIÓ: «NO, SEÑOR MÍO, SOY UNA MUJER ANGUSTIADA EN ESPÍRITU. NO HE BEBIDO VINO NI LICOR, SINO QUE HE DERRAMADO MI ALMA DELANTE DEL SEÑOR».

1 SAMUEL 1:14-15

Ana no tenía respiro. La otra esposa de su marido se burlaba de ella por no tener hijos. Su obtuso esposo argumentaba que, para Ana, él era mejor que diez hijos. Y ahora, ¡su sacerdote la acusaba de estar borracha! Sin embargo, ella no había estado «vertiendo bebida». Más bien, había «*shafák* ["derramado"] su alma delante del Señor». *Shafák*, una palabra que proviene del templo, se usa para describir el derramamiento de la sangre del sacrificio (p. ej., Lv 4:7). El alma de Job se *shafák* en su alma (30:16) tal como el salmista *shafák* su corazón delante de Dios (62:8). Pablo, a la manera hebrea, dice: «Yo ya estoy para ser derramado como una ofrenda de libación, y el tiempo de mi partida ha llegado» (2Ti 4:6).

El Mesías dice: «Soy *shafák* como agua» (Sal 22:14). De hecho, al momento de morir, de su costado brotará agua y sangre (Jn 19:34). Esta es la sangre «derramada por muchos para el perdón de los pecados» (Mt 26:28); la sangre que, habiéndonos purificado, nos da confianza para clamar a Dios y saber que somos escuchados.

Oh Dios, refugio nuestro, al derramar nuestro lamento delante de ti, escúchanos y respóndenos (Sal 142:2 RVA-2015).

12 DE JULIO

Oída-por-Dios שמואל

Y ELCANA SE LLEGÓ A ANA SU MUJER, Y EL SEÑOR SE ACORDÓ DE ELLA. Y A SU DEBIDO TIEMPO, DESPUÉS DE HABER CONCEBIDO, ANA DIO A LUZ UN HIJO, Y LE PUSO POR NOMBRE SAMUEL, DICIENDO: «PORQUE SE LO HE PEDIDO AL SEÑOR».

1 SAMUEL 1:19-20

Las madres pueden poner a sus hijos nombres de familiares, amigos o incluso actores de Hollywood. Pero no Ana, que nombró a su hijo pensando en el oído atento de Dios. Aunque los eruditos tienen diferentes opiniones al respecto, parece más sencillo derivar el nombre de *shamá* («oír») y *El* («Dios»). Ana derramó su corazón ante el Señor, pidiéndole un hijo. Cuando Dios respondió a su petición, ella le dio al recién nacido el nombre de *Shemuél* («oída por Dios»), porque era la respuesta a sus oraciones. Al igual que Sansón antes que él, *Shemuél* (= Samuel) sería juez (1S 7:15) y nazareo (1:11). Además, fue profeta (3:20). De hecho, por la oración de esta fiel mujer nació uno de los líderes más grandes, devotos y fieles que Israel haya tenido jamás.

El cántico de Ana (2:1-10) fue la base poética del cántico de María (Lucas 1:46-55). Y con razón. Dos mujeres fieles dieron a luz a dos hijos fieles que crecerían para ser brillantes luces en tiempos de penumbra. Y el hijo de María, Luz de Luz, verdadero Dios de verdadero Dios, es nuestro propio «*Shemuél*», porque es la respuesta a todas las oraciones que se han orado. En Jesús, somos oídos por Dios.

«Escucha mi oración, oh Dios, presta oído a las palabras de mi boca» (Sal 54:2).

13 DE JULIO

Seol שְׁאוֹל

«EL SEÑOR DA MUERTE Y DA VIDA; HACE BAJAR AL SEOL Y HACE SUBIR. EL SEÑOR EMPOBRECE Y ENRIQUECE; HUMILLA Y TAMBIÉN EXALTA».

1 SAMUEL 2:6-7

Imagina que estás deprimido, y te sientes atrapado, asfixiado por la oscuridad, muerto pero vivo, y encadenado a la miseria. El hebreo resume todo eso en una sola palabra: estás en el Seol. Esta palabra no significa infierno —entendido como castigo eterno—, pero la expresión coloquial «atravesar un infierno» es una idea cercana. El Seol aparece profusamente en la poesía, como en el cántico de Ana, lo cual coincide con su sentido metafórico. Su boca abierta nunca se sacia. Este lugar sepulcral está impregnado de silencio, muerte y desesperanza. El Seol es democrático: a él descienden ricos y pobres, justos y malvados. El Seol, en esencia, corresponde a esos momentos y lugares de la vida en los que sufrimos los dolores más profundos —y suplicamos que se nos libere—.

Cuando clamamos desde las profundidades (130:1), el Señor nos escucha, pues no está ausente. «Si en el Seol preparo mi lecho, allí Tú estás», le dice el salmista a Dios (139:8). El Mesías mismo estuvo allí no solo metafóricamente, sino en una tumba de verdad, pero Dios no abandonó su alma en el Seol ni dejó que su cuerpo se descompusiera (Sal 16:10). Al resucitarlo, el Padre está diciendo, con un signo de exclamación, que a nosotros tampoco nos dejará en el Seol. Nos escuchará. Responderá. Nos resucitará, como cantó Ana.

Señor Jesús, «grande es Tu misericordia para conmigo, y has librado mi alma de las profundidades del Seol» (Sal 86:13).

14 DE JULIO

El ungido משיח

«SERÁN QUEBRANTADOS SUS ADVERSARIOS; Y SOBRE ELLOS TRONARÁ DESDE LOS CIELOS. EL SEÑOR JUZGARÁ LOS TÉRMINOS DE LA TIERRA, Y DARÁ FORTALEZA A SU REY, Y ENSALZARÁ EL CUERNO DE SU UNGIDO».

1 SAMUEL 2:10 JBS

Aunque se escriben de forma diferente, Meshíakj, Moshíakj, Mashíakj, Mesías, todas se refieren a «alguien ungido». En Israel hubo muchos mesías (con minúscula): es decir, líderes sobre cuyas cabezas se derramó aceite para apartarlos. Hasta el cántico de Ana, todos ellos habían sido sacerdotes (p. ej., Lv 4:3), pero Ana canta sobre el rey ungido. Se trata del *Mélek Mashíakj*, el Rey Mesías, anunciado en este canto profético. «Ensalzar el cuerno» del Mesías es fortalecerlo para una batalla victoriosa en la que hará pedazos a los adversarios de su Padre.

Este acontecimiento final de destrucción de enemigos ocurrió en una tumba de piedra recientemente desocupada en Jerusalén. Todas las fuerzas antihumanas fueron hechas añicos por el Hijo ungido y resucitado (Sal 2:1, 9). Resucitó para poner a todos sus enemigos bajo sus pies, para reinar sobre los confines de la tierra como soberano del reino de Dios, y para bendecir a sus amados siervos con la paz que sobrepasa todo entendimiento. En este Mesías somos ungidos con el aceite del Espíritu y la fragancia del gozo.

«¡Oh Señor, Dios de los ejércitos, oye mi oración; escucha, oh Dios de Jacob! Mira, oh Dios, escudo nuestro, y contempla el rostro de Tu ungido» (Sal 84:8-9).

15 DE JULIO

Hijos de Belial בני בליעל

PERO LOS HIJOS DE ELÍ ERAN HOMBRES INDIGNOS; NO CONOCÍAN AL SEÑOR.

1 SAMUEL 2:12

Hombres indignos, buenos para nada, inútiles; así calificamos a aquellos cuya única contribución a la sociedad es negativa. El hebreo utiliza la colorida expresión *beneí Beliyaal*, «hijos de Belial», para describir a estas personas. Los hijos de Elí, por ejemplo, eran «los hijos de Belial». Cuando Elí supuso que Ana estaba borracha, ella se defendió diciendo: «No tenga a su sierva por *bat-Beliyaal* [hija de Belial]» (1:16). La literatura sapiencial equipara a una «persona de Belial» con un «hombre malvado» (Pr 6:12). El origen de la palabra «Belial» es incierto. Con el tiempo se convirtió en otro nombre para Satanás —por ejemplo, en los rollos del mar Muerto y en otra literatura judía—.

Esta frase hebrea también llegó al NT. Pablo dice: «No estén unidos en yugo desigual con los incrédulos, pues ¿qué asociación tienen la justicia y la iniquidad? ¿O qué comunión la luz con las tinieblas? ¿O qué armonía tiene Cristo con Belial? ¿O qué tiene en común un creyente con un incrédulo? ¿O qué acuerdo tiene el templo de Dios con los ídolos?» (2Co 6:14-16). Cristo nos ha llamado a salir de las tinieblas para andar en la luz de su amor, sabiduría y santidad. No somos *beneí Beliyaal*, sino «hijos del Dios viviente» (Ro 9:26), hermanos y hermanas de Cristo.

Señor Jesucristo, Hijo de Dios, cuando los lazos de la muerte nos rodeen, y los torrentes de Belial nos atemoricen, mantente cerca para salvarnos por tu abundante misericordia (Sal 18:4).

A patadas con Dios בעט

[DIOS DIJO A ELÍ:] «ENTONCES, ¿POR QUÉ MENOSPRECIAN MIS SACRIFICIOS Y OFRENDAS? ¿POR QUÉ LES DAS MÁS HONOR A TUS HIJOS QUE A MÍ? ¡PUES TÚ Y ELLOS HAN ENGORDADO CON LO MEJOR DE LAS OFRENDAS DE MI PUEBLO ISRAEL!»

1 SAMUEL 2:29 NTV

El hebreo prefiere usar palabras a las cuales se les puede hincar el diente; palabras que pueden verse y olerse. De modo que, con mucha frecuencia, tras una palabra abstracta —en la traducción al español— se encuentra una palabra hebrea concreta. Por ejemplo, donde dice que Elí «menospreciaba» los sacrificios de Dios, el verbo es *baat* («patear»). Les daba patadas como si fueran basura, tratándolos como impíos. Significativamente, *baat* aparece solo una vez más, en una descripción de cómo Jesurún (Israel) «engordó y pateó [...]. Abandonó al Dios que le dio vida» (Dt 32:15 NVI). Esto, pues, redondea el retrato de Elí: tal como Israel engordó y pateó, Elí y sus hijos patean las ofrendas de Dios al engordar ellos mismos. Finalmente, Elí morirá al caer de espaldas y romperse el cuello, porque era «entrado en años» y... —adivinaste— «pesaba mucho» (1S 4:18). Este sacerdote pateador, cuyo dios era su apetito (Fil 3:19), acabó por digerir su propia destrucción.

Mientras perseguía a los cristianos, Pablo también, como un buey recalcitrante, dio «coces contra el aguijón» (Hch 26:14). Gracias a Dios que, a diferencia de Elí, Pablo terminó como un mártir fiel. En lugar de seguir dando coces, predicó al Mesías que tiene «todo bajo sus pies» (Ef 1:22).

Oh Señor santo y misericordiosísimo, crea en nosotros corazones nuevos que traten tu ser y tus dones como santos.

17 DE JULIO

Con ojos para ver חזון

EL JOVEN SAMUEL SERVÍA AL SEÑOR EN PRESENCIA DE ELÍ. LA PALABRA DEL SEÑOR ESCASEABA EN AQUELLOS DÍAS, Y LAS VISIONES NO ERAN FRECUENTES.

1 SAMUEL 3:1

Tal como nuestra palabra «visión» deriva del acto de ver, el equivalente hebreo, *kjazón*, procede de *kjazá* («ver» o «percibir»). Relacionado con esto está el título de Vidente o *Roé* (de *raá*, «ver»), que era el antiguo nombre de los profetas (1S 9:9). Tener una visión, una *kjazón*, implica necesariamente los ojos. Pero fíjate: en los días de Samuel, había una equivalencia entre «las visiones no eran frecuentes» y «la palabra del Señor escaseaba». Hoy vinculamos la visión al ojo y la palabra al oído, pero en el AT, la Palabra de Dios no solo se oye, sino que a veces también se ve. Esa palabra —o, mejor dicho, *él*— se hace visible. Así ocurrió con Samuel. Cuando se le reveló la Palabra de Dios en esta visión, «vino el Señor y se detuvo» (3:10). Es una palabra que viene y se sitúa. Esta Palabra es su mensajero, su Hijo, que habla y se muestra.

Estas apariciones de la Palabra prepararon nuestros corazones para cuando «la Palabra se hizo carne, y habitó entre nosotros» (Jn 1:14). Esta palabra de carne-y-sangre dejó de ser una visión pasajera, puso sus pies sobre el polvo, respiró nuestro aire y vació sus venas para que, en él, pudiéramos contemplar el amor de Dios por nosotros.

Oh Espíritu Santo, danos ojos para ver la misericordia del Padre encarnada en su Hijo.

18 DE JULIO

Icabod אִי־כָבוֹד

PERO LLAMÓ AL NIÑO ICABOD Y DIJO: «¡SE HA IDO LA GLORIA DE ISRAEL!», POR HABER SIDO TOMADA EL ARCA DE DIOS, Y POR LA MUERTE DE SU SUEGRO Y DE SU MARIDO. ELLA DIJO: «SE HA IDO LA GLORIA DE ISRAEL, PORQUE EL ARCA DE DIOS HA SIDO TOMADA».

1 SAMUEL 4:21-22

Icabod no tenía un nombre seguro para el patio de recreo. Conmemoraba la muerte de su abuelo y de su padre, el ojo morado de Israel por el puño filisteo y —lo que es más importante— la toma del arca del pacto como botín de guerra. Icabod es en realidad un nombre formado por dos palabras: I-Cabod. La *I* puede significar «Dónde» o «no», y *kabód* significa «gloria». I-cabod, por tanto, puede ser «¿Dónde está la gloria?» o «No hay gloria». La *kabód* de Dios moraba entre los querubines, encima del arca. Por lo cual, cuando esta ya no estuvo, «Se ha ido [o, ha sido exiliada] la gloria de Israel». El tesoro más preciado, el objeto más sagrado del pueblo de Dios, había caído en manos de su enemigo.

En la transfiguración, Moisés y Elías, apareciendo en gloria, hablaron de otra partida («éxodo», en griego): el exilio del propio Jesús a la muerte y a la tumba (Lc 9:31). Icabod se repetía, porque la gloria encarnada de Dios, la nueva arca del pacto, caería en manos de los «filisteos» romanos. Pero no había motivo para temer, pues su exilio concluiría tres días más tarde con una repatriación aun más gloriosa a la vida.

Señor Jesucristo, gloria del Padre, a ti sea toda la alabanza por restaurarnos a la vida en tu resurrección.

19 DE JULIO

Hemorroides de oro עפל

Y LA MANO DEL SEÑOR SE HIZO PESADA SOBRE LOS DE ASDOD, Y LOS DESOLÓ Y LOS HIRIÓ CON TUMORES, TANTO A ASDOD COMO A SUS TERRITORIOS. CUANDO LOS HOMBRES DE ASDOD VIERON LO QUE LES SUCEDÍA, DIJERON: «EL ARCA DEL DIOS DE ISRAEL NO DEBE QUEDAR CON NOSOTROS, PUES SU MANO ES DURA SOBRE NOSOTROS Y SOBRE DAGÓN NUESTRO DIOS».

1 SAMUEL 5:6-7

Poco se dieron cuenta los filisteos de que, al capturar el arca, habían agarrado al tigre por la cola. Pensando en exhibir el arca como un trofeo de guerra, la llevaron al templo de Dagón, su dios. Sin embargo, en noches sucesivas, su ídolo cayó de bruces ante el arca, y más tarde apareció decapitado y con las manos cortadas. Luego, la tierra fue asolada por una plaga de ratones. Y, lo peor de todo, los individuos comenzaron a padecer *ófel* («tumores» o, más probablemente, «hemorroides»). ¡El arca se había convertido literalmente en un dolor en el trasero para los filisteos! Finalmente, para acabar con la epidemia, enviaron el arca de vuelta a Israel, junto con cinco imágenes de hemorroides de oro y ratones de oro como ofrenda por la culpa (6:4).

Lo que el enemigo pensó que sería un trofeo de guerra acabó derrotándolos. Así sucedió también cuando la muerte confiscó la vida de Jesús. La muerte acabó por morir. El supuesto trofeo de guerra mesiánico señaló la derrota de todos nuestros enemigos.

Bendito seas, Señor Jesús, porque, muriendo, has pisoteado la muerte.

Quiriat Jearim קרית יערים

LOS HOMBRES VINIERON DE QUIRIAT JEARIM, TOMARON EL ARCA DEL SEÑOR Y LA LLEVARON A LA CASA DE ABINADAB EN LA COLINA, Y CONSAGRARON A ELEAZAR SU HIJO PARA QUE GUARDARA EL ARCA DEL SEÑOR. PERO PASÓ MUCHO TIEMPO, VEINTE AÑOS, DESDE EL DÍA EN QUE EL ARCA QUEDÓ EN QUIRIAT JEARIM; Y TODA LA CASA DE ISRAEL AÑORABA AL SEÑOR.

1 SAMUEL 7:1-2

Puesto que *quiryát* significa «ciudad de» y *yearím* «bosques» o «matorrales», Quiriat Jearim es la Ciudad de Bosques. Situada a unos once kilómetros al oeste de Jerusalén, esta ciudad es famosa porque el arca del pacto alojó en ella, en la morada de Abinadab, en lo alto de una colina. Allí permaneció hasta el reinado de David, cuando finalmente —con un devastador tropiezo en el camino— sería transportada a Jerusalén (1Cr 13:15).

En 2019, los arqueólogos determinaron que, muy probablemente, Quiriat Jearim es el pueblo conocido en el NT como Emaús. En este pueblo, Jesús, el día de su resurrección, se reveló a dos de sus discípulos mientras partía el pan con ellos (Lc 24:30-31). El arca de Dios había llegado una vez más a Quiriat Jearim. Solo que, esta vez, era el arca-Cristo, el lugar de la gloria divina encarnada que estaba en marcha para traer vida a todos mediante la victoria de su resurrección.

Oh Señor, nuestra bendita arca de misericordia, abre nuestros ojos para verte al partir el pan.

21 DE JULIO

Ten cuidado con lo que deseas מלך

ENTONCES SE REUNIERON TODOS LOS ANCIANOS DE ISRAEL Y FUERON A SAMUEL EN RAMÁ, Y LE DIJERON: «MIRA, HAS ENVEJECIDO Y TUS HIJOS NO ANDAN EN TUS CAMINOS. AHORA PUES, DANOS UN REY PARA QUE NOS JUZGUE, COMO TODAS LAS NACIONES».

1 SAMUEL 8:4-5

La demanda de una monarquía por parte de Israel es un caso de «ten cuidado con lo que deseas». Querían un *mélek*, lo cual, aunque habitualmente se traduce como «rey», tiene una amplia gama de significados, desde el magistrado de una ciudad Estado, hasta un príncipe, o un líder nacional. Pero más importante es la razón por la que querían un *mélek*: «para que nos juzgue, como todas las naciones», y «salga delante de nosotros y dirija nuestras batallas» (vv. 5, 20). Samuel les advirtió que un *mélek* los tiranizaría apropiándose de sus hijos, siervos, cosechas y animales, pero ellos se negaron obstinadamente a escuchar. Así que Dios les dio lo que deseaban. Querían ser como los gentiles, y en eso se convirtieron.

El juicio divino suele consistir en obtener exactamente lo que queremos —y sufrir las consecuencias—. Dios «nos entrega» a ello, como dice Pablo (Ro 1:24). En todo esto, nos está disciplinando como un padre a su hijo. Nos conduce al arrepentimiento, y nos hace volver al Rey de reyes, el cual (como dice una antigua oración) «declara su poder omnipotente principalmente mostrando misericordia y piedad».

Rey de reyes y Señor de señores, concede a estos tus siervos abundante misericordia y piedad.

22 DE JULIO

¿Alto o altivo? גבה

HABÍA UN HOMBRE DE BENJAMÍN QUE SE LLAMABA CIS, HIJO DE ABIEL, HIJO DE ZEROR, HIJO DE BECORAT, HIJO DE AFÍA, HIJO DE UN BENJAMITA, UN HOMBRE PODEROSO E INFLUYENTE. TENÍA UN HIJO QUE SE LLAMABA SAÚL, JOVEN Y BIEN PARECIDO. NO HABÍA NADIE MÁS BIEN PARECIDO QUE ÉL ENTRE LOS ISRAELITAS; DE LOS HOMBROS ARRIBA SOBREPASABA A CUALQUIERA DEL PUEBLO.

1 SAMUEL 9:1-2

Cuando la Biblia nos dice que alguien es bajo, de pelo largo o guapo, no es un asunto literario de menor importancia. Su aspecto físico aparecerá en el relato. Saúl es alto y bien parecido. Suena atractivo, pero el lector debe tener cuidado. Primero, «bien parecido» es *tob*, la palabra genérica para «bueno». ¿Es Saúl moralmente bueno, o es simplemente agradable a la vista? Lo averiguaremos a medida que sigamos leyendo. Segundo, es *gaboáj*, que significa «alto» pero puede también significar «altivo». ¿Qué será? ¿Alto, altivo, o ambas cosas? Saúl puede parecer el candidato político ideal, pero recuerda: «Dios no ve como el hombre ve, pues el hombre mira la apariencia exterior, pero el Señor mira el corazón» (1S 16:7).

En el Mesías «no había [...] belleza ni majestad alguna; su aspecto no era atractivo y nada en su apariencia lo hacía deseable» (Is 53:2). Las apariencias engañan. Aquel que no tenía belleza ni majestad externas llevaría a cabo una redención tan asombrosa que las palabras no alcanzan para describirla.

Míranos, Padre celestial, y venos revestidos de la belleza de la gracia de tu Hijo.

23 DE JULIO

Pesar divino נחם

ENTONCES VINO LA PALABRA DEL SEÑOR A SAMUEL: «ME PESA HABER HECHO REY A SAÚL, PORQUE HA DEJADO DE SEGUIRME Y NO HA CUMPLIDO MIS MANDAMIENTOS». Y SAMUEL SE CONMOVIÓ, Y CLAMÓ AL SEÑOR TODA LA NOCHE.

1 SAMUEL 15:10-11

La forma del verbo *nakjám* que aparece aquí suele traducirse usando una de estas tres expresiones: arrepentirse, sentir pesar, o ceder (también «cambiar de opinión»). A veces, cuando Dios *nakjám*, son buenas noticias, como cuando él «*nakjám* del mal» que pensaba hacerle a Nínive (Jon 3:10) o a Israel (Éx 32:14). Sin embargo, otras veces son noticias sombrías y deprimentes, como cuando «le pesó haber hecho al hombre en la tierra» (Gn 6:6) o «haber hecho rey a Saúl». El pesar divino no se debe a «una mala decisión», sino que es como el *nakjám* de los padres, cuando sus hijos se descarrían y destrozan sus vidas. Es una forma de amor —afligido, dolorido— que lamenta que el ser amado haya menospreciado el corazón de quien lo ama.

Hay una acción que seguramente nunca le pesará al Señor: amarnos. En efecto, «El Señor ha jurado y no se retractará [*nakjám*]»: ha hecho de su Hijo nuestro sumo sacerdote eterno según el orden de Melquisedec (Sal 110:4). En amor, misericordia y compasión, nuestro Mesías sacerdotal intercede por nosotros.

Oh Señor misericordioso, desiste de castigarnos como merecemos y sostennos con tu gracia.

El rey rubicundo אדמוני

SAMUEL PREGUNTÓ: «¿SON ESTOS TODOS TUS HIJOS?». ISAÍ RESPONDIÓ: «AÚN QUEDA EL MENOR, ES EL QUE ESTÁ APACENTANDO LAS OVEJAS». SAMUEL INSISTIÓ: «MANDA A BUSCARLO, PUES NO NOS SENTAREMOS A LA MESA HASTA QUE ÉL VENGA ACÁ». Y ENVIÓ A BUSCARLO Y LO HIZO ENTRAR. ERA RUBIO, DE OJOS HERMOSOS Y BIEN PARECIDO. Y EL SEÑOR DIJO: «LEVÁNTATE, ÚNGELO; PORQUE ESTE ES».

1 SAMUEL 16:11-12

Saúl, alto y apuesto, causó una buena primera impresión, pero más tarde estropeó todo este asunto de ser rey. Ahora llega David, quien, teniendo «ojos hermosos» y siendo «bien parecido», nos hace preguntarnos si lo que nos espera es un nuevo Saúl. Y, peor aun, la única otra persona que las Escrituras describen como *admoní* («rubicundo» o «pelirrojo») es Esaú, el cual nació *admoní* (Gn 25:25). En cualquier caso, parecerse a Saúl y a Esaú no augura nada bueno para David. Sin embargo, otra vez terminamos engañados, porque este apuesto joven pelirrojo o rubicundo se convertirá en el mayor rey terrenal que haya reinado sobre Israel jamás.

Este pastorcillo de Belén, ungido como rey, es el primer anticipo de otro muchacho de Belén, ungido desde la eternidad, que cabalgaría hasta Jerusalén, la ciudad de David, para ocupar su trono-cruz. Sin embargo, lo único *admoní* en él sería la sangre en la que lavamos nuestras vestiduras para blanquearlas en la sangre del Cordero (Ap 7:14).

«¡Señor, Hijo de David, ten misericordia de nosotros!» (Mt 20:30)

El hombre de la música כנור

SUCEDÍA QUE CUANDO EL ESPÍRITU MALO DE PARTE DE DIOS VENÍA A SAÚL, DAVID TOMABA EL ARPA, LA TOCABA HÁBILMENTE CON SU MANO, Y SAÚL SE CALMABA Y SE PONÍA BIEN, Y EL ESPÍRITU MALO SE APARTABA DE ÉL.

1 SAMUEL 16:23

La música ha adornado los hogares y santuarios de la humanidad desde los albores de la historia. El primer instrumento musical que se menciona es la *kinnór*, un instrumento de cuerda que se traduce como «cítara», «lira» o «arpa» (Gn 4:21). Se tocaba durante las celebraciones (Gn 31:27), mientras se profetizaba (1S 10:5) y durante el culto en el templo (1Cr 15:16). La destreza de David con la *kinnór* le valió un lugar junto a Saúl como su «hombre de la música». He ahí el poder de la música. Los sonidos que calmaban a los corazones atribulados eran como uñas sobre una pizarra para este «espíritu malo». El diablo aborrece la concordia y la belleza pues él es el padre de la discordia y la mentira. Aún hoy, ¿a quién no le han levantado inesperadamente el ánimo la música y el canto, transformando su ceño fruncido en una sonrisa?

Si no fuera por este músico israelita, este experto en la *kinnór*, qué empobrecidos estaríamos, pues sus salmos nunca se habrían compuesto. Sin embargo, en los hechos, sus melodiosas palabras han sido, por más de tres mil años, un bálsamo para los corazones heridos, luz para las vidas en oscuridad y un testimonio poético del ungido del Señor, en cuya presencia cantan los santos y los ángeles.

«Llegaré al altar de Dios, a Dios, mi supremo gozo; y al son de la lira te alabaré, oh Dios, Dios mío» (Sal 43:4).

Combate singular לחם

GOLIAT SE PARÓ Y GRITÓ A LAS FILAS DE ISRAEL: «¿PARA QUÉ HAN SALIDO A PONERSE EN ORDEN DE BATALLA? ¿ACASO NO SOY YO FILISTEO Y USTEDES SIERVOS DE SAÚL? ESCOJAN UN HOMBRE Y QUE VENGA CONTRA MÍ. SI ES CAPAZ DE PELEAR CONMIGO Y MATARME, ENTONCES SEREMOS SUS SIERVOS; PERO SI YO LO VENZO Y LO MATO, ENTONCES USTEDES SERÁN NUESTROS SIERVOS Y NOS SERVIRÁN».

1 SAMUEL 17:8-9

Goliat no tiene ganas de una batalla, sino que desafía a Israel a participar en lo que los griegos llamarían más tarde *monomaquia* («combate singular»). En lugar de enfrentarse dos ejércitos enteros, cada bando enviaba a su luchador número uno a enfrentar al otro. El que quedaba de pie al final determinaba qué ejército se alzaba con la victoria. Pero había un solo problema: ningún israelita se atrevía a enfrentar a este gigantesco enemigo filisteo. Hasta que apareció David. «Su siervo irá y *lakjám* ["peleará"] con este filisteo» (v. 32). Este joven recordaba las palabras de Moisés: «El Señor *lakjám* por ustedes» (Éx 14:14).

Un hombre que encarna a todo un pueblo: eso, precisamente, es para nosotros el Hijo de David. Él se lanzó al ruedo. De hecho, se lanzó en cuerpo y alma al ruedo. Él en nosotros y nosotros en él, para que su victoria sobre el Goliat del sepulcro sea también la nuestra.

Hijo de David, Guerrero celestial, lucha contra los que luchan contra nosotros.

27 DE JULIO

No era un simple juguete קלע

Y [DAVID,] TOMANDO SU CAYADO EN LA MANO, ESCOGIÓ DEL ARROYO CINCO PIEDRAS LISAS Y LAS PUSO EN EL SACO DE PASTOR QUE TRAÍA, EN EL ZURRÓN, Y CON LA HONDA EN LA MANO SE ACERCÓ AL FILISTEO.

1 SAMUEL 17:40

La *quelá* («honda») era un arma letal, utilizada en todo el mundo para la guerra y la caza. Los ejércitos contaban con *calaím* («honderos»), famosos por su precisión (Jue 20:16; 2R 3:25). Por lo tanto, cuando David marchó al encuentro de Goliat, aunque no llevaba armadura, sí iba armado, con un arma que había utilizado para defender a su rebaño de osos y leones (vv. 34-35). Y, lo más importante, aunque Goliat venía con espada, lanza y jabalina, David venía armado con «el nombre del Señor de los ejércitos, el Dios de los escuadrones de Israel», a quien Goliat había desafiado (v. 45). Escrito en aquel proyectil de piedra estaba, por así decirlo, el nombre del propio Yahvé. Cuando David matara a Goliat, todos sabrían que «el Señor no libra ni con espada ni con lanza; porque la batalla es del Señor» (v. 47).

Daniel anunció la piedra cortada sin manos —el Mesías— que golpearía la estatua de los reinos del mundo, la pulverizaría y se convertiría en una gran montaña que llenaría toda la tierra (2:34-35). El Goliat cósmico cayó porque esta piedra-Cristo lleva el nombre de Dios. Su reino se ha extendido —y continúa haciéndolo—, pues la batalla por nuestra salvación es del Señor.

«El Señor vive, bendita sea mi roca, y ensalzado sea el Dios de mi salvación» (Sal 18:46).

Almas ligadas קשׁר

Y ACONTECIÓ QUE CUANDO DAVID ACABÓ DE HABLAR CON SAÚL, EL ALMA DE JONATÁN QUEDÓ LIGADA AL ALMA DE DAVID, Y JONATÁN LO AMÓ COMO A SÍ MISMO. SAÚL TOMÓ A DAVID AQUEL DÍA Y NO LO DEJÓ VOLVER A LA CASA DE SU PADRE. ENTONCES JONATÁN HIZO UN PACTO CON DAVID, PORQUE LO AMABA COMO A SÍ MISMO. JONATÁN SE QUITÓ EL MANTO QUE LLEVABA PUESTO Y SE LO DIO A DAVID CON SUS ROPAS MILITARES, INCLUYENDO SU ESPADA, SU ARCO Y SU CINTURÓN.

1 SAMUEL 18:1-4

El alma de Jonatán quedó *cashár* («ligada») al alma de David. El verbo significa atar o unir, como cuando Rajab *cashár* a su ventana un trozo de hilo escarlata (Jos 2:18). El mismo verbo se utiliza para describir cómo los israelitas debían *cashár* las palabras de Dios a sus frentes y manos (Dt 6:8). También se aplica al modo en que el amor une a las personas, como la forma en que el alma de Jacob estaba *cashár* al alma de su hijo menor, Benjamín (Gn 44:30), o la de Jonatán lo estaba a la de David. De manera interna (alma) y externa (manto, ropas militares, armas), Jonatán se despojó de todo por amor a David.

El amor fraternal (en griego: *filia*) de Jonatán es una imagen del amor perfecto y desinteresado (en griego: *ágape*) de Jesús. Él «se despojó a Sí mismo» (Fil 2:7) para llenarnos a nosotros. De manera interna y externa, en alma y sudor, dio todo lo que tenía para que nosotros recibiéramos «gracia sobre gracia» (Jn 1:16).

Jesús, átanos de corazón, cuerpo y alma a ti, nuestro Hermano y Amigo.

29 DE JULIO

El loco שָׁגַע

Y [DAVID] SE FINGIÓ DEMENTE ANTE SUS OJOS Y ACTUABA COMO LOCO EN MEDIO DE ELLOS; ESCRIBÍA GARABATOS EN LAS PUERTAS DE LA ENTRADA Y DEJABA QUE SU SALIVA LE CORRIERA POR LA BARBA. ENTONCES AQUIS DIJO A SUS SIERVOS: «VEAN AL HOMBRE PORTÁNDOSE COMO UN LOCO. ¿POR QUÉ ME LO [TRAEN]? ¿ACASO ME HACEN FALTA LOCOS, PARA QUE ME TRAIGAN A ESTE Y HAGA DE LOCO EN MI PRESENCIA? ¿VA A ENTRAR ESTE EN MI CASA?».

1 SAMUEL 21:13-15

Desacreditar a alguien cuestionando su cordura es un truco antiquísimo. Jeremías fue calumniado por sus adversarios como *meshuggá* («enloquecido» o «loco» [de *shagá*]) porque predijo que los babilonios destruirían Jerusalén (29:26; *cf.* 2R 9:11). En el caso de David, fingió ser parte de los *meshuggaím* («locos») para salvar su pellejo —desacreditándose, por así decirlo, para no parecer una amenaza—. Sin embargo, Dios amenazó a Israel de verdadera locura si abandonaba el pacto. Su castigo sería tan devastador que la nación se volvería *meshuggá* («loca») por lo que vería (Dt 28:34).

La propia familia de Jesús pensó una vez que él estaba «fuera de sí» (Mr 3:21). A menudo, la verdad es tan escandalosamente opuesta a nuestras suposiciones más profundas y queridas que parece una locura. Por eso debemos dejar que la Palabra de Dios transforme y renueve incesantemente nuestra mente (Ro 12:2) para que no pensemos y hablemos como hijos del mundo, sino como hijos de nuestro Padre celestial.

«Enséñame, oh Señor, tu camino; andaré en Tu verdad; unifica mi corazón para que tema Tu nombre» (Sal 86:11).

Lengua afilada לשׁון

ENTONCES EL REY [SAÚL] DIJO A DOEG: «VUÉLVETE Y ATACA A LOS SACERDOTES». Y DOEG EL EDOMITA, SE VOLVIÓ Y ATACÓ A LOS SACERDOTES, Y MATÓ AQUEL DÍA A OCHENTA Y CINCO HOMBRES QUE VESTÍAN EL EFOD DE LINO. Y A NOB, CIUDAD DE LOS SACERDOTES, LA HIRIÓ A FILO DE ESPADA, TANTO A HOMBRES COMO A MUJERES, TANTO A NIÑOS COMO A NIÑOS DE PECHO; TAMBIÉN HIRIÓ A FILO DE ESPADA BUEYES, ASNOS Y OVEJAS.

1 SAMUEL 22:18-19

Doeg es uno de los hombres más fríos y despreciables de la Biblia. Cuando Saúl quiso información sobre el paradero de David, Doeg no solo se la dio, apuñalando así a los sacerdotes por la espalda, sino que, con un celo sanguinario, apuñaló literalmente —hasta la muerte— a esos mismos ochenta y cinco sacerdotes, junto con todos los seres vivientes de Nob. Y ¿dónde empezó todo? En su boca. En un salmo sobre esta matanza, David dice: «Tu *lashón* ["lengua"] trama destrucción como afilada navaja, oh artífice de engaño» (52:2). La *lashón* de Doeg «[contaminaba] todo el cuerpo y, encendida por el infierno, [prendía] a su vez fuego a todo el curso de la vida» (Stg 3:6).

Los rabinos utilizan la expresión *lashón jará* («mala lengua») para describir el uso de un lenguaje difamatorio o despectivo destinado a dañar a otra persona. Nuestras lenguas son dones de Dios, llenos de un increíble potencial para el bien, pero también para el mal. Antes de abrir los labios, oremos primero al Padre…

«Sean gratas las palabras de mi boca y la meditación de mi corazón delante de Ti, oh Señor, roca mía y Redentor mío» (Sal 19:14).

31 DE JULIO

Saúl y su lanza חנית

DAVID Y ABISAI LLEGARON DE NOCHE AL CAMPAMENTO. SAÚL ESTABA DURMIENDO EN MEDIO DEL CAMPAMENTO, CON SU LANZA CLAVADA EN TIERRA A SU CABECERA, Y ABNER Y LA GENTE ESTABAN ACOSTADOS ALREDEDOR DE ÉL.

1 SAMUEL 26:7

En algunos relatos, una parte de la historia contada se halla justo por debajo de la superficie. Saúl y su *kjanít* («lanza») lo ilustran bien. Esta arma nunca estaba lejos de las manos de Saúl. Se la arrojó a su hijo Jonatán y también a David. Estaba clavada en el suelo mientras dormía. Y sin duda se hallaba junto a su cuerpo luego de que Saúl cayera sobre su propia espada. David, sin embargo, no lleva *kjanít*. ¿Quién lleva una? Goliat, un gentil que también amenaza con usarla para dar muerte a David. Es la manera en que el narrador nos da un codazo a los lectores, sugiriendo, al mostrar esta arma en la mano de Saúl, que es un rey que quiere ser como los reyes gentiles, infiel a su vocación de gobernante de Israel.

La *kjanít* de este aspirante a gentil nunca atravesó a David, pero la lanza de un gentil sí penetró profundamente en el Hijo de David (Jn 19:34). La sangre y el agua que brotaron de su costado son las marcas regias del reino de Dios. Con ellas nos lava, y llena nuestras copas, para que gustemos y veamos que este Rey de judíos y gentiles es, en verdad, bueno.

Bendito eres, Señor Dios, porque nos has librado de enemigos «cuyos dientes son lanzas y saetas, y cuya lengua es espada afilada» (Sal 57:4).

La nigromante de Endor בעלת־אוב

Y SAÚL CONSULTÓ AL SEÑOR, PERO EL SEÑOR NO LE RESPONDIÓ NI POR SUEÑOS, NI POR URIM, NI POR PROFETAS. ENTONCES SAÚL DIJO A SUS SIERVOS: «BÚSQUENME UNA MUJER QUE SEA ADIVINA PARA IR A CONSULTARLA». Y SUS SIERVOS LE DIJERON: «HAY UNA MUJER EN ENDOR QUE ES ADIVINA».

1 SAMUEL 28:6-7

Isaías resume la prohibición de la Torá sobre la nigromancia: «¿Acaso [el pueblo] consultará a los muertos por los vivos?» (8:19). Sin embargo, la gente lo hacía, aunque Dios lo había prohibido reiteradamente (p. ej., Lv 19:31; 20:6). En el ocaso de su vida, cuando los muros se cerraban a su alrededor, Saúl también participó de ello. Cuando todos los canales divinos de comunicación enmudecieron, visitó a la *baalát-ób* (literalmente, «ama de los espíritus de los muertos»). Cuando esta *baalát-ób* llamó a Samuel de entre los muertos, Saúl debió de lamentar su decisión, pues Samuel predijo que, muy pronto, Saúl y sus hijos se reunirían con él en la tumba. Y, en efecto, así ocurrió.

Los ángeles se hacen eco de las palabras de Isaías el día de la resurrección: «¿Por qué buscan entre los muertos al que vive?» (Lc 24:5). ¿Por qué buscar la guía de los muertos? ¿Por qué buscar vida en el cementerio? Busca, más bien, al Viviente. Busca su rostro, su Palabra, su reino, porque allí Dios ha prometido estar para ti.

«Cuando dijiste: "Busquen Mi rostro", mi corazón te respondió: "Tu rostro, SEÑOR, buscaré"» (Sal 27:8).

2 DE AGOSTO

Evangelio hebreo בשר

AL DÍA SIGUIENTE, CUANDO VINIERON LOS FILISTEOS A DESPOJAR A LOS MUERTOS, HALLARON A SAÚL Y A SUS TRES HIJOS CAÍDOS EN EL MONTE GILBOA. LE CORTARON LA CABEZA Y LO DESPOJARON DE SUS ARMAS, Y ENVIARON MENSAJEROS POR TODA LA TIERRA DE LOS FILISTEOS, PARA QUE LLEVARAN LAS BUENAS NUEVAS A LA CASA DE SUS ÍDOLOS Y AL PUEBLO.

1 SAMUEL 31:8-9

La palabra «evangelio» proviene del griego *euanguélion* («buena noticia»). El hebreo tiene una palabra similar, más neutra, *besorá*, que significa «mensaje» o «noticia». Anunciar esta *besorá* es *basar*. Así, cuando los filisteos mataron a Saúl, *basar* («llevaron la buena noticia») a casa. Esta palabra para «proclamar la noticia» se utiliza repetidamente en contextos militares, cuando los mensajeros regresan de una batalla. Hermosos son los pies de quienes van a Sión llevando la buena nueva (*basar*) de que «Dios reina» sobre todas las naciones (Is 52:7). El Mesías lleva la buena nueva (*basar*) a los pobres y libera a los prisioneros de guerra (Is 61:1; Lc 4:18). Cuando venga con poder, Sión anunciará la buena nueva proclamando: «¡Aquí está su Dios!» (Is 40:9).

Esto es sumamente importante para nuestra comprensión del evangelio de Cristo. *Basar* —o, como podríamos decir, evangelizar— es anunciar una victoria militar, proclamar que el Rey Mesías ha vencido. La cruz y la tumba decoran un campo de batalla; y son trofeos de triunfo.

«Canten al Señor, bendigan Su nombre; proclamen de día en día las buenas nuevas de Su salvación» (Sal 96:2).

3 DE AGOSTO

No tocar אחז

PERO CUANDO LLEGARON A LA ERA DE NACÓN, UZA EXTENDIÓ LA MANO HACIA EL ARCA DE DIOS, Y LA SOSTUVO PORQUE LOS BUEYES CASI LA VOLCARON. Y SE ENCENDIÓ LA IRA DEL SEÑOR CONTRA UZA, Y DIOS LO HIRIÓ ALLÍ POR SU IRREVERENCIA; Y ALLÍ MURIÓ JUNTO AL ARCA DE DIOS.

2 SAMUEL 6:6-7

Que tu nombre aparezca en el mapa no siempre es un buen logro. Si tienes dudas, pregúntale a Uza. Su repentina muerte quedó registrada en un lugar llamado Pérez Uza («el estallido contra Uza»). Para empezar, Uza, que no era levita, no debería haber estado transportando el arca, y en lugar de utilizar un carro, debería haber sido llevada con varas. Sin embargo, la ofensa fatal de Uza fue *akjáz* («apoderarse de» o «asir») el trono de Dios. Sus intenciones eran buenas, pero las intenciones humanas no siempre coinciden con la voluntad divina. «Hay camino que al hombre le parece derecho, pero al final, es camino de muerte» (Pr 14:12). Uza *akjáz* el intocable epicentro de la santidad.

Cuando el Hijo de Dios se hizo humano, se produjo un cambio sísmico. Mientras que, al tocar el arca, Uza murió, cuando la gente tocaba a Cristo, quedaba sana. Él es el arca mesiánica que «hemos contemplado» y «tocado [con] nuestras manos» (1Jn 1:1). Jesús, el epicentro de la santidad, nos llama para que lo alcancemos y lo *akjáz*-emos.

A ti, oh Señor, extendemos manos de fe, mientras tu mano nos sostiene (Sal 139:10).

4 DE AGOSTO

Danza frente al arca כרר

ENTONCES DAVID FUE, Y CON ALEGRÍA HIZO SUBIR EL ARCA DE DIOS DE LA CASA DE OBED EDOM A LA CIUDAD DE DAVID. Y CUANDO LOS PORTADORES DEL ARCA DEL SEÑOR HABÍAN ANDADO SEIS PASOS, DAVID SACRIFICÓ UN BUEY Y UN CARNERO CEBADO. DAVID DANZABA CON TODA SU FUERZA DELANTE DEL SEÑOR, Y ESTABA VESTIDO CON UN EFOD DE LINO. DAVID Y TODA LA CASA DE ISRAEL HACÍAN SUBIR EL ARCA DEL SEÑOR CON ACLAMACIÓN Y SONIDO DE TROMPETA.

2 SAMUEL 6:12-15

La primera vez que David intentó trasladar el arca a Jerusalén produjo un estallido de ira y muerte, pero su segundo intento suscitó música y danzas. Los sacrificios abundaron. Trompetas, címbalos, arpas y liras pintaron el aire con cantos (1Cr 15:28). Más tarde, todo el pueblo celebró un banquete. Y David *karár* («danzó») con exuberancia ante el Señor. El verbo *karár*, que solo aparece en las descripciones bíblicas de este acontecimiento concreto, deriva de la palabra «redondo», por lo que probablemente signifique bailar dando vueltas o girando. La alegría de David ante Dios era tan incontenible que sus piernas se convirtieron en aleluyas y sus brazos en amenes.

A veces, nuestra alegría delante de Dios alcanza tales alturas que el lenguaje no basta. Aplaudimos. Reímos. Levantamos la cabeza. Levantamos los brazos. «¡Grande es el Señor, y muy digno de ser alabado!» (Sal 48:1)

«Alaben a Dios [...]. Alaben a Dios con pandero y danza [...]. Todo lo que respira alabe al Señor» (Sal 150:1, 4, 6).

Dios, el constructor de casas בית

«EL SEÑOR TAMBIÉN TE HACE SABER QUE EL SEÑOR TE EDIFICARÁ UNA CASA. CUANDO TUS DÍAS SE CUMPLAN Y REPOSES CON TUS PADRES, LEVANTARÉ A TU DESCENDIENTE DESPUÉS DE TI, EL CUAL SALDRÁ DE TUS ENTRAÑAS, Y ESTABLECERÉ SU REINO. ÉL EDIFICARÁ CASA A MI NOMBRE, Y YO ESTABLECERÉ EL TRONO DE SU REINO PARA SIEMPRE».

2 SAMUEL 7:11-13

Segundo de Samuel 7 es un texto que se eleva como una montaña por sobre el terreno narrativo de la Biblia. Desde su cima, nuestros ojos pueden divisar una distancia de mil años. David quiere ser el constructor de Dios, sustituir la tienda del Señor por una estructura de cedro (v. 2). Pero Dios tiene una idea mucho mejor. En lugar de que David le construya una *bayit* («casa física»), él construirá una *bayit* («casa dinástica») para David. Los hijos de David se sentarán en el trono de su padre. Pero Dios tiene planeado algo más: el Señor establecerá el trono de un descendiente de la *bayit* de David para siempre. Esta expectativa sobre el Hijo de David, el Mesías, corre como una veta de oro desde 2 Samuel 7 hasta las primeras páginas de los Evangelios.

Allí encontramos a María y José, «de la casa de David» (Lc 1:27 RVA-2015). Y oímos al anciano Zacarías cantar que Dios «nos ha levantado un cuerno de salvación en la casa de David Su siervo» (1:69). ¡Promesa cumplida!

«Los cielos alabarán Tus maravillas, Señor, y también Tu fidelidad en la asamblea de los santos» (Sal 89:5).

6 DE AGOSTO

Codicia desde la azotea גג

AL ATARDECER DAVID SE LEVANTÓ DE SU LECHO Y SE PASEABA POR EL TERRADO DE LA CASA DEL REY, Y DESDE EL TERRADO VIO A UNA MUJER QUE SE ESTABA BAÑANDO; Y LA MUJER ERA DE ASPECTO MUY HERMOSO.

2 SAMUEL 11:2

Como el *gag* («techo») de las casas israelitas era plano, podía servir para almacenar cosas (Jos 2:6), dormir (1S 9:25) o —en el caso de David— pasear y devorar con la mirada. La ley mosaica exigía que las casas tuvieran un parapeto (pequeño muro) en el borde de las techumbres para evitar que alguien cayera (Dt 22:8). Pero aun así David cayó; se zambulló de cabeza en las hogueras de la lujuria mientras aún estaba en su terrado. Sofonías reprendió a «los que se postran en las terrazas ante el ejército del cielo» (1:5), pero David, sobre su terraza, se inclinó ante el ejército de la tierra: el poder, la pasión y el control. Su lamento por Saúl y Jonatán, «¡Cómo han caído los valientes!» (2S 1:27), resultó inquietantemente autobiográfico.

Cuando los amigos de un paralítico arrancaron un tejado para bajar al enfermo frente a Jesús, las primeras palabras de nuestro Señor fueron «Tus pecados te son perdonados» (Lc 5:20). De un techo a una absolución, eso es lo que ocurrió con David: «El Señor ha quitado tu pecado» (2S 12:13). Ni David, ni nosotros: nadie puede superar la gracia ilimitada de Dios.

«Ten piedad de mí, oh Dios, conforme a Tu misericordia; conforme a lo inmenso de Tu compasión, borra mis transgresiones» (Sal 51:1).

7 DE AGOSTO

Un amante del espejo שֵׂעָר

EN TODO ISRAEL NO HABÍA NADIE TAN BIEN PARECIDO NI TAN CELEBRADO COMO ABSALÓN. DESDE LA PLANTA DE SU PIE HASTA SU CORONILLA NO HABÍA DEFECTO EN ÉL. CUANDO SE CORTABA EL CABELLO (Y ERA AL FINAL DE CADA AÑO QUE SE LO CORTABA, PUES LE PESABA MUCHO Y POR ESO SE LO CORTABA), EL CABELLO PESABA 200 SICLOS [...] SEGÚN EL PESO REAL.

2 SAMUEL 14:25-26

Cabello es *seár*. Absalón, con su larga cabellera, parece ridículamente vanidoso (¿quién pesa su cabello?). Era un hombre que amaba el espejo. David amaba a este hijo, pero fue también la pesadilla de David hecha realidad. Natán, de parte de Dios, le había advertido: «De tu misma casa levantaré el mal contra ti» (2S 12:11). Para cuando este hombre de *seár* famoso hubo concluido su maldad, se halló colgado, muy probablemente, de su cabellera, bajo el «espeso ramaje de una gran encina» (18:9).

Un uso mucho mejor del cabello fue el que hizo una mujer humilde y arrepentida que «comenzó a regar [los pies de Jesús] con lágrimas y los secaba con los cabellos de su cabeza» (Lc 7:38). En este Hijo de David, encontró a un hombre de misericordia que, suspendido entre el cielo y la tierra, le dio a ella —y a todos nosotros— la vida eterna.

«¡Levántate, Señor! ¡Sálvame, Dios mío!» (Sal 3:7)

Brotar צמח

[DAVID DIJO:] «EN VERDAD, ¿NO ES ASÍ MI CASA PARA CON DIOS? PUES ÉL HA HECHO CONMIGO UN PACTO ETERNO, ORDENADO EN TODO Y SEGURO. PORQUE TODA MI SALVACIÓN Y TODO MI DESEO, ¿NO LOS HARÁ CIERTAMENTE GERMINAR?»

2 SAMUEL 23:5

En el principio, Dios hizo «*tsamákj* ["brotar"] de la tierra todo árbol agradable a la vista y bueno para comer» (Gn 2:9). Sin embargo, tras la rebelión de la humanidad, Dios advirtió que «espinos y cardos te *tsamákj*» (3:18). Por lo tanto, este verbo, *tsamákj*, resume nuestra historia: de los árboles buenos a los cardos espinosos; del paraíso al dolor. Sin embargo, en sus famosas «últimas palabras», David canta la llegada de un cambio bienvenido. Dios hará que otra cosa germine: «toda mi salvación y todo mi deseo». El deseo salvífico de nuestro Padre brotará y florecerá conforme al «pacto eterno» que hizo con David.

El Mesías es este «Renuevo [*tsamákj*] justo» de David (Jer 23:5) que Dios hace brotar (*tsamákj*; 33:15) para nuestra salvación. «Como raíz de tierra seca» (Is 53:2), germinará para florecer y crecer como nuestro nuevo y mejor Árbol de la Vida. A la sombra de este Árbol Cristo, encontramos reposo. Y de sus ramas cuelga el fruto de la vida y el perdón, para que hinquemos una vez más el diente en el paraíso.

Abre nuestros labios, oh Señor, y aliméntanos con el fruto que brota del árbol del Hijo de David.

Un corazón con oídos לב שמע

[SALOMÓN ORÓ:] «DA, PUES, A TU SIERVO UN CORAZÓN CON ENTENDIMIENTO PARA JUZGAR A TU PUEBLO Y PARA DISCERNIR ENTRE EL BIEN Y EL MAL. PUES ¿QUIÉN SERÁ CAPAZ DE JUZGAR A ESTE PUEBLO TUYO TAN GRANDE?»

1 REYES 3:9

Si pudieras pedirle a Dios cualquier cosa, ¿qué elegirías? En sueños, el Señor le dijo a Salomón: «Pide lo que quieras que Yo te dé» (3:5). Podría haber pedido una vida larga, enriquecerse o vengarse de sus enemigos —lo que fuera—. Pero, en vez de eso, este rey novato pidió sabiamente un *leb shoméa*. «Corazón con entendimiento» es demasiado abstracto; prefiero la traducción más literal: «corazón que escucha». No solo oídos capaces de oír, sino un corazón con oídos abiertos. En la Biblia, el corazón (*leb*) es el epicentro del ser humano, así que pedir un *leb shoméa* es pedir que todo lo que somos esté en sintonía con cada palabra del Señor.

Salomón desaprovechó frecuentemente este don de un corazón que escuchaba. Sin embargo, «algo más grande que Salomón» (Mt 12:42), el Hijo humano y divino de David, tuvo un corazón en perpetua sintonía con la frecuencia de la palabra de su Padre. Su *leb shoméa* lo hace capaz de «juzgar a este pueblo tuyo tan grande», la Iglesia, con justicia y amor perfectos, pues es «manso y humilde de corazón, y hallarán descanso para sus almas» en él (Mt 11:29).

«Examíname, oh Señor, y pruébame; escudriña mi mente y mi corazón» (Sal 26:2).

El don de la sabiduría חכמה

DIOS DIO A SALOMÓN SABIDURÍA, GRAN DISCERNIMIENTO Y AMPLITUD DE CORAZÓN COMO LA ARENA QUE ESTÁ A LA ORILLA DEL MAR. Y LA SABIDURÍA DE SALOMÓN SOBREPASÓ LA SABIDURÍA DE TODOS LOS HIJOS DEL ORIENTE Y TODA LA SABIDURÍA DE EGIPTO.

1 REYES 4:29-30

Es fácil pasar por alto la palabra más importante de estos versículos. No es «sabiduría» ni «discernimiento», sino el pequeño verbo «dio». La mundialmente conocida *kjokmá* («sabiduría») de Salomón no fue fruto de haber pasado noches enteras estudiando ni de haberse empapado de las enseñanzas de sus rabinos (aunque tanto el estudio como los maestros son vitales). Su *kjokmá* llegó envuelta como un regalo del Dios omnisciente. La *kjokmá* no consiste meramente en coeficiente intelectual, conocimientos enciclopédicos o astucia callejera; es todo eso y mucho más. La sabiduría bíblica es holística: manos sabias para hacer el bien; una mente sabia enamorada de la Palabra y el mundo de Dios; una boca sabia que se hace eco de la sabiduría divina; y un sabio *leb shoméa* («corazón que escucha») atento a la voz divina. *Kjokmá* es el don de reflejar —en el habla, el pensamiento, la voluntad y la acción— al Dios sabio a cuya imagen hemos sido formados.

De niño, Jesús «crecía en sabiduría, en estatura y en gracia para con Dios y los hombres» (Lc 2:52). De hecho, llegó a ser «para nosotros sabiduría de Dios» (1Co 1:30), la encarnación misma de la *kjokmá*, pues es el don que el Padre nos da.

«¡Cuán numerosas son Tus obras, oh Señor! Con sabiduría las has hecho todas; llena está la tierra de Tus posesiones» (Sal 104:24).

11 DE AGOSTO

El peso y la medida de Dios כול

[SALOMÓN DIJO:] «PERO, ¿MORARÁ VERDADERAMENTE DIOS SOBRE LA TIERRA? SI LOS CIELOS Y LOS CIELOS DE LOS CIELOS NO TE PUEDEN CONTENER, CUÁNTO MENOS ESTA CASA QUE YO HE EDIFICADO».

1 REYES 8:27

El agua que llenaba el inmenso mar de bronce del templo podía ser *kul* («medida para ver cuánto contiene»): «en él cabían [*kul*] dos mil batos» (1R 7:26 RVR1995). Esta gigantesca vasija contenía toda esa agua. Pero Salomón exclama al Señor que «¡los cielos y los cielos de los cielos no te pueden contener [*kul*]!». Nuestro misterioso Dios no puede ser encerrado. Sin embargo, también se sitúa en lugares concretos, como el templo. No es como el líquido del mar de bronce, que se podía medir o encerrar, pero cuando se trasladó al templo hizo un gran chapoteo (8:10-11). Sí, es omnipresente, pero está también omnidisponible específicamente donde ha prometido estarlo para su pueblo.

Salomón pregunta: «Pero ¿morará verdaderamente Dios sobre la tierra?». Esta pregunta recibe una respuesta gozosamente positiva en el Mesías. Sí, con toda certeza Dios «morará sobre la tierra». En la antigüedad, los cielos de los cielos no podían *kul* a Dios, pero «toda la plenitud de la Deidad reside corporalmente en [Jesús]» (Col 2:9). En él, el Señor es omnipresente y está omnidisponible para nosotros. Haz que Jesús suba a la balanza y sabrás exactamente cuánto pesa Dios.

Señor Jesús, acompáñanos, sostennos y mantén nuestra mirada fija en ti.

12 DE AGOSTO

Absolución: prerrogativa exclusiva de Dios סלח

«Y ESCUCHA LA SÚPLICA DE TU SIERVO Y DE TU PUEBLO ISRAEL CUANDO OREN HACIA ESTE LUGAR; ESCUCHA TÚ EN EL LUGAR DE TU MORADA, EN LOS CIELOS; ESCUCHA Y PERDONA».

1 REYES 8:30

Algunos verbos hebreos pueden asociarse únicamente a Dios, en especial *bara* («crear») y *salákj* («perdonar»). En español, puedo decir: «Ella ha creado una obra de arte», pero en hebreo no. *Bara* le corresponde exclusivamente a Dios. Del mismo modo, *salákj* es una prerrogativa exclusiva del cielo. *Salákj* se utiliza repetidamente en Levítico para el perdón divino a través del sacrificio. En su oración del templo, Salomón le pide cinco veces a Dios que *salákj* (1R 8:30, 34, 36, 39, 50). En el nuevo pacto, Dios promete, por medio de Jeremías: «perdonaré [*salákj*] su maldad» (31:34). Tal como cada acto de creación (*bara*) es un acto de nuestro Dios poderoso, cada acto re-creativo de perdón (*salákj*) es un acto de nuestro Dios misericordioso.

Cuando Jesús absolvió al paralítico, los escribas lo acusaron de blasfemia, preguntando: «¿Quién puede perdonar pecados, sino solo Dios?» (Mr 2:7). En parte tenían razón, y en parte estaban equivocados: equivocados en cuanto a la blasfemia, pero no en cuanto a la pregunta, que era correcta. Solo Dios puede *salákj*. Y solo Dios perdonó, porque Jesús es «¡Señor mío y Dios mío!» (Jn 20:28). Cada vez que oímos «Te perdono», en boca del propio Dios o de su portavoz, estamos oyendo hablar a los labios del cielo.

«Oh Señor, por amor de Tu nombre, perdona mi iniquidad, porque es grande» (Sal 25:11).

Curva nuestros corazones hacia fuera נטה

«QUE EL SEÑOR NUESTRO DIOS ESTÉ CON NOSOTROS, COMO ESTUVO CON NUESTROS PADRES; QUE NO NOS DEJE NI NOS ABANDONE, PARA QUE INCLINE NUESTRO CORAZÓN HACIA ÉL, PARA QUE ANDEMOS EN TODOS SUS CAMINOS Y PARA QUE GUARDEMOS SUS MANDAMIENTOS, SUS ESTATUTOS Y SUS PRECEPTOS QUE ORDENÓ A NUESTROS PADRES».

1 REYES 8:57-58

El verbo *natá* es una palabra común que se utiliza para describir la forma en que algo se extiende (como una mano), se despliega (como una tienda) o se curva (como un arco). Josué lo utilizó en sentido figurado cuando ordenó a Israel: «Quiten los dioses extranjeros que están en medio de ustedes, y *natá* [inclinen] su corazón al Señor, Dios de Israel» (24:23). Salomón se hizo eco de Josué cuando oró para que Dios «*natá* ["incline"] nuestro corazón hacia Él». Lamentablemente, en la vejez de este rey, sus esposas adoradoras de ídolos «desviaron [*natá*] su corazón tras otros dioses» (1R 11:4). Agustín describe al pecador como *incurvatus in se*, encorvado sobre sí mismo, mirándose el ombligo, con el corazón inclinado hacia el dios llamado Ego.

En Cristo, Dios nos da lo que prometió a través de Ezequiel: corazones de carne para sustituir a nuestros corazones de piedra (36:26). Corazones dóciles y flexibles que se inclinan hacia Dios. En Jesús, «el amor de Dios ha sido derramado en nuestros corazones por medio del Espíritu Santo que nos fue dado» (Ro 5:5); el Espíritu que aleja nuestros corazones del egoísmo inclinándolos hacia Dios y su Palabra.

Señor Jesús, «Inclina mi corazón a Tus testimonios y no a la ganancia deshonesta» (Sal 119:36).

La armada israelita אניה

«EL REY SALOMÓN TAMBIÉN CONSTRUYÓ UNA FLOTA EN EZIÓN GEBER, QUE ESTÁ CERCA DE ELOT, EN LA RIBERA DEL MAR ROJO, EN LA TIERRA DE EDOM. HIRAM ENVIÓ A SUS SIERVOS CON LA FLOTA, MARINEROS QUE CONOCÍAN EL MAR, JUNTO CON LOS SIERVOS DE SALOMÓN».

1 REYES 9:26-27

A diferencia de muchos pueblos antiguos, como los fenicios, los israelitas no eran marinos. Preferían la tierra firme. En el imaginario israelita, que se expresa en su poesía, el mar representa el mal inquieto, el caos y la muerte. La única gran excepción ocurre durante el reinado cosmopolita de Salomón, donde la *oniyá* («nave») hace una breve aparición. Cuando Jonás huye de la faz de Dios, desciende a Jope, donde se embarca en una *oniyá* pilotada por gentiles (1:3). Isaías profetizó que las *oniyót* («naves») de Tarsis repatriarían a los hijos exiliados de Israel (60:9). Casi todas las referencias del AT a los barcos y a la navegación implican de algún modo a los gentiles.

Cuán adecuado, entonces, es que, al llamar a sus primeros discípulos judíos a ser «pescadores de hombres», Jesús lo haya hecho en la «Galilea de los gentiles», donde echaban las redes al mar (Mt 4:15-19). En una embarcación, el Mesías demostró su poder sobre «los vientos y el mar» (8:26). En el vasto mar gentil, Jesús envió a sus seguidores a «[hacer] discípulos de todas las naciones» (28:19), echando la red del evangelio para hacer entrar a los creyentes en la nave de la Iglesia.

Que el aliento de tu Espíritu, oh Señor, hinche las velas de tu Iglesia pescadora.

15 DE AGOSTO

La abominación de la desolación שִׁקּוּץ

SALOMÓN SIGUIÓ A ASTORET, DIOSA DE LOS SIDONIOS, Y A MILCOM, ÍDOLO ABOMINABLE DE LOS AMONITAS. SALOMÓN HIZO LO MALO A LOS OJOS DEL SEÑOR, Y NO SIGUIÓ PLENAMENTE AL SEÑOR, COMO LO HABÍA SEGUIDO SU PADRE DAVID. ENTONCES SALOMÓN EDIFICÓ UN LUGAR ALTO A QUEMOS, ÍDOLO ABOMINABLE DE MOAB, EN EL MONTE QUE ESTÁ FRENTE A JERUSALÉN, Y A MOLOC, ÍDOLO ABOMINABLE DE LOS AMONITAS.

1 REYES 11:5-7

Siglos antes de Salomón, Dios había advertido a Israel que tuviera cuidado de no inclinarse ante las «*shiccutsím* ["abominaciones"] y los ídolos de madera y de piedra, de plata y de oro» (Dt 29:17). La palabra no vuelve a aparecer antes de 1 Reyes 11, cuando Salomón se lanza de lleno a la idolatría. ¿La *shiccúts* («abominación») de Milcom? Sí. ¿La *shiccúts* de Quemos? Sí. ¿E incluso la de Moloc, adorado a través del sacrificio de niños? Lamentablemente, esa también. Como residuos peligrosos, las abominaciones se filtraron en el suelo sagrado de Judá, contaminando la tierra. Más tarde, Daniel profetizó la «abominación de la desolación» (11:31) en la que el altar sagrado sería profanado por un sacrificio idólatra.

Jesús se refirió a esta «abominación de la desolación» como el momento en que sus seguidores deberían huir de Judea a los montes (Mt 24:15). Pablo dice: «Huyan de la idolatría» (1Co 10:14). Rechacen y resistan toda forma de *shiccúts*, postrándose ante el único Dios verdadero —Padre, Hijo y Espíritu Santo, Creador del cielo y de la tierra—, el único que puede salvarnos.

Padre celestial, rescátanos de todo ídolo abominable que aleje nuestros corazones de ti.

16 DE AGOSTO

Rasgar vestiduras y reinos קרע

Y EL SEÑOR DIJO A SALOMÓN: «PORQUE HAS HECHO ESTO, Y NO HAS GUARDADO MI PACTO Y MIS ESTATUTOS QUE TE HE ORDENADO, CIERTAMENTE ARRANCARÉ EL REINO DE TI, Y LO DARÉ A TU SIERVO».

1 REYES 11:11

Gran parte de la historia de Israel es un relato que se presenta como lo que llamaríamos «otra estrofa de la misma canción». El primero de los dos reyes anteriores a Salomón fue Saúl, a quien el profeta dijo: «Hoy el Señor ha *cará* ["arrancado"] de ti el reino de Israel, y lo ha dado a un prójimo tuyo» (1S 15:28). Ahora, Salomón escucha «la segunda estrofa» de esta canción: por haber llenado a Sión de ídolos, Dios le «*cará* el reino». Y eso no es todo. Puesto que este verbo, *cará*, se usa predominantemente para describir a alguien que «rasga sus vestiduras» de dolor, toda la triste escena de Salomón está llena de melancolía. El más sabio de los hombres ha quedado reducido a un necio grosero e impío. A su muerte, su arrogante y testarudo hijo partiría a Israel en dos —una brecha que jamás sanaría—.

Isaías ora: «¡Oh, si rasgaras [*cará*] los cielos y descendieras!» (64:1). Y eso es lo que Dios hace en su Hijo ungido, que bajó del cielo para hacerse uno de nosotros, rasgar el velo del templo en dos y establecer un reino inquebrantable sobre el cual él, la Sabiduría, reina como Rey de reyes.

Señor Jesús, haz que rasguemos nuestros corazones, no nuestras vestiduras, mientras volvemos a ti, nuestro Rey misericordioso.

17 DE AGOSTO

Yugos pesados y livianos על

ENTONCES VINO JEROBOAM CON TODA LA ASAMBLEA DE ISRAEL, Y HABLARON CON ROBOAM, Y LE DIJERON: «SU PADRE [SALOMÓN] HIZO PESADO NUESTRO YUGO. AHORA PUES, ALIGERE LA DURA SERVIDUMBRE DE SU PADRE Y EL PESADO YUGO QUE PUSO SOBRE NOSOTROS Y LE SERVIREMOS».

1 REYES 12:3-4

El lujoso estilo de vida de Salomón no se pagó solo, como tampoco se edificaron solos sus enormes proyectos de construcción. Fueron obras de la gente corriente. Así que Israel pidió que el hijo de Salomón hiciera más liviano el pesado *ol* («yugo») que llevaban. En la Biblia, el yugo, un travesaño de madera que se colocaba sobre el cuello de los bueyes para remolcar algo o arar, es una metáfora común de la esclavitud humana o el trabajo duro. Dios rompió el yugo de esclavitud de Israel en Egipto (Lv 26:13). Jeremías llevó un yugo para representar la esclavitud venidera de Judá en Babilonia (27:1-28:17). Los primeros rabinos hablaron de llevar «el yugo del reino de los cielos» viviendo según las leyes de la Torá.

El Mesías rompe y aligera yugos. Isaías dice que quebrará «el yugo de [la] carga [de Israel]» (9:4). A los que están cansados y cargados, les dice: «Tomen Mi yugo sobre ustedes y aprendan de Mí, que Yo soy manso y humilde de corazón, y hallarán descanso para sus almas. Porque mi yugo es fácil y mi carga ligera» (Mt 11:28-30). Llevar el yugo de Jesús es servir en libertad; en libertad para reposar; y en reposo para hallar paz bajo este Rey bondadoso.

Pon sobre nosotros, Señor Jesús, tu ligero yugo de libertad para que podamos servirte con alegría.

18 DE AGOSTO

Consejo imprudente יעץ

ASÍ QUE [JEROBOAM] BUSCÓ CONSEJO, HIZO DOS BECERROS DE ORO, Y DIJO AL PUEBLO: «ES MUCHO PARA USTEDES SUBIR A JERUSALÉN; AQUÍ ESTÁN SUS DIOSES, OH ISRAEL, LOS CUALES TE HICIERON SUBIR DE LA TIERRA DE EGIPTO». PUSO UNO EN BETEL Y EL OTRO LO PUSO EN DAN.

1 REYES 12:28-29

El rey Jeroboam cometió dos errores graves que causaron la ruina de las tribus del norte. En primer lugar, escuchó a su corazón. Jeroboam se dijo «en su corazón» que, a menos que iniciara cambios importantes en el culto, su pueblo lo abandonaría y lo mataría (12:26-27). En segundo lugar, *yaáts* («buscó consejo») acudiendo a hombres que decían amén a todo y no hacían más que confirmar sus malas intenciones. Estos consejos internos y externos lo llevaron a erigir dos réplicas del infame becerro de oro del Sinaí en las ciudades del norte (Dan) y del sur (Betel) de su reino, además de hacer cambios en el sacerdocio y el calendario festivo. Aunque el funeral de la nación no tendría lugar antes de doscientos años (722 a. C.), Jeroboam y sus consejeros ya habían firmado el certificado de defunción de Israel.

A diferencia de este gobernante egoísta e idólatra, el Hijo y Señor de David es llamado *Péle Yoéts*, «Admirable Consejero» (Is 9:6). En su corazón reina la palabra de su Padre, y a nosotros nos envía el Espíritu Santo, que sabiamente aconseja a nuestros corazones adorar al único Dios verdadero, que nos ha sacado del país de la muerte y nos ha devuelto a la vida.

Bendito seas, oh Señor, porque nos aconsejas y nos instruyes en la noche (Sal 16:7).

19 DE AGOSTO

Mano seca, rostro duro חלה

EL REY RESPONDIÓ AL HOMBRE DE DIOS: «TE RUEGO QUE SUPLIQUES AL SEÑOR TU DIOS, Y ORES POR MÍ, PARA QUE MI MANO ME SEA RESTAURADA». EL HOMBRE DE DIOS SUPLICÓ AL SEÑOR Y LA MANO DEL REY LE FUE RESTAURADA, Y QUEDÓ COMO ANTES.

1 REYES 13:6

Tal como Dios secó (*yabésh*) el mar Rojo y el Jordán (Jos 4:23), así secó (*yabésh*) la mano de Jeroboam para castigarlo (1R 13:4). El rey, viendo su mano seca, pidió al profeta que «ablandes [kjalá] el rostro del SEÑOR tu Dios». El verbo *kjalá* se utiliza a menudo en la expresión *kjalá paním* («ablandar el rostro»), que significa apaciguar. De hecho, tal como Moisés «ablandó el rostro de Dios» para Israel tras su idolatría del becerro de oro (Éx 32:11), ahora el idólatra Jeroboam pide a este profeta que *kjalá paním* para él. El profeta lo hace, y aunque la mano de Jeroboam se restableció, su corazón —como la historia mostrará después— permaneció tan marchito como lo había estado su mano.

Cuando imploramos el favor del Señor, miramos el rostro del crucificado, que es blando por la misericordia y suave por la gracia, pues Cristo nos mira como a aquellos por los que estuvo dispuesto a morir. En él, el Padre está plena y eternamente apaciguado, y su favor restaura todo lo que somos, y no solamente nuestras manos.

Padre celestial, «[Suplico] Tu favor con todo mi corazón; ten piedad de mí conforme a Tu promesa» (Sal 119:58).

20 DE AGOSTO

La viuda sidonia אלמנה

VINO DESPUÉS A [ELÍAS] LA PALABRA DEL SEÑOR, DICIENDO: «LEVÁNTATE, VE A SAREPTA, QUE PERTENECE A SIDÓN, Y QUÉDATE ALLÍ; PORQUE YO HE MANDADO A UNA VIUDA DE ALLÍ QUE TE SUSTENTE».

1 REYES 17:8-9

En el Israel antiguo, una *almaná* («viuda») enterraba más que a su marido; en ese cementerio, cubiertas por la tierra, se hallaban su provisión y protección. Ella y su familia eran especialmente vulnerables a los abusos, el hambre y la injusticia. Dios tuvo una buena razón para ordenar: «A la viuda y al huérfano no afligirán» (Éx 22:22). En tiempos de Elías las viudas no escaseaban en Israel, pero Dios envió al profeta a Sarepta: allí, una viuda gentil, su familia y Elías fueron alimentados milagrosamente por el Señor de Israel. Israel había despreciado tan groseramente a Dios y su Palabra que el Señor empujó al profeta a salir de sus fronteras, extendiendo su misericordia a una viuda del mundo gentil.

En un sermón que estuvo a punto de costarle la vida, Jesús se refirió a este incidente para ilustrar la máxima de que «ningún profeta es bien recibido en su propia tierra» (Lc 4:24). A menudo, los más cercanos a la Palabra son los que más la desprecian: la dan por sentada, la ignoran, y la tratan como un derecho. Por eso, Dios la lleva más allá de sus fronteras, a las «Sareptas» del mundo, donde es ávidamente oída y creída por quienes también conocen el dolor de la desposesión y la vulnerabilidad de la viuda.

Ablanda nuestros corazones, oh Señor, para que atesoremos y confiemos en tu Hijo, que tiene palabras de vida eterna.

21 DE AGOSTO

El fuego de Dios אֵשׁ

[ELÍAS DIJO:] «INVOQUEN EL NOMBRE DE SU DIOS, Y YO INVOCARÉ EL NOMBRE DEL SEÑOR; Y EL DIOS QUE RESPONDA POR FUEGO, ESE ES DIOS». Y TODO EL PUEBLO RESPONDIÓ: «LA IDEA ES BUENA».

1 REYES 18:24

Para Baal, responder con *esh* («fuego») debería haber sido lo mismo que si Poseidón respondiera con agua. Siendo el dios del cielo, descargar fuego como un rayo debería haber sido un juego de niños. No obstante, por más que los sacerdotes subieron el volumen, deliraron y se hicieron cortes en la piel, los cielos permanecieron fríos como hielo. En cambio, cuando llegó el turno de Elías, cayó *esh* con tanta violencia que diezmó los sacrificios, la madera, la piedra y el polvo. Sus lenguas de fuego lamieron incluso el agua. Este *esh* quemó toda duda de que Baal era un engaño y solo Yahvé era Dios.

Puesto que el fuego destruye, refina, ilumina y calienta, es la imagen ideal para la diversidad de las obras del Espíritu. El ardiente Espíritu de Dios incinera la idolatría, purga de nosotros la escoria inmoral, ilumina nuestras vidas oscurecidas y descongela nuestros gélidos corazones. Cuando el fuego del Señor cae sobre nosotros, nos duele, pero ese dolor es el portal hacia la paz. «Al presente ninguna disciplina parece ser causa de gozo, sino de tristeza. Sin embargo, a los que han sido ejercitados por medio de ella, después les da fruto apacible de justicia» (Heb 12:11).

Oh Espíritu Santo, Fuego del Padre, quema todo el mal de nuestras vidas y enciende en nosotros la fe, la esperanza y el amor.

Un susurro apacible קול דממה דקה

EN ESE MOMENTO EL SEÑOR PASABA, Y UN GRANDE Y PODEROSO VIENTO DESTROZABA LOS MONTES Y QUEBRABA LAS PEÑAS DELANTE DEL SEÑOR; PERO EL SEÑOR NO ESTABA EN EL VIENTO. DESPUÉS DEL VIENTO, UN TERREMOTO; PERO EL SEÑOR NO ESTABA EN EL TERREMOTO. DESPUÉS DEL TERREMOTO, UN FUEGO; PERO EL SEÑOR NO ESTABA EN EL FUEGO. Y DESPUÉS DEL FUEGO, EL SUSURRO DE UNA BRISA APACIBLE.

1 REYES 19:11-12

Si tuviéramos que escoger las vestimentas del Todopoderoso, probablemente elegiríamos algo llamativo y grandioso, digno de una deidad. Ante Elías desfilan varios atuendos —un gran viento, un terremoto y un fuego—, pero ninguno de ellos se ajusta. Los tres son demasiado grandes. Y entonces surge la *col demamá dacá*: una voz (*col*) calma (*demamá*) y fina (*dacá*) —el sonido «apacible y delicado» de la RVR—. Como sea que la traduzcamos, esta voz parece demasiado minúscula para la magnífica complexión de Dios.

Y ese es el punto. Elías anhela que Dios haga algo grande y vistoso. Tiene pánico; cree que solo queda él. Pero en un susurro apenas audible, Dios le dice: «Tengo todo bajo control. De hecho, tengo siete mil seguidores más, semejantes a ti». Aún hoy, el Señor se esconde en lo pequeño, en lo humilde, en la quietud de su Palabra, su bautismo y su comida. El gran Dios aún se esconde en la voz «apacible y delicada» del Cristo crucificado y resucitado por ti.

Señor Jesús, danos ojos para ver tus obras y oídos para oír tu Palabra donde menos lo esperamos.

Vestido para profetizar אדרת

ELÍAS PARTIÓ DE ALLÍ Y ENCONTRÓ A ELISEO, HIJO DE SAFAT, QUE ESTABA ARANDO CON DOCE YUNTAS DE BUEYES DELANTE DE ÉL, Y ÉL ESTABA CON LA ÚLTIMA. ELÍAS PASÓ ADONDE ÉL ESTABA Y LE ECHÓ SU MANTO ENCIMA.

1 REYES 19:19

Cuando Mateo nos presenta a Juan el Bautista, dice que «tenía un vestido de pelo de camello y un cinto de cuero a la cintura» (3:4). Parece extraño. ¿Por qué molestarse en describir su atuendo? Es la forma indirecta en que Mateo nos hace saber que Juan es el «Elías» profetizado por Malaquías (4:5), pues Elías también «Era un hombre cubierto de pelo, con un cinturón de cuero ceñido a sus lomos» (2R 1:8). Juan estaba vestido para profetizar. Elías llevaba además un *addéret* («manto» o «capa») que echó sobre Eliseo cuando lo llamó (1R 19:19), con el cual también abrió el Jordán, y que dejó caer para Eliseo desde el carro que lo llevó al cielo (2R 2:13). Evidentemente, otros profetas también llevaban un *addéret* (Zac 13:4).

Elías dio paso a Eliseo, y Juan dio paso a Jesús, pero Jesús no heredó manto alguno de parte de Juan. Heredó algo mejor: el camino allanado que este precursor le preparó. Juan, la voz que clamó en el desierto, preparó a la nación para el Mesías, el cual, desnudo sobre la cruz, vestiría a la humanidad con las vestiduras de la vida.

Envuélvenos en vestiduras blancas, querido Señor, para que aparezcamos puros y sin mancha delante de ti.

Asesinato por una viña כרם

Y ACAB LE DIJO A NABOT: «DAME TU VIÑA PARA QUE ME SIRVA DE HUERTA PARA HORTALIZA PORQUE ESTÁ CERCA, AL LADO DE MI CASA, Y EN SU LUGAR YO TE DARÉ UNA VIÑA MEJOR; SI PREFIERES, TE DARÉ SU PRECIO EN DINERO». PERO NABOT LE DIJO A ACAB: «NO PERMITA EL SEÑOR QUE LE DÉ LA HERENCIA DE MIS PADRES».

1 REYES 21:2-3

La historia de Nabot, Acab y Jezabel trata de mucho más que de una sola *kérem* («viña»). Es, en pocas palabras, la historia del reino del norte. Nabot es el israelita fiel que honra su *kérem* como una herencia del Señor. Su tierra es un Israel en miniatura, «la *kérem* del Señor de los ejércitos» (Is 5:7). Tal como Acab y Jezabel —principales candidatos al dúo más ruin del AT— usaron la mentira y el asesinato para robar la viña de Nabot, los gobernantes corruptos le han «robado» Israel a su Señor mediante la idolatría y el derramamiento de sangre.

La parábola de Jesús sobre los labradores de la viña que golpearon a los siervos del dueño y finalmente asesinaron a su hijo probablemente se inspira en la historia de la viña de Nabot (Mt 21:33-46). Sin embargo, pese a los Acabes y a las Jezabeles, el Señor tendrá su cosecha. «El reino de Dios [...] será dado a una nación que produzca los frutos» (v. 43) de «amor, gozo, paz, paciencia, benignidad, bondad, fidelidad, mansedumbre, [y] dominio propio» (Gá 5:22-23).

Obra en nosotros, Espíritu Santo, para que trabajemos fielmente en la viña del Señor de los ejércitos.

El trono divino כסא

EL REY DE ISRAEL Y JOSAFAT, REY DE JUDÁ, ESTABAN SENTADOS CADA UNO EN SU TRONO, […] Y TODOS LOS PROFETAS ESTABAN PROFETIZANDO DELANTE DE ELLOS. […] RESPONDIÓ MICAÍAS: «POR TANTO, ESCUCHE LA PALABRA DEL SEÑOR. YO VI AL SEÑOR SENTADO EN SU TRONO, Y TODO EL EJÉRCITO DE LOS CIELOS ESTABA JUNTO A ÉL, A SU DERECHA Y A SU IZQUIERDA».

1 REYES 22:10, 19

Aunque *kissé* puede referirse simplemente a una silla o a un asiento de honor para un sacerdote (1S 1:9), la mayoría de las veces se refiere al trono de un rey, o es una metáfora del poder monárquico o divino. Primero de Reyes 22 presenta un vívido contraste entre los tronos de la tierra y el cielo: dos reyes mortales se sientan cada uno en un *kissé*, y el único Rey inmortal se sienta en el suyo. Los reyes terrenales están rodeados de profetas mentirosos (sin contar a Micaías), mientras que Yahvé está rodeado de las huestes celestiales. Él es el verdadero Rey, del que todos los reyes terrenales son una imagen débil, defectuosa y a menudo falsa.

El arcángel Gabriel le dijo a María que Dios le daría a su Hijo «el trono de Su padre David» (Lc 1:32). Al ascender, como rey y sumo sacerdote, se sentó «a la diestra del trono de la Majestad en los cielos» (Heb 8:1). A ese «trono de gracia» nos acercamos con confianza «para [recibir] misericordia, y [hallar] gracia para la ayuda oportuna» (Heb 4:16).

«Tu trono, oh Dios, es eterno y para siempre; cetro de equidad es el cetro de Tu reino» (Sal 45:6).

Osos, muchachos y un profeta calvo קרח

[ELISEO] SUBIÓ DE ALLÍ A BETEL; Y MIENTRAS SUBÍA POR EL CAMINO, UNOS MUCHACHOS SALIERON DE LA CIUDAD Y SE BURLABAN DE ÉL, DICIÉNDOLE: «¡SUBE, CALVO; SUBE, CALVO!». CUANDO ÉL MIRÓ HACIA ATRÁS Y LOS VIO, LOS MALDIJO EN EL NOMBRE DEL SEÑOR. ENTONCES SALIERON DOS OSAS DEL BOSQUE Y DESPEDAZARON DE ELLOS A CUARENTA Y DOS MUCHACHOS.

2 REYES 2:23-24

Esta «historia de osos» se malinterpreta fácilmente. El hebreo para «muchachos» podría, con igual precisión, traducirse como «jóvenes». Probablemente estaban asociados con el culto a Baal en Betel. La palabra *queréakj* («calvo») aparece solamente aquí y en Levítico, en una sección sobre enfermedades de la piel (13:40). Esto sugiere que se estaban burlando de él por considerarlo impuro. Además le dicen: «¡Sube!», es decir, desaparece, como acababa de hacerlo Elías, su padre espiritual. En resumen, se trata de un breve pero feroz enfrentamiento entre el profeta de Yahvé y los adoradores de Baal.

Justo antes de esto, Eliseo cruzó el Jordán en seco, como lo había hecho Josué. Y al igual que Josué, ahora Eliseo enfrenta y lucha contra los idólatras, a quienes maldice y da muerte con osos. Este es solo un episodio más de la milenaria guerra entre la luz y las tinieblas, la verdad y la mentira; una guerra que terminará cuando el Rey regrese con una diadema como adorno de su frente (Ap 1:14; 19:12).

Líbranos, oh Señor, de labios mentirosos y lenguas burlonas, para que te glorifiquemos solo a ti.

27 DE AGOSTO

Naamán renace נער קטן

ENTONCES [NAAMÁN] BAJÓ Y SE SUMERGIÓ SIETE VECES EN EL JORDÁN CONFORME A LA PALABRA DEL HOMBRE DE DIOS; Y SU CARNE SE VOLVIÓ COMO LA CARNE DE UN NIÑO, Y QUEDÓ LIMPIO.

2 REYES 5:14

Ni siquiera sabemos cómo se llamaba, pero Dios utilizó la audaz confesión de una jovencita (*naará quetanná*) para alterar perpetuamente la vida de Naamán, el general arameo. Ella le dijo a la mujer de Naamán —la cual transmitió el mensaje a su marido— que el profeta de Samaria podía curar la enfermedad que Naamán tenía en la piel. Así que el general emprendió el viaje para ver a Eliseo. Tras negarse obstinadamente al principio, Naamán finalmente «se sumergió siete veces en el Jordán». ¿El resultado? «Su carne se volvió como la carne de un niño [*náar catón*]». El hebreo deja al descubierto un significado profundo. Dios se sirvió de una *naará quetanná* («jovencita») para llevar a este poderoso gentil a tener la piel de un *náar catón* («jovencito»). El más grande se vuelve como el más pequeño en estas aguas purificadoras.

El bautismo, al igual que el Jordán, es el gran igualador. No importa quiénes seamos al entrar en esas aguas —poderosos o vulnerables; ricos o pobres; famosos o desconocidos—, todos salimos iguales: como hijos de Dios. El agua simple y la palabra fuerte lavan y quitan la enfermedad del pecado. Somos limpios, santos, y todos somos parte de la misma familia de nuestro Padre.

Te damos gracias, Padre celestial, por habernos reclamado como hijos tuyos en el Jordán del bautismo.

28 DE AGOSTO

De santuario a retrete מחראה

TAMBIÉN DERRIBARON EL PILAR SAGRADO DE BAAL Y DEMOLIERON LA CASA DE BAAL, Y LA CONVIRTIERON EN UNA LETRINA, HASTA HOY.

2 REYES 10:27

En 2016, los arqueólogos desenterraron un santuario, probablemente dedicado a Baal, en Tel Laquis. En su interior había un altar de cuatro cuernos (dañado), lámparas y cuencos. En sí mismo, esto no era precisamente una noticia, dada la abundancia de lugares de culto ilícito en el Israel antiguo. Sin embargo, lo que saltó a los titulares internacionales fue otro elemento del santuario: un retrete. Parece que, en algún momento, los fieles israelitas adoradores de Yahvé decidieron otorgarle a esta habitación idólatra la profanación máxima. Jehú y sus hombres hicieron exactamente lo mismo con otro templo de Baal: lo demolieron y lo convirtieron en una *makjaraá* («letrina»).

Transformar un lugar pagano de consagración en un lugar cotidiano de defecación es coherente con la visión bíblica de los dioses falsos. De hecho, una de las palabras favoritas de Ezequiel para referirse a los ídolos es *gillulím*, que probablemente signifique «cosas de estiércol» (p. ej., 6:4-5). En términos inequívocos, Dios nos hace saber lo que piensa de los dioses falsos. No son dignos de santuarios, sino de cloacas. Elevemos, por el contrario, nuestros corazones al único Dios verdadero, que nos ha hecho, nos ha amado y se ha entregado por entero a nosotros en Jesucristo. Solo él es digno de nuestra adoración.

«Digno eres, Señor y Dios nuestro, de recibir la gloria y el honor y el poder, porque Tú creaste todas las cosas, y por Tu voluntad existen y fueron creadas» (Ap 4:11).

29 DE AGOSTO

El atuendo del dolor שׂק

CUANDO EL REY EZEQUÍAS OYÓ ESTO RASGÓ SUS VESTIDOS, SE CUBRIÓ DE CILICIO Y ENTRÓ EN LA CASA DEL SEÑOR.

2 REYES 19:1

Cuando utilizamos la palabra «saco», en nuestros labios se halla el hebreo. La palabra deriva del término *sac*, que puede significar un saco o bolsa para la comida (Gn 42:25), una manta improvisada (2S 21:10) o, lo que es más común, tela de saco. Ezequías y sus funcionarios vistieron *sac* cuando los asirios sitiaron Jerusalén. Jacob lloró a José vistiendo *sac* (Gn 37:34). El uso más extraño se dio en Nínive, cuando aun los animales se cubrieron de *sac* (Jon 3:8). Tal como nosotros podríamos ir a un funeral vestidos de negro como señal externa de un corazón triste, los israelitas usaban *sac* como vestiduras de arrepentimiento o atuendo de dolor.

Isaías habló de los cielos cubiertos de cilicio (50:3), imagen que Juan recoge en Apocalipsis cuando, al abrirse el sexto sello, «el sol se puso negro como cilicio» (6:12). Este tiempo presente, tan a menudo inundado de pena, dolor, pérdida, maldad y vergüenza, es una época de cilicio. Sin embargo, en un abrir y cerrar de ojos, a la trompeta final, todo cambiará, cuando Jesús regrese para cubrirnos de alegres vestiduras blancas como la nieve, y todos los creyentes exclamen extasiados:

«Tú has cambiado mi lamento en danza; has desatado mi ropa de luto y me has ceñido de alegría» (Sal 30:11).

30 DE AGOSTO

El tercer día שְׁלִישִׁי

«ASÍ DICE EL SEÑOR, DIOS DE TU PADRE DAVID: "HE ESCUCHADO TU ORACIÓN Y HE VISTO TUS LÁGRIMAS; ENTONCES TE SANARÉ. AL TERCER DÍA SUBIRÁS A LA CASA DEL SEÑOR"».

2 REYES 20:5

Pablo escribe que Cristo «resucitó al tercer día, conforme a las Escrituras» (1Co 15:4). Esto parece extraño, porque no hay ninguna profecía directa sobre una resurrección del Mesías al tercer día. Por lo tanto, ¿qué quiso decir Pablo? El apóstol se refería al patrón generalizado de acontecimientos que suceden en el *shilishí* («tercer») día. Por ejemplo, todos estos eventos sucedieron en el *shilishí* día: Abraham e Isaac vieron Moriah, el lugar del sacrificio (Gn 22:4); Yahvé descendió dramáticamente sobre el Sinaí para pronunciar la ley (Éx 19:16); Ezequías, sanado por Dios, regresó al templo para adorar (2R 20:5); y, lo que es más significativo, Oseas profetizó que Dios levantaría a Israel «al tercer día» (6:2). En las Escrituras, el tercer día es el «Día en que Dios hace algo grande».

Tal como en el *shilishí* día de la creación el Señor hizo brotar vegetación de la tierra (Gn 1:11-12), en el tercer día, el propio Creador —estando su cuerpo enterrado como un único grano de trigo en el suelo de la tumba— brotó de la tierra para darnos, en sí mismo, el fruto abundante de la vida de resurrección (Jn 12:24).

Señor Jesús, que sanas a los quebrantados de corazón, venda nuestras heridas y susténtanos (Sal 147:3).

El libro enrollado ספר

ENTONCES EL SUMO SACERDOTE HILCÍAS DIJO AL ESCRIBA SAFÁN: «HE HALLADO EL LIBRO DE LA LEY EN LA CASA DEL SEÑOR».

2 REYES 22:8

En algún momento, una parte de la Torá (posiblemente Deuteronomio) se extravió o guardó en el templo, y luego simplemente se esfumó por entre las grietas de la memoria de Israel. Un día, el sumo sacerdote tropezó con ella, y se la dio al secretario del rey Josías, quien a su vez la leyó delante del rey. Como esta porción de la Torá pronunciaba un anatema sobre la «nueva normalidad» de la adoración de ídolos en Judá, el humilde y arrepentido Josías inició inmediatamente una reforma radical.

Aunque la mayoría de las traducciones se refieren a este *séfer* como un «libro», la práctica de encuadernar las páginas como un libro o códice no se inventaría sino hasta varios siglos después. *Séfer* es la palabra general para «algo escrito», normalmente en una carta o rollo. Estos rollos solían ser de papiro o cuero, aunque los arqueólogos han descubierto algunos de cobre e incluso de plata.

Cuando Jesús estaba en la sinagoga de Nazaret, «Le dieron el rollo del profeta Isaías. Jesús lo desenrolló» y leyó una parte (Lc 4:17 NTV). ¡Qué espectáculo! La Palabra divina leyendo la palabra escrita a una congregación. Acerca de este rollo de Isaías —y de cualquier rollo bíblico—, el Mesías pudo decir: «En el rollo del libro está escrito de mí» (Heb 10:7).

Jesús, cumplimiento de la Ley, los Profetas y los Escritos, haz que meditemos día y noche en tus sagradas palabras.

1 DE SEPTIEMBRE

Exilio גלות

Y AL RESTO DEL PUEBLO QUE HABÍA QUEDADO EN LA CIUDAD, A LOS DESERTORES QUE SE HABÍAN PASADO AL REY DE BABILONIA Y AL RESTO DE LA MULTITUD, LOS LLEVÓ EN CAUTIVERIO NABUZARADÁN, CAPITÁN DE LA GUARDIA.

2 REYES 25:11

Cuando los judíos de hoy describen la condición de ser desarraigados de su patria de Israel, a menudo la llaman *Galút*. Este sustantivo se refiere a un grupo de exiliados (Is 20:4) o al exilio en sí (2R 25:27). Proviene del verbo *galá*, que puede significar desnudar o irse, pero que comúnmente describe «ser exiliado», como cuando los babilonios llevaron a los israelitas en cautiverio (v. 11). No por haber provocado la ira del Señor practicando la idolatría por años o aun décadas, sino por siglos de rebelión —desde el éxodo (21:15)—, Israel recibió finalmente el golpe más catastrófico posible: *galút* a Babilonia.

Los profetas anunciaron un Mesías que no solo traería de vuelta a los exiliados de Israel, sino que además sería «luz de las naciones» (Is 49:6). Jesús lo cumplió, pero de un modo extraordinario e inesperado. Cuando fue «levantado de la tierra» en lo alto de la cruz, atrajo hacia sí a «todos» (Jn 12:32), poniendo fin al *galút* de la humanidad al ser él mismo exiliado a la muerte y regresar a la vida.

Tal como hemos sembrado con lágrimas en el exilio, oh Señor, haznos volver a casa con gritos de alegría, trayendo con nosotros nuestras gavillas (Sal 126:5-6).

El acusador שָׂטָן

SATÁN SE ENFRENTÓ A ISRAEL E INSTIGÓ A DAVID A CENSAR A ISRAEL.

1 CRÓNICAS 21:1 BLPH

En el NT, Satanás o Satán es el nombre del archienemigo de Cristo y de su pueblo. Sin embargo, en el AT, la palabra hebrea *satán* es más fluida. Puede ser positiva: cuando el ángel de Dios obstaculiza el camino de Balaam, actúa «como un adversario [*satán*] contra él» (Nm 22:22). O puede ser negativa: el salmista se queja de sus acusadores [*satán*] (Sal 71:13 NVI). *Satán*, dependiendo de si es verbo o sustantivo, significa, pues, «ser enemigo» o «acusador». Tal como nosotros podríamos decir que alguien actúa «endiabladamente» pero sin querer decir que esa persona sea el diablo, los israelitas podían decir que alguien era un *satán* sin referirse a Satán en sí. No obstante, en el AT hay algunos ejemplos en los que *Satán* es un nombre propio de *el* enemigo, *el* acusador, como cuando «instigó a David» o afligió a Job (*cf.* Zac 3:1-2).

Jesús vio a Satán «caer del cielo como un rayo» (Lc 10:18). «Y fue arrojado el gran dragón, la serpiente antigua que se llama Diablo y Satanás, el cual engaña al mundo entero. Fue arrojado a la tierra» (Ap 12:9). «El acusador de nuestros hermanos, el que los acusa delante de nuestro Dios día y noche, ha sido arrojado» (v. 10). Fue vencido «por medio de la sangre del Cordero» (v. 11). En Cristo, Satán ya no puede *satán*-earnos.

Toda la alabanza sea a ti, oh Cordero de Dios, cuya sangre ha hecho callar para siempre al Acusador.

Amor divino אהב

[LA REINA DE SABÁ DIJO A SALOMÓN:] «BENDITO SEA EL SEÑOR TU DIOS QUE SE AGRADÓ EN TI, PONIÉNDOTE SOBRE SU TRONO COMO REY PARA EL SEÑOR TU DIOS; PORQUE TU DIOS AMÓ A ISRAEL AFIRMÁNDOLO PARA SIEMPRE, POR LO CUAL TE HA PUESTO POR REY SOBRE ELLOS PARA HACER DERECHO Y JUSTICIA».

2 CRÓNICAS 9:8 LBLA

Dos gobernantes gentiles que admiraban a Salomón confesaron que el Señor *ajáb* («amaba») a Israel. El rey Hiram de Tiro escribió a Salomón: «Por cuanto el SEÑOR *ajáb* a Su pueblo, te ha hecho rey sobre ellos» (2Cr 2:11). Y la reina de Sabá dijo: «Porque tu Dios *ajáb* a Israel afirmándolo para siempre, […] te ha puesto por rey sobre ellos» (9:8). Amar (*ajáb*) y el amor en sí (*ájaba*) describen el compromiso fiel que algunas personas tienen con otras (Gn 22:2), que Dios tiene con su pueblo (Dt 7:8) y que las personas tienen con Dios (6:5). Para Dios, amar es actuar: salvar, redimir, proteger y ser el Dios de Israel. El patriarca Abraham, en particular, es llamado «amigo» de Dios, o, más literalmente, su «amado» (Is 41:8; 2Cr 20:7).

En lugar de «Porque de tal manera amó Dios al mundo…», el texto griego de Juan 3:16 podría traducirse mejor como «Porque Dios amó al mundo *de esta manera*». Eso capta la esencia hebrea del amor: Dios encarna su amor de este modo, en el acto mismo de dar a su Hijo por nosotros.

Oh Amante de la humanidad, Señor clemente y magnánimo, míranos con un corazón misericordioso.

4 DE SEPTIEMBRE

Esdras: estudiante y maestro de la Torá דרשׁ

ESDRAS SUBIÓ DE BABILONIA, Y ERA ESCRIBA EXPERTO EN LA LEY DE MOISÉS, QUE EL SEÑOR, DIOS DE ISRAEL, HABÍA DADO. […] ESDRAS HABÍA DEDICADO SU CORAZÓN A ESTUDIAR LA LEY DEL SEÑOR, Y A PRACTICARLA, Y A ENSEÑAR SUS ESTATUTOS Y ORDENANZAS EN ISRAEL.

ESDRAS 7:6, 10

Cuando los israelitas regresaron del exilio en Babilonia, se enfrentaron a obstáculos debilitantes. Los enemigos crecían mientras la moral decaía. Muchos de sus líderes se habían casado con no creyentes. Dios levantó a Esdras como una especie de neo-Moisés para guiar a su pueblo descarriado. Pero ¿de qué manera? «[Dedicó] su corazón a *darásh*» la Torá de Yahvé. El verbo *darásh* significa ocuparse de, investigar, examinar; de ahí la traducción «estudiar». Como dice el salmista: «Grandes son las obras del Señor, *darásh* ["estudiadas"] por todos los que se deleitan en ellas» (111:2). Esdras sabía que las «obras del Señor», inscritas en la Torá, serían una lámpara para los pies de Israel y una luz en su camino para guiarlos de vuelta a Dios (Sal 119:105).

Jesús dijo: «Ustedes examinan las Escrituras porque piensan tener en ellas la vida eterna. ¡Y son ellas las que dan testimonio de Mí!» (Jn 5:39). De un modo u otro, toda exploración bíblica tiene que ver con Cristo. Cuando nosotros *darásh* las Escrituras, buscamos a Aquel en el cual todas las promesas de Dios son sí (2Co 1:20).

Señor Jesús, «Tuyo soy, […] sálvame, pues Tus preceptos he buscado» (Sal 119:94).

5 DE SEPTIEMBRE

Las murallas de Jerusalén חומה

EN LA DEDICACIÓN DE LA MURALLA DE JERUSALÉN BUSCARON A LOS LEVITAS DE TODOS SUS LUGARES PARA TRAERLOS A JERUSALÉN, A FIN DE CELEBRAR LA DEDICACIÓN CON ALEGRÍA, CON HIMNOS DE ACCIÓN DE GRACIAS Y CON CÁNTICOS, ACOMPAÑADOS DE CÍMBALOS, ARPAS Y LIRAS.

NEHEMÍAS 12:27

Proverbios dice: «Como ciudad invadida y sin murallas es el hombre que no domina su espíritu» (25:28). Un hombre así estaría indefenso, vulnerable a cualquier ataque. Eso ocurrió con la Jerusalén del siglo V, cuando la *kjomá* («muralla») de la ciudad fue derribada y sus puertas fueron destruidas por el fuego (Neh 1:3). Tal como Dios, en aquel momento, levantó a Esdras como maestro de la Torá para su pueblo, levantó también a Nehemías para ser constructor de murallas. Uno proporcionó *kjokmá* («sabiduría»), y el otro una *kjomá* («muralla») cuya dedicación se celebró con una santa fanfarria. Por medio de diversas vocaciones, el Señor emplea personas para servir en su reino. Por cada erudito bíblico, necesitamos también arquitectos, carpinteros y albañiles.

El Mesías es tanto un destructor de muros como un constructor de muros. Ha hecho del judío y del gentil «uno solo, derribando mediante su sacrificio el muro de enemistad que nos separaba» (Ef 2:14). Pero también ha creado la Nueva Jerusalén, nuestro hogar de resurrección, una ciudad espléndida con «un muro grande y alto» (Ap 21:12) en cuyo interior residirán para siempre aquellos que «están escritos en el libro de la vida del Cordero» (v. 27).

Padre celestial, «Haz bien con Tu benevolencia a Sión; edifica los muros de Jerusalén» (Sal 51:18).

Echar suertes פורים

AMÁN, HIJO DE HAMEDATA, EL AGAGUEO, ENEMIGO DE TODOS LOS JUDÍOS, HABÍA HECHO PLANES CONTRA LOS JUDÍOS PARA DESTRUIRLOS, Y HABÍA ECHADO EL PUR, ES DECIR, LA SUERTE, PARA SU RUINA Y DESTRUCCIÓN. PERO CUANDO ESTO LLEGÓ AL CONOCIMIENTO DEL REY, ESTE ORDENÓ POR CARTA QUE EL PERVERSO PLAN QUE AMÁN HABÍA TRAMADO CONTRA LOS JUDÍOS RECAYERA SOBRE SU CABEZA, Y QUE ÉL Y SUS HIJOS FUERAN COLGADOS EN LA HORCA. POR ESO ESTOS DÍAS SON LLAMADOS PURIM, POR EL NOMBRE PUR.

ESTER 9:24-26

J. R. R. Tolkien, famoso por *El señor de los anillos*, acuñó la palabra «eucatástrofe» para describir un giro repentino de los acontecimientos en el que una catástrofe inminente se convierte en algo bueno (*eu* significa «bueno» en griego). En una Biblia llena de eucatástrofes, la historia de Ester ocupa un lugar destacado.

Amán, «enemigo de todos los judíos», había echado *purim* (palabra babilónica que significa «suertes») para determinar cuándo iniciar una masacre contra los judíos. Sin embargo, Dios, en su providencia, derribó el plan de Amán. Fue ahorcado en la misma horca que había construido para Mardoqueo, y a los judíos se les permitió defenderse de sus adversarios. ¡Una verdadera eucatástrofe!

Esta historia constituye el relato de la fiesta judía de Purim. Es tan solo un ejemplo de la larga lista de vuelcos divinos, de los cuales el mayor es la eucatástrofe de la Pascua.

Toda la gloria sea a ti, Jesús, Señor nuestro, por hacer que todas las cosas cooperen para el bien de quienes te aman.

7 DE SEPTIEMBRE

¿Moldear o dañar? El doloroso juego de palabras de Job עצב

«TUS MANOS ME FORMARON Y ME HICIERON, ¿Y ME DESTRUIRÁS? ACUÉRDATE AHORA QUE ME HAS MODELADO COMO A BARRO, ¿Y ME HARÁS VOLVER AL POLVO? ¿NO ME DERRAMASTE COMO LECHE, Y COMO QUESO ME CUAJASTE?»

JOB 10:8-11

Es bien sabido que los juegos de palabras son muy difíciles de llevar de un idioma a otro. Imagina intentar traducir esta frase a otro idioma: «Una llama vio una llama». ¿Una llama (animal camélido) vio a otro animal como ella? ¿O vio fuego? Algo parecido ocurre en el hebreo cuando Job le dice a Dios: «Tus manos me *atsáb* y me hicieron». El verbo *atsáb* puede proceder de dos raíces idénticas, pero una significa «formar» y la otra «causar dolor». ¿Las manos de Dios hicieron a Job, o lo dañaron? Los otros dos verbos del versículo, «hicieron» y «destruirás», desentrañan el doble significado de *atsáb*. Explican el juego de palabras, por así decirlo, en las dos direcciones que puede tomar *atsáb*: una positiva, y la otra negativa. Aun en su sufrimiento, Job seguía siendo un poeta.

En efecto, las manos de Dios hacen ambas cosas, pues él sabe que, además de ser hechos, necesitamos ser rehechos. Y el proceso de rehacer nunca es indoloro. Las manos de nuestro Padre nos *atsáb* —moldean y causan dolor— para que, tal como hemos llevado la imagen de Adán, podamos llevar la imagen de Cristo, nuestro Señor crucificado y resucitado.

Tal como nos formaste en el seno materno, Padre celestial, refórmanos en Cristo, para que llevemos su imagen.

8 DE SEPTIEMBRE

Consoladores molestos עמל

RESPONDIÓ ENTONCES JOB: «HE OÍDO MUCHAS COSAS COMO ESTAS; CONSOLADORES MOLESTOS SON TODOS USTEDES».

JOB 16:1-2

Los tres amigos de Job, que vinieron para «condolerse de él y [...] consolarlo», lo hicieron bien mientras permanecieron sentados con él en la fraternidad del silencio (2:11-13). Sin embargo, a medida que hablaron, más se hizo dolorosamente obvio que, teniendo esa clase de amigos, ¿quién necesita enemigos? Job hace un buen resumen de ellos: «consoladores *amál* ["molestos"] son todos ustedes». *Amál* significa «problema, ansiedad, necesidad, daño». Uno de los amigos, dando a entender que Job estaba siendo castigado, le dijo que «los que siembran *amál*, eso siegan» (4:8). Y añadió: «El hombre nace para *amál* como las chispas vuelan hacia arriba» (5:7). Otro le dijo a Job que, si se arrepentía de su iniquidad secreta, pronto olvidaría su *amál* (11:16). Tales «amigos» solo añadieron más *amál* a la vida de Job: ¡«consoladores miserables/molestos», en verdad!

Qué verdadero amigo tenemos en Jesús, pues él «llevó nuestras enfermedades, y cargó con nuestros dolores» (Is 53:4). Es más, «Debido a la *amál* ["angustia"] de Su alma, Él lo verá y quedará satisfecho. Por Su conocimiento, el Justo, Mi Siervo, justificará a muchos, y cargará las iniquidades de ellos» (v. 11). ¡Él es el consolador compasivo que necesitamos!

Oh Señor, «Tú lo has visto, porque has contemplado la malicia y el maltrato, para hacer justicia con Tu mano. A Ti se acoge el desvalido; Tú has sido amparo del huérfano» (Sal 10:14).

9 DE SEPTIEMBRE

Rechinar de dientes חרק

SU IRA ME HA DESPEDAZADO Y ME HA PERSEGUIDO, CONTRA MÍ ÉL HA RECHINADO LOS DIENTES; MI ADVERSARIO AGUZA LOS OJOS CONTRA MÍ. HAN ABIERTO CONTRA MÍ SU BOCA, CON INJURIAS ME HAN ABOFETEADO; A UNA SE HAN JUNTADO CONTRA MÍ.

JOB 16:9-10

«Rechinar los dientes» no significa lo que la mayoría de la gente cree. En el AT, cinco veces alguien *kjarác* («rechina») los dientes. Tres se encuentran en los salmos: los burladores y los malos rechinan los dientes contra David (Sal 35:16; 37:12); y los impíos, enojados contra los creyentes, rechinan los dientes y se consumen (112:10). Lamentaciones dice que los enemigos de Israel silban y «rechinan los dientes» (2:16). Y Job, imaginando a Dios como su enemigo, dice que «Contra mí Él ha rechinado los dientes». Todos los usos de *kjarác* tienen que ver no con dolor, sino con ira.

Cuando Jesús habla de personas arrojadas a las tinieblas de afuera, o al horno de fuego, donde hay «llanto y rechinar de dientes», este rechinar se refiere a furia, odio e ira contra Dios y su pueblo, no necesariamente a sufrimientos físicos (p. ej., Mt 8:12; 13:42 NVI). Del mismo modo, los que se enfurecieron contra Esteban «[rechinaban] los dientes [...] contra él» (Hch 7:54 NVI). Que Dios nos preserve de ese odio destructivo, nos conceda una fe inquebrantable y llene nuestras bocas no de rechinar de dientes, sino de cantos de alabanza a aquel que nos libra del mal.

Sonríenos, oh Señor, con tu misericordia y favor, para que seamos salvos de todos nuestros enemigos.

Ver a Dios en la carne בשׂר

«YO SÉ QUE MI REDENTOR VIVE, Y AL FINAL SE LEVANTARÁ SOBRE EL POLVO. Y DESPUÉS DE DESHECHA MI PIEL, AUN EN MI CARNE VERÉ A DIOS; AL CUAL YO MISMO CONTEMPLARÉ, Y A QUIEN MIS OJOS VERÁN Y NO LOS DE OTRO. ¡DESFALLECE MI CORAZÓN DENTRO DE MÍ!»

JOB 19:25-27

Almas que flotan para siempre en una esfera celestial, nunca más atrapadas en la denominada cárcel del cuerpo de carne y hueso: tal enseñanza no es bíblica. De hecho, es contraria al cristianismo. La confesión de Job no dice «en mi alma» sino «en mi *basar* ["carne"] veré a Dios». Cuando Adán ve por primera vez a Eva, dice que es «hueso de mis huesos, y *basar* de mi *basar*» (Gn 2:23). Su carne es parte de su perfección. Aunque en el NT la palabra griega para «carne» tiene frecuentemente una connotación negativa, en hebreo, la «carne» humana significa principalmente «existencia corporal». Job espera una resurrección corporal; espera que su *basar* sea levantada para ver a su Redentor divino que «se levantará sobre el polvo» con él.

Cuando los creyentes muramos, iremos a estar con Cristo en el paraíso o cielo. Pero el cielo no es nuestro hogar; es un hermoso lugar de espera. Esperamos la resurrección de la carne al regreso de Cristo; la resurrección de nuestros cuerpos, y la vida eterna junto a nuestro Redentor en los cielos nuevos y la tierra nueva.

Jesús, Redentor nuestro, sostennos en las pruebas de la vida con esperanza en la resurrección del cuerpo.

11 DE SEPTIEMBRE

Un festín de Leviatán לויתן

«¿SACARÁS TÚ A LEVIATÁN CON ANZUELO, O SUJETARÁS CON CUERDA SU LENGUA? ¿PONDRÁS UNA SOGA EN SU NARIZ, O PERFORARÁS SU QUIJADA CON GANCHO?»

JOB 41:1-2

Tal como los predicadores de hoy pueden ilustrar una verdad haciendo referencia a criaturas mitológicas de *El león, la bruja y el armario*, a veces los profetas bíblicos se basaban en mitos culturales populares de su época. *Liviatán* («Leviatán»), conocido en la literatura antigua como una criatura mitológica marina, es un ejemplo obvio. Este monstruo aparece dos veces en Job, como una criatura semejante a un cocodrilo (41:1-34), y en el primer lamento (3:8). En el Salmo 104 aparece nadando juguetonamente junto a los barcos (v. 26). La derrota de Faraón, por parte de Dios, en el mar Rojo, describe al Señor blandiendo una espada contra *Liviatán*, la «serpiente tortuosa, [... el] dragón que vive en el mar» (Is 27:1). Y en un salmo con connotaciones de la creación y el éxodo, Dios aplasta las cabezas de *Liviatán* y lo convierte en comida para los viajeros del desierto (74:14). Curiosamente, este versículo fue la base de tradiciones judías posteriores en las que los creyentes ¡se daban un festín consumiendo a Leviatán en el cielo!

El dragón de Apocalipsis 12, que simboliza tanto al diablo como al reino del mal que oprime a la Iglesia de Cristo, está basado en esta criatura. Tal como Dios aplastó al Faraón, simbolizado por Leviatán, destruirá también a todo enemigo, humano o infernal, que intente dañar a su pueblo escogido, pues el Cordero triunfa sobre todos ellos (12:11).

Bendito seas, oh Señor, Rey de la creación, porque salvarás misericordiosamente a tu pueblo.

Bienaventurado es el hombre אשרי

¡CUÁN BIENAVENTURADO ES EL HOMBRE QUE NO ANDA EN EL CONSEJO DE LOS IMPÍOS, NI SE DETIENE EN EL CAMINO DE LOS PECADORES, NI SE SIENTA EN LA SILLA DE LOS ESCARNECEDORES, SINO QUE EN LA LEY DEL SEÑOR ESTÁ SU DELEITE, Y EN SU LEY MEDITA DE DÍA Y DE NOCHE!

SALMO 1:1-2

Los dos primeros salmos constituyen una unidad poética sobre el Mesías y su pueblo. El Salmo 1 comienza describiendo a un individuo, «el hombre», que es *áshrei* («bienaventurado»), y el Salmo 2 concluye describiendo a un grupo, los *áshrei* que se refugian en el Hijo de Dios (2:12). Cristo es ese hombre bienaventurado que no anda, ni se detiene, ni se sienta con los impíos, sino que se deleita en meditar constantemente en la palabra de su Padre (1:1-2). Él es el árbol que da continuamente fruto (1:3). En el Salmo 2, este mismo hombre es el Ungido del Señor (2:2), el Hijo engendrado del Padre (2:7), que gobierna sobre todos los reyes y reinos con vara de hierro (2:8-11). «*Áshrei* son todos los que en Él se refugian», porque él los hará parte de los justos, cuyo camino el SEÑOR conoce y los cuales no perecerán (1:6).

Las bienaventuranzas, con su repetida frase «Bienaventurados los...», condensan el mensaje de los 150 salmos. Especialmente en la cruz, Jesús encarna tanto las bienaventuranzas como los Salmos. Bienaventurado es ese hombre, el Hijo de Dios, nuestro Mesías. Y bienaventurados somos quienes vivimos y confiamos en él.

«Oh SEÑOR de los ejércitos, ¡cuán bienaventurado es el hombre que en Ti confía!» (Sal 84:12)

13 DE SEPTIEMBRE

Los amados de Dios חסיד

HIJOS DE HOMBRES, ¿HASTA CUÁNDO CAMBIARÁN MI HONRA EN DESHONRA? ¿HASTA CUÁNDO AMARÁN LA VANIDAD Y BUSCARÁN LA MENTIRA? (SELAH) SEPAN, PUES, QUE EL SEÑOR HA APARTADO AL PIADOSO PARA SÍ; EL SEÑOR OYE CUANDO A ÉL CLAMO.

SALMO 4:2-3

Cuando leemos: «El Señor ha apartado al piadoso», «piadoso» es *kjasíd*, derivado de *kjésed*, ese término casi intraducible para el amor, la fidelidad y la misericordia divinos. Los *kjasidím* (en plural) son, pues, los objetos de *kjésed*, aquellos sobre los cuales el Señor derrama su amor. En lugar de «piadosos», podríamos traducir «amados». El Señor aparta a sus amados. «Estimada a los ojos del Señor es la muerte de Sus santos» (Sal 116:15). En los Salmos, los *kjasidím* «cantan alabanzas» (30:4), «aman al Señor» (31:23), y «oran» (32:6). Su Señor no los abandonará (37:28), les hablará paz (85:8), y guardará sus almas (86:2). ¿Son los *kjasidím* piadosos, fieles y amorosos? Sí, pero solo porque son los receptores del *kjésed* del Padre.

Cuando el Mesías sea crucificado y sepultado, Dios no abandonará su alma en el Seol, ni permitirá que su *kjasíd* sufra corrupción (Sal 16:10; Hch 2:25-32). En Cristo, el Amado, nosotros también somos Amados del Padre.

«Señor, Tus obras todas te darán gracias, y Tus santos te bendecirán» (Sal 145:10).

14 DE SEPTIEMBRE

Ten piedad de mí חנן

SEÑOR, NO ME REPRENDAS EN TU IRA, NI ME CASTIGUES EN TU FUROR. TEN PIEDAD DE MÍ, SEÑOR, PORQUE ESTOY SIN FUERZA; SÁNAME, SEÑOR, PORQUE MIS HUESOS SE ESTREMECEN. MI ALMA TAMBIÉN ESTÁ MUY ANGUSTIADA; Y TÚ, OH SEÑOR, ¿HASTA CUÁNDO?

SALMO 6:1-3

Cuando el Señor pasó junto a Moisés, se identificó como «compasivo y clemente [*kjanún*]» (Éx 34:6). El adjetivo *kjanún* forma parte de un grupo de palabras asociadas a la gracia, interconectadas por el verbo *kjanán*, «tener piedad» o «favorecer». La oración «*kjanán* de mí, Señor», en hebreo, es como *Kyrie eleison* en griego: es el clamor de quienes se dan cuenta de que, en este mundo, existe una única esperanza verdadera: un Dios de gracia y misericordia.

La justicia solo nos sirve hasta cierto punto. No podemos autoinfundirnos nueva vida. La sangre, el sudor y las lágrimas tienen sus límites. Pero ¿un Padre de gracia? ¿El Señor Jesús, que hace resplandecer su rostro sobre nosotros y *kjanán* de nosotros (Nm 6:25)? ¿El Espíritu perdonador que, en su gracia, borra nuestras transgresiones (Sal 51:1)? Él es nuestra vida; es nuestra luz. Es nuestra omnisuficiente «salvación en tiempo de angustia» (Is 33:2). Somos «justificados gratuitamente por Su gracia por medio de la redención que es en Cristo Jesús» (Ro 3:24).

«Ten piedad de mí, oh Dios, conforme a Tu misericordia; conforme a lo inmenso de Tu compasión, borra mis transgresiones» (Sal 51:1).

15 DE SEPTIEMBRE

El nombre glorioso שׁם

¡OH SEÑOR, SEÑOR NUESTRO, CUÁN GLORIOSO ES TU NOMBRE EN TODA LA TIERRA, QUE HAS DESPLEGADO TU GLORIA SOBRE LOS CIELOS!

SALMO 8:1

En la serie de Harry Potter, el malvado Voldemort es «El-que-no-debe-ser-nombrado». En la Biblia, el *shem* («nombre») de Dios es exactamente lo opuesto: ¡hay que nombrarlo! Invocamos su *shem*, lo alabamos, lo predicamos, confiamos en él. Los nombres, especialmente el nombre divino, no son una mera cadena de letras, sino la persona misma. Usar mal el nombre de Dios (Éx 20:7) es usar mal a Dios mismo. El nombre equivale a la persona. Que Dios haya «[puesto] Su nombre» en el santuario (Dt 12:5) para que su «nombre estuviera allí» (1R 8:16) significa que se puso allí él mismo. Salmo 8:1 coloca el nombre y la gloria de Dios en paralelo, pues ambos son equivalentes del Señor. Con estos antecedentes se entiende fácilmente por qué, en la tradición judía, suele hacerse referencia a Dios como JaShem, «el nombre».

Cuando Jesús recibe el «nombre que es sobre todo nombre», ese nombre no es «Jesús», sino el nombre divino: Yahvé (Fil 2:9-10). Ya en el Éxodo, eso estaba claro, pues al hablar del mensajero que guiaría a Israel, el Padre dijo: «en él está Mi *shem*» (23:21), es decir, es un agente divino, es mi Hijo, que comparte mi esencia y poder. Ante el nombre que Jesús posee, Yahvé, se doblará toda rodilla.

«En Ti pondrán su confianza los que conocen Tu nombre, porque Tú, oh Señor, no abandonas a los que te buscan» (Sal 9:10).

La copa del Señor כוס

EL SEÑOR PRUEBA AL JUSTO Y AL IMPÍO, Y SU ALMA ABORRECE AL QUE AMA LA VIOLENCIA. SOBRE LOS IMPÍOS HARÁ LLOVER CARBONES ENCENDIDOS; FUEGO, AZUFRE Y VIENTO ABRASADOR SERÁ LA PORCIÓN DE SU COPA.

SALMO 11:5-6

En los Salmos, la *kos* («copa») del Señor resplandece de salvación o hierve de destrucción. Positivamente, «El Señor es […] mi *kos*» (16:5); nuestra «*kos* está rebosando» (23:5); y alzamos «la *kos* de la salvación» (116:13). Sin embargo, negativamente, el Señor sostiene una *kos* que los impíos deben sorber hasta el fondo (75:8); un cáliz rebosante de «fuego, azufre y viento abrasador» (11:6). El trío profético —Isaías, Jeremías y Ezequiel— advierte sobre la copa del furor del Señor (Is 51:17; Jer 25:15) y una «copa de horror y desolación» (Ez 23:33).

En Getsemaní, ante una crucifixión inminente, Jesús ora: «Padre Mío, si es posible, que pase de Mí esta copa; pero no sea como Yo quiero, sino como Tú quieras» (Mt 26:39). La voluntad del Señor se cumplió cuando, sobre la cruz, Cristo inclinó la cabeza hacia atrás, y bebió, hasta el fondo, el juicio líquido de fuego, azufre y viento abrasador. Todo estaba consumado. Y luego, habiendo vaciado esa copa de dolor, la volvió a llenar, con la sangre de su propia vida divina, para derramar, sobre nuestros labios resecos por el pecado, su salvación.

«Tú preparas mesa delante de mí en presencia de mis enemigos; has ungido mi cabeza con aceite; Mi copa está rebosando» (Sal 23:5).

17 DE SEPTIEMBRE

Una confianza-esperanza בטח

PERO YO EN TU MISERICORDIA HE CONFIADO; MI CORAZÓN SE REGOCIJARÁ EN TU SALVACIÓN. CANTARÉ AL SEÑOR, PORQUE ME HA LLENADO DE BIENES.

SALMO 13:5-6

En hebreo, la confianza y la esperanza son hermanas gemelas teológicas. De hecho, la traducción griega del AT traduce generalmente el verbo hebreo *batakj* («confiar») usando el verbo griego *elpizein* («esperar»). Cuando nosotros *batakj*, ponemos la «confianza-esperanza» en alguien o algo. Por supuesto, esa confianza-esperanza suele ser errónea. El AT contiene innumerables advertencias sobre la confianza en todo tipo de cosas, desde los príncipes (Sal 146:3) hasta las riquezas (Sal 49:6), pasando por la justicia propia (Ez 33:13). Sorprendentemente, la única relación humana en la que *batakj* se elogia totalmente es cuando el marido de una esposa noble confía en ella (Pr 31:11). Poner la esperanza y la confianza en el Señor es encontrar paz y seguridad basadas plenamente en su «misericordia [*kjésed*]» (Sal 13:5).

En el Salmo 22, el Mesías grita, sintiendo un dolor atroz: «Dios mío, Dios mío, ¿por qué me has abandonado?» (v. 1); sin embargo, también exclama con fe: «Me hiciste confiar [*batakj*] estando a los pechos de mi madre» (v. 9). Quizás, aun en la cruz, mientras oraba estas palabras, Jesús miró a su madre, María. Tenía esperanza. Tenía confianza. Él *batakj* en su Padre, que lo resucitaría —y en él, a todos nosotros— del sepulcro.

«Oh Señor de los ejércitos, ¡cuán bienaventurado es el hombre que en Ti confía!» (Sal 84:12)

18 DE SEPTIEMBRE

La niña de los ojos de Dios אישון

GUÁRDAME COMO A LA NIÑA DE TUS OJOS; ESCÓNDEME A LA SOMBRA DE TUS ALAS DE LOS IMPÍOS QUE ME DESPOJAN, DE MIS ENEMIGOS MORTALES QUE ME RODEAN.

SALMO 17:8-9

«Tú eres la niña de mis ojos» evoca el día de San Valentín; es el tipo de sentimiento romántico que se susurra a la persona amada durante un paseo por el parque mientras el sol se pone. Esto podría funcionar en las tarjetas Hallmark, pero no en la Biblia hebrea. De hecho, este es un extraño caso en el que la metáfora no se refleja en el hebreo. La *ishón* del ojo es simplemente la pupila, no una niña. Algunos piensan que *ishón* significa «hombre pequeño»; una forma diminutiva de *ish* («hombre») — es decir, «el hombre pequeño (en el ojo)»—. En cualquier caso, pedirle a Dios: «Guárdame como a la pupila de tus ojos» es pedirle su protección íntima y continua contra «los impíos» y «los enemigos mortales». Tal como protegemos nuestros ojos para que no sufran daño, le pedimos al Señor que nos proteja y nos trate considerándonos tan cercanos y queridos para él como sus propias pupilas.

La encarnación del Hijo de Dios es la respuesta del Padre a nuestra oración. Él se hace uno de nosotros y nosotros nos convertimos en parte de él: hueso de sus huesos, carne de su carne, pupila de su pupila. En Jesús, estamos en el ojo mismo de Dios.

Señor Jesús, concédenos tu Espíritu para guardar tus enseñanzas como la niña de nuestros ojos (Pr 7:2).

19 DE SEPTIEMBRE

Cuerno de salvación קרן

YO TE AMO, SEÑOR, FORTALEZA MÍA. EL SEÑOR ES MI ROCA, MI BALUARTE Y MI LIBERTADOR; MI DIOS, MI ROCA EN QUIEN ME REFUGIO; MI ESCUDO Y EL CUERNO DE MI SALVACIÓN, MI ALTURA INEXPUGNABLE.

SALMO 18:1-2 *LBLA*

David amontona imágenes de Dios: roca, baluarte, libertador, refugio, escudo, altura inexpugnable y cuerno. Esta última, *quéren* («cuerno»), es intrigante. ¿En qué sentido Dios es el cuerno de salvación? Un *quéren* puede referirse a verdaderos cuernos de animales, las esquinas de un altar, instrumentos musicales o recipientes para el aceite de la unción. Ensalzar o levantar el cuerno de alguien es fortalecerlo (Sal 112:9 JBS). En la cruz, el Mesías se ve amenazado por «los cuernos de los búfalos» (Sal 22:21). Estos dos últimos ejemplos ilustran cómo el *quéren* simboliza el poder y la fuerza, tal como los cuatro cuernos, en Zacarías, representan el poder mundano (1:18-19), o los diez cuernos de Apocalipsis representan diez reyes (17:12).

El padre de Juan el Bautista cantó acciones de gracias al Dios que «nos ha visitado y ha traído redención para Su pueblo, y nos ha levantado un cuerno de salvación en la casa de David Su siervo» (Lc 1:68-69). Este «cuerno de salvación» davídico es el Mesías, del cual Ana cantó mucho antes: «El Señor [...] dará fortaleza a su Rey, y ensalzará el cuerno [*quéren*] de su ungido» (1S 2:10 JBS). Cristo es el Rey de David, Ana, Zacarías y todos nosotros. Él es nuestro cuerno de salvación.

Bendito seas, oh Cristo, nuestra fuerza y el cuerno que nos salva del pecado y de la muerte.

20 DE SEPTIEMBRE

Palabras y meditación agradables רצון

SEAN GRATAS LAS PALABRAS DE MI BOCA Y LA MEDITACIÓN DE MI CORAZÓN DELANTE DE TI, OH SEÑOR, ROCA MÍA Y REDENTOR MÍO.

SALMO 19:14

El Salmo 19 es rico en lenguaje. Los labios de los cielos narran la gloria de Dios. Un día derrama palabras a otro. No solo la creación es locuaz, sino que también lo es la Palabra del Señor. La Torá, el testimonio y los mandamientos reaniman las almas, alegran los corazones e iluminan los ojos. Desde el sistema solar hasta el rollo sagrado resuenan palabras de Dios y acerca de Dios. David concluye este salmo pidiendo que las palabras de su boca y la meditación de su corazón sean *ratsón* delante del Señor. Ser *ratsón* es ser agradable, favorable, aceptable, tal como los sacrificios en el altar eran el medio por el cual el adorador era «*ratsón* [aceptado] delante del Señor» (Lv 1:3). Tal como en otro lugar David pide que su oración sea considerada delante de Dios como incienso (Sal 141:2), aquí pide que sus palabras y meditaciones sean consideradas como un sacrificio aceptable ante el Señor.

Para que no solo nuestras palabras y meditaciones, sino todo lo que somos, sea aceptable delante del Padre, su Hijo vino a «pregonar el año del *ratsón* del Señor» (Is 61:2 NVI; Lc 4:19 NVI). «Este es el momento propicio de Dios; hoy es el día de salvación» (2Co 6:2 NVI), porque ahora y siempre, en Jesús, somos completamente aceptables delante del Padre.

«Acuérdate de mí, oh Señor, en Tu bondad hacia Tu pueblo; visítame con Tu salvación» (Sal 106:4).

¿Por qué me has exiliado? עזב

DIOS MÍO, DIOS MÍO, ¿POR QUÉ ME HAS ABANDONADO? ¿POR QUÉ ESTÁS TAN LEJOS DE MI SALVACIÓN Y DE LAS PALABRAS DE MI CLAMOR?

SALMO 22:1

En lo alto de la cruz, el Mesías lamenta su separación de Dios. Tres veces, se queja de que Dios está «tan lejos» (v. 1), «lejos de mí» (v. 11) y «lejos» (v. 19). Dios lo ha *azáb* («abandonado»), un verbo cargado de connotaciones de exilio. En Deuteronomio, Dios amenazó que, si su pueblo lo *azáb*, él los iba a *azáb* a ellos (31:16-17). La misma forma verbal utilizada en Salmo 22:1 se emplea en Deuteronomio 28:20, cuando Dios dice que enviará maldiciones (incluido el exilio) sobre Israel porque «me has abandonado [*azabtáni*]». Por medio de Jeremías, el Señor dice que ha «*azáb* [su] casa» y enviará al pueblo al exilio en Babilonia (12:7). En su crucifixión, Jesús está recapitulando —viviendo de nuevo, en sí mismo— lo vivido por Israel. Tal como ellos sufrieron el exilio babilónico, la cruz es el exilio romano de Jesús.

Él sufre este exilio para llevarnos a casa, con el Padre, en su resurrección. El efecto es cósmico, pues «Todos los términos de la tierra se acordarán y se volverán al Señor» (Sal 22:27). Su exilio en la crucifixión y su retorno en la resurrección significarán la Pascua para el mundo. Debido a que Jesús oró: «No me abandones», sabemos que Dios nos escuchará cuando digamos, en oración:

«No me abandones, oh Señor; Dios mío, no estés lejos de mí» (Sal 38:21).

Perseguidos por la misericordia רדף

CIERTAMENTE EL BIEN Y LA MISERICORDIA ME SEGUIRÁN TODOS LOS DÍAS DE MI VIDA, Y EN LA CASA DEL SEÑOR MORARÉ POR LARGOS DÍAS.

SALMO 23:6

En la versión hebrea del Salmo 23, «el bien y la misericordia» no nos «siguen» todos los días de nuestra vida. Esa es una traducción demasiado lánguida del verbo *radáf*. Este significa perseguir, como cuando Abram salió en una persecución armada de sus enemigos (Gn 14:14-15), Faraón persiguió a Israel hasta el mar (Éx 14:23), o Barac le respiró en la nuca a Sísara (Jue 4:22). Cuando tú *radáf* a alguien, no vas detrás arrastrando los pies a una distancia segura. Vas con ímpetu y fuerza hasta que lo alcanzas —o mueres en el intento—. Los obstáculos no importan. Ningún esfuerzo es demasiado grande. *Radáf* es un verbo contundente. Está lleno de energía y sudor, e inquebrantablemente comprometido con alcanzar la meta.

El bien y la misericordia de Dios no nos siguen como un perrito bueno que se deja guiar. Nos persiguen por caminos laberínticos, como el «sabueso del cielo», de Francis Thompson. Galopan tras nosotros como un semental celestial. Nos pisan los talones. El bien y la misericordia de Jesucristo nos *radáf* hasta la puerta del cielo y hasta los brazos de nuestro sonriente Padre celestial que nos espera.

Alabado y glorificado seas, Jesucristo, porque por gracia y misericordia nos buscas y nos persigues llevándonos de regreso a nuestro Padre.

El camino דרך

BUENO Y RECTO ES EL SEÑOR; POR TANTO, ÉL MUESTRA A LOS PECADORES EL CAMINO. DIRIGE A LOS HUMILDES EN LA JUSTICIA, Y ENSEÑA A LOS HUMILDES SU CAMINO.

SALMO 25:8-9

El primer nombre dado a los cristianos se refería a ellos como los que pertenecían al Camino (Hch 9:2). En hebreo diríamos que pertenecían al *Dérek*. Este sustantivo se refiere a una vía, camino, costumbre, viaje o comportamiento. Por tanto, puede referirse al recorrido de tus pies, a la obra de tus manos o a la orientación de tu corazón. Es un buen nombre para hablar de seguir a Jesús, porque es una palabra amplia que abarca «obras y credos», el creer y el hacer, la fe y el amor. El Salmo 25 podría llamarse el Salmo del *Dérek*, ya que ese sustantivo o su forma verbal (*darák*) aparecen seis veces. El versículo 9 es especialmente llamativo, porque el verbo inicial («Dirige») y el sustantivo final («camino») son *darák* y *dérek*, que encierran el versículo.

Cuando Tomás le dijo a Jesús: «Señor, no sabemos a dónde vas, así que ¿cómo podemos conocer el camino?», Jesús respondió: «Yo soy el camino, la verdad y la vida» (Jn 14:5-6 NVI). Si Jesús hubiera hablado hebreo, habría dicho: «Yo soy el *dérek*». Él es el camino al Padre. Él «muestra a los pecadores el camino» (Sal 25:8). Es el *dérek* que encarna y conduce a la vida en la comunión del Espíritu Santo y del Padre.

«Señor, muéstrame Tus caminos, enséñame Tus sendas» (Sal 25:4).

24 DE SEPTIEMBRE

El escondite de Dios סתר

EN EL DÍA DE LA ANGUSTIA ME ESCONDERÁ EN SU TABERNÁCULO; EN LO SECRETO DE SU TIENDA ME OCULTARÁ; SOBRE UNA ROCA ME PONDRÁ EN ALTO.

SALMO 27:5

David se encuentra en una situación desesperada. Sus perseguidores son como caníbales, dispuestos a «devorar [sus] carnes» (Sal 27:2). Los labios mentirosos de los testigos falsos «respiran violencia» (v. 12). Sin embargo, en lugar de huir hacia las colinas, el poeta quiere plantar sus pies en un solo lugar: «la casa del Señor» (v. 4). Cerca de su Dios, está a salvo, pues «En lo secreto de Su tienda me ocultará» (v. 5) —literalmente, «en el escondite me esconderá» o «me ocultará en el lugar secreto»—. *Satár* es esconder algo, mantenerlo en secreto. La confianza de David no descansa en su destreza militar o en su ingenio político, sino únicamente en estar refugiado con Dios. Aunque David no podía entrar físicamente en el Lugar Santísimo, encontraba valor y esperanza en ese lugar secreto y sacrosanto.

Como precursor nuestro, Jesús ha «[penetrado] hasta detrás del velo», hasta el Lugar Santísimo celestial del Padre, para que podamos tener un «ancla del alma, una esperanza segura y firme» (Heb 6:19). Nuestra vida, «escondida con Cristo en Dios» (Col 3:3), está oculta y segura en Aquel que nos ancla al Padre.

Señor Jesús, «escóndeme a la sombra de Tus alas» (Sal 17:8).

25 DE SEPTIEMBRE

Silencio divino חרשׁ

MIENTRAS CALLÉ MI PECADO, MI CUERPO SE CONSUMIÓ CON MI GEMIR DURANTE TODO EL DÍA. PORQUE DÍA Y NOCHE TU MANO PESABA SOBRE MÍ; MI VITALIDAD SE DESVANECÍA CON EL CALOR DEL VERANO.

SALMO 32:3-4

Suele preferirse una boca cerrada a una abierta. «Aun el necio, cuando calla, es tenido por sabio» (Pr 17:28). Hay un «Tiempo de callar, y [un] tiempo de hablar» (Ec 3:7). Sin embargo, David no se hizo ningún favor cuando *kjarásh* («guardó silencio» o «se contuvo»); cuando no reconoció su pecado delante del Señor (Sal 32:5). La maldad no confesada fue como un cáncer devorador: «Mi cuerpo se consumió con mi gemir durante todo el día». Otra palabra hebrea, escrita exactamente igual que *kjarásh*, significa «arar». Tal vez haya aquí un juego de palabras, como si David hubiera arado su pecado bajo la tierra. El vino no descorchado puede desarrollar su sabor con el tiempo, pero el pecado que permanece embotellado no desarrolla más que muerte y decadencia en nuestro interior.

Confesar no es contarle a Dios algo que él aún no sepa. Tampoco es obtener perdón haciendo trueque, como si el Señor «vendiera» absoluciones —como quien vende zapatos o hamburguesas— recibiendo confesiones a modo de dinero. Confesar en lugar de callar significa sencillamente decir la verdad. Y nuestro Padre amoroso responde con una verdad más grande, más fuerte: «Yo ya te he perdonado, te perdono ahora y te perdonaré siempre».

«Dije: "Confesaré mis transgresiones al Señor"; y Tú perdonaste la culpa de mi pecado» (Sal 32:5).

Señor, sé grande y alto גדל

VENGAN, HABLEMOS DE LAS GRANDEZAS DEL SEÑOR; EXALTEMOS JUNTOS SU NOMBRE.

***SALMO 34:3** NTV*

Aunque, en este versículo, las frases «hablemos de las grandezas» y «exaltemos» son traducciones correctas, toman imágenes hebreas concretas y las aplanan hasta convertirlas en abstracciones. El verbo *gadal*, traducido como «hablemos de las grandezas», significa «hacer grande». «Hagamos grande al Señor» puede sonar extraño, pero comunica la idea. El verbo *rum*, traducido como «exaltemos», significa «hacer alto» o «elevar». Parafraseando el versículo, podríamos decir: «Hagamos todos juntos que el Señor y su nombre sean grandes y altos».

Luego de profetizar el lugar donde nacerá el Mesías, Miqueas dice que este Hijo de David pastoreará a su pueblo, y «será engrandecido [*gadal*] hasta los confines de la tierra» (5:4). Este pequeño bebé, envuelto sobre un comedero, posteriormente clavado en una cruz, y luego elevado en su resurrección y ascensión, sería grande. Más grande que Belén. Más grande que Israel. Más grande que el mundo. Tan grande y tan alto que el cielo y la tierra no lo pueden contener, sino que él los contiene a ellos. «Oh Señor Dios, [...] Tú eres grande», porque «grandes son las obras del Señor», que es «grande en misericordia» (2S 7:22; Sal 111:2; 145:8). ¡Sé grande, Jesús! ¡Sé alto!

«Regocíjense y alégrense en Ti todos los que te buscan; que digan continuamente: "¡Engrandecido sea Dios!", los que aman tu salvación» (Sal 70:4).

27 DE SEPTIEMBRE

Bienaventurados los que dependen de Dios ענו

UN POCO MÁS Y NO EXISTIRÁ EL IMPÍO; BUSCARÁS CON CUIDADO SU LUGAR, PERO ÉL NO ESTARÁ ALLÍ. PERO LOS HUMILDES POSEERÁN LA TIERRA Y SE DELEITARÁN EN ABUNDANTE PROSPERIDAD.

SALMO 37:10-11

Cuando Jesús dijo: «Bienaventurados los humildes, pues ellos heredarán la tierra» (Mt 5:5), estaba hablando con un acento del AT. Un milenio antes, David había escrito: «Los *anáv* ["humildes"] poseerán la tierra». Los *anáv* son el polo opuesto de los arrogantes. Podríamos llamarlos los que dependen de Dios. En los Salmos, Dios los alimenta (22:26), los dirige (25:9) y los adorna con la salvación (149:4). Ellos claman a él (9:12), se alegran en el Señor (34:2) y buscan a Dios (69:32). No son tímidos ni pusilánimes. Moisés, un hombre fuerte y valiente, es descrito como «muy *anáv*, más que cualquier otro hombre sobre la superficie de la tierra» (Nm 12:3). Al igual que él, los *anáv* son creyentes audaces, fieles, de corazón fuerte, sometidos a los caminos y a la voluntad del Señor, y dispuestos a sufrir el maltrato, o aun el martirio del mundo, por el nombre del Señor.

La herencia de ellos es la tierra, la nueva tierra que el Señor formará cuando vuelva. «No existirá el impío» (Sal 37:10), pero los justos, los *anáv*, florecerán en la abundancia de la paz que impregna el reino de Dios.

«Levántate, oh Señor; alza, oh Dios, Tu mano. No te olvides de los pobres» (Sal 10:12).

28 DE SEPTIEMBRE

¡Apresúrate, Dios! חוּשׁ

NO ME ABANDONES, OH SEÑOR; DIOS MÍO, NO ESTÉS LEJOS DE MÍ. APRESÚRATE A SOCORRERME, OH SEÑOR, SALVACIÓN MÍA.

SALMO 38:21-22

Cuando nuestras esperanzas están deshechas, nuestras vidas son un basurero en llamas, o el estrés y el dolor nos atormentan, nuestros puños golpean la puerta del cielo. Queremos que Dios intervenga, ¡y que lo haga ya! En tales situaciones, creyentes bienintencionados pueden advertirnos: «Ten paciencia y no le impongas a Dios tu calendario». O: «No le digas al Señor cuándo debe actuar». Pero, contra tales sentimientos de apariencia piadosa, siete veces en los Salmos el pueblo de Dios eleva el grito: ¡*Kjush*! (22:19; 38:22; 40:13; 70:1, 5; 71:12; 141:1). El verbo significa apresurar algo, acelerar las cosas. Los israelitas no tenían reparos en gritarle al Señor: «¡Date prisa! ¡Respóndeme pronto! ¡Actúa ya!».

Sí, vivimos por fe y esperanza. Sí, oramos: «Hágase tu voluntad». Pero oramos con honestidad, seriedad y audacia. Muy a menudo, eso significa decirle a Dios que queremos y necesitamos que despierte, se levante y haga algo ya. ¡*Kjush*! ¿Recuerdas a la viuda pertinaz, aquella que Jesús elogió por no dar descanso al juez terrenal hasta que este escuchó su caso (Lc 18:1-8)? Jesús añade que nuestro Juez celestial nos hará justicia «pronto» (v. 8). Como hijos amados, tenemos libertad y la invitación para orar: «Padre amado, ¡date prisa!».

«Oh Dios, apresúrate a librarme; apresúrate, oh SEÑOR, a socorrerme» (Sal 70:1).

«Venganza» misericordiosa שלם

AUN MI ÍNTIMO AMIGO EN QUIEN YO CONFIABA, EL QUE DE MI PAN COMÍA, CONTRA MÍ HA LEVANTADO SU TALÓN. PERO TÚ, OH SEÑOR, TEN PIEDAD DE MÍ Y LEVÁNTAME, PARA QUE YO LES PAGUE COMO SE MERECEN.

SALMO 41:9-10

En estos versículos hay un regalo hebreo sorpresa esperando ser abierto. «Mi íntimo amigo» es, más literalmente, «un hombre en *shalom* [en paz] conmigo». En la frase «para que yo les pague», la palabra «pagar» es una forma del verbo *shalám*. Puede significar completar, recompensar o vengarse. Estas dos palabras hebreas, *shalám* y *shalom*, provienen de la misma raíz. Jesús se aplica estos versículos a sí mismo, donde el «hombre en *shalom* con él» es Judas, quien está a punto de levantar su talón contra él (Jn 13:18). El resultado final será la muerte del Mesías.

En el versículo 10, Jesús ora: «Levántame, para que yo les *shalám*». Siendo Jesús el que habla, ¿cómo deberíamos traducir esta palabra? Cuando fue levantado de entre los muertos, ¿buscó retribución? ¿Buscó venganza? ¡No! ¿Qué hizo para *shalám* a todos los amigos en *shalom* que huyeron de él? «Jesús vino y se puso en medio de ellos, y les dijo: "Paz a ustedes"» (Jn 20:19). Así actúa nuestro Señor: en lugar de cobrar venganza, nos paga con perdón.

«En paz me acostaré y así también dormiré, porque solo Tú, Señor, me haces vivir seguro» (Sal 4:8).

El río de alegría de Dios נהר

HAY UN RÍO CUYAS CORRIENTES ALEGRAN LA CIUDAD DE DIOS, LAS MORADAS SANTAS DEL ALTÍSIMO. DIOS ESTÁ EN MEDIO DE ELLA, NO SERÁ SACUDIDA; DIOS LA AYUDARÁ AL ROMPER EL ALBA.

SALMO 46:4-5

El Salmo 46 entreteje imágenes cataclísmicas: la tierra se derrite, los montes se precipitan al mar, las aguas rugen y se agitan, las naciones braman y se tambalean. En esta agitación cósmica, lo último que esperamos es alegría. Pero ahí está, en el «río cuyas corrientes alegran la ciudad de Dios». La primera aparición de un *najár* («río») en las Escrituras es el río que, brotando del Edén, se dividía en cuatro afluentes por los cuales las bendiciones del Edén fluían hacia el mundo como en ondas (Gn 2:10-14). A semejanza de este río, en la visión de Ezequiel fluye un agua vivificante que, partiendo desde el templo de Dios, se hace más profunda a medida que va hacia el sur, hasta el mar Muerto, cuyas aguas desaliniza (47:1-12). El alegre río de Sión se mezcla con los ríos del Edén y del templo para formar un único arroyo de bendición.

Este mismo río reaparece en Apocalipsis como «un río de agua de vida, resplandeciente como cristal, que salía del trono de Dios y del Cordero», y va por la calle de la Nueva Jerusalén (22:1-2). Jesús nos sumerge en estas aguas que dan vida, quitan el pecado y otorgan alegría ya desde el bautismo. Allí reside nuestra esperanza, por muy violenta que sea la agitación del mundo.

Oh Dios, nuestro refugio y fortaleza, sé siempre nuestro pronto auxilio en las tribulaciones (Sal 46:1).

Cortar un pacto כרת

ÉL CONVOCA A LOS CIELOS EN LO ALTO Y A LA TIERRA, PARA JUZGAR A SU PUEBLO, Y DICE: «JUNTEN A MIS SANTOS, LOS QUE HAN HECHO CONMIGO PACTO CON SACRIFICIO».

SALMO 50:4-5

Al leer el AT en español, resulta útil cambiar instantáneamente algunas palabras en tu cabeza al encontrarte con cierta terminología. Por ejemplo, cuando leas «ley», piensa en Torá, que significa «enseñanza». O, cuando veas «obedecer», piensa en «escuchar la voz de». Del mismo modo, cuando encuentres la frase común «hacer un pacto», reemplaza «hacer» por «cortar». Un pacto es *karát* («cortado») porque se hace «con sacrificio» (Sal 50:5); los animales se *karát* en pedazos. Cuando Dios cortó un pacto con Abraham (Gn 15:18), el patriarca cortó animales en dos. Y luego Dios, bajo la forma de «un horno humeante y una antorcha de fuego [...] pasó por entre las mitades de los animales» (Gn 15:17). ¿Qué estaba indicando Dios con esta acción? Que, si rompía este pacto, su destino sería el mismo que el de aquellos animales. Era una promesa audaz y vinculante de lealtad divina a Abraham y a sus herederos.

Cuando el Padre cortó el nuevo pacto con nosotros, el Cordero de Dios fue *karát*. Cortado por los látigos. Cortado por espinas. Cortado por clavos y la punta de una lanza. Por su cuerpo quebrantado y su sangre derramada, tenemos la promesa más alta de lealtad y amor divinos que la mente humana pueda comprender.

Bendito seas, Señor Jesús, por cortar el nuevo pacto con nosotros.

2 DE OCTUBRE

Limpiados con hisopo אזוב

PURIFÍCAME CON HISOPO, Y SERÉ LIMPIO; LÁVAME, Y SERÉ MÁS BLANCO QUE LA NIEVE.

SALMO 51:7

Es fácil pasar por alto las palabras de David, «purifícame con *ezób* ["hisopo"]», y perdernos completamente el toquecito en el hombro que el Espíritu Santo nos da. El hisopo es una planta con historia en el evangelio. Se utilizó *ezób* para pintar las puertas de los israelitas en Egipto con la sangre del cordero pascual (Éx 12:22), para rociar a los leprosos con un líquido purificador (Lv 14) y para purificar a personas que habían estado en contacto con algún cadáver (Nm 19). Cautiverio, lepra y muerte: estas tres cosas resumen lo que David hizo con su vida. Embarazó a la esposa de uno de sus guerreros de confianza y luego lo asesinó en una tormenta perfecta de depravación, abuso y egoísmo. Necesitó que Dios tomara hisopo y lo rociara con sangre expiatoria. Su alma manchada, negra como la medianoche, necesitaba ser blanqueada como la lana.

Mientras el Hijo de Dios colgaba entre el cielo y la tierra, sus labios fueron tocados por «una esponja empapada del vinagre en una rama de hisopo» (Jn 19:29). Inmediatamente después, dijo: «¡Consumado es!» (v. 30). El hisopo tocó finalmente al propio Cordero pascual divino. Él llevó nuestra cautividad, nuestra lepra, nuestra muerte. En él, nosotros, David y todo el mundo somos purgados, limpiados, lavados y emblanquecidos como la lana.

Aunque nuestros pecados sean como el carmesí, oh Señor, hazlos blancos como la lana en la sangre de Jesús (Is 1:18).

¿Cuero, o pergamino de lágrimas? נאד

TÚ LLEVAS LA CUENTA DE TODAS MIS ANGUSTIAS Y HAS JUNTADO TODAS MIS LÁGRIMAS EN TU FRASCO; HAS REGISTRADO CADA UNA DE ELLAS EN TU LIBRO.

SALMO 56:8 NTV

En este versículo, «llevas la cuenta» (*safár*) y «libro» (*séfer*) proceden de la misma raíz. Un escriba *safár*-ía en un *séfer*, es decir, «anotaría en un objeto de anotación». Dios es imaginado como un escriba celestial, que toma nota en su pergamino de compasión, contando las lágrimas. La frase del medio se ha traducido como «has juntado todas mis lágrimas en tu frasco» (NTV), pero también como «registra mi llanto en tu libro [o, pergamino]» (NVI). ¿Por qué? Una *nod* es una bolsa de cuero o una piel que se utiliza para contener líquidos tales como el vino (Jos 9:4) o la leche (Jue 4:19). Sin embargo, como el cuero también se usaba para pergaminos, y el resto del versículo se refiere a escritura en pergaminos, tal vez David quiso decir: «Enumera mis lágrimas en tu [pergamino de] cuero». Tanto si nuestro Señor entinta nuestras lágrimas en su pergamino como si (más probablemente) las embotella en una piel, hay un mensaje constante: la compasión que siente por nosotros es tan precisa que ni una minúscula gota de nuestro dolor licuado pasa desapercibida.

«Hasta los cabellos de la cabeza de ustedes están todos contados», añade Jesús (Mt 10:30). Y no debería sorprendernos. Con Dios, nunca somos meramente objetos o números. Cada uno es tan minuciosamente conocido e individualmente amado, que en el cielo hay libros enteros escritos sobre nosotros.

Te alabamos, querido Padre, porque nos entretejiste en el vientre de nuestras madres (Sal 139:13 RVA-2015).

¿El mejor amigo del hombre? כלב

REGRESAN AL ANOCHECER, AÚLLAN COMO PERROS, Y RONDAN POR LA CIUDAD. MIRA, ECHAN ESPUMA POR LA BOCA; HAY ESPADAS EN SUS LABIOS, PUES DICEN: «¿QUIÉN OYE?».

SALMO 59:6-7

Los amantes de los perros (como yo) quizás se sientan decepcionados al descubrir que, en general, la Biblia no presenta a los caninos como los mejores amigos del hombre. El *kéleb* («perro») es conocido por comer cadáveres (1R 14:11) y era un término del argot para referirse a los hombres dedicados a la prostitución (Dt 23:18). Los necios que reinciden en su locura son comparados con perros que vuelven a su vómito (Pr 26:11; 2P 2:22). Cuando Saúl envió a hombres jactanciosos y sedientos de sangre a emboscar a David, este dijo que «aúllan como perros, y rondan por la ciudad» (Sal 59:6, 14). En el Salmo 22, se llama «perros» a aquellos que rodearon al Mesías crucificado (v. 16). En general, el NT se hace eco del AT, refiriéndose a los malhechores como «perros» (Fil 3:2; Ap 22:15). Quizás los perros que lamían las llagas de Lázaro eran amistosos, pero no es claro (Lc 16:21).

El único ejemplo brillante, sin embargo, es el de la madre sirofenicia cuya hija estaba endemoniada. Cuando Jesús inicialmente la rechazó por ser gentil y luego la identificó con los perros, ella respondió: «Sí, Señor; pero también los perrillos comen de las migajas que caen de la mesa de sus amos» (Mt 15:27). Su persistencia fiel y tenaz dio fruto. Y Jesús la alimentó dándole un regalo que indicaba que ella también se sentaba a la mesa del Maestro como una hija.

Señor Jesús, amigo de los pecadores, aunque somos indignos, concédenos también a nosotros un lugar en tu banquete.

5 DE OCTUBRE

Los goyim גוים

DIOS TENGA PIEDAD DE NOSOTROS Y NOS BENDIGA, Y HAGA RESPLANDECER SU ROSTRO SOBRE NOSOTROS, (SELAH) PARA QUE SEA CONOCIDO EN LA TIERRA TU CAMINO, ENTRE TODAS LAS NACIONES TU SALVACIÓN. TE DEN GRACIAS LOS PUEBLOS, OH DIOS, TODOS LOS PUEBLOS TE DEN GRACIAS.

SALMO 67:1-3

Cuando el Señor proveyó la denominada bendición aarónica, especificó a quién estaba dirigida: «Así bendecirán a los israelitas» (Nm 6:23). Sin embargo, fíjate en lo que ocurre cuando las palabras de esta bendición se repiten en el Salmo 67. No solo Israel, sino «todas las naciones», «los pueblos» y «todos los pueblos» se benefician y responden con alabanzas. Por una gracia centrífuga, las bendiciones de Dios se extienden a los *goyim* («naciones»). Aunque hay excepciones, por regla general *goyim* se refiere a los no israelitas; a los gentiles. En la mente israelita, había setenta naciones en el mundo. Este salmo confiesa y celebra que el Señor de Israel es el Señor de las setenta; Dios de «todos los términos de la tierra» (v. 7).

En Pentecostés, se hallaban en Jerusalén «hombres piadosos procedentes de todas las naciones bajo el cielo» (Hch 2:5). No solo judíos, sino también *goyim* que creían en el Dios de Israel. Todos recibieron el mismo Espíritu. Todos participaron de su poder salvador. Dios tuvo piedad de todos ellos, los bendijo e hizo resplandecer su rostro sobre ellos. Como había prometido a Abram mucho antes, en su Simiente fueron bendecidos «todos los *goyim* de la tierra» (Gn 22:18).

«Alaben al SEÑOR, naciones todas; alábenle, pueblos todos» (Sal 117:1).

Hace mucho… y dentro de mucho עולם

HE PENSADO EN LOS DÍAS PASADOS, EN LOS AÑOS ANTIGUOS. DE NOCHE ME ACORDARÉ DE MI CANCIÓN; EN MI CORAZÓN MEDITARÉ.

SALMO 77:5-6

Aunque a menudo se traduce como «para siempre», la palabra temporal hebrea *olám* no se refiere a lo que nunca termina o a la eternidad. De hecho, puede designar tanto el futuro *como el pasado*. Por ejemplo, en el Salmo 77, cuando Asaf dice que ha pensado en los «años antiguos», utiliza el plural de *olám* para «antiguos». Básicamente, *olám* significa «hace mucho» o «dentro de mucho», como un horizonte temporal lejano que no podemos ver del todo, ya sea por detrás o por delante. *Olám* es un tiempo oculto a la vista actual. Cuando el hebreo quiere comunicar algo como la eternidad o la infinitud, a veces duplica el *olám*, como en 1 Crónicas 29:10, donde David dice: «Bendito eres, oh Señor, Dios de Israel, nuestro padre por los siglos [*olám*] de los siglos [*olám*]». Cada vez que oramos el padrenuestro, terminamos hablando como un hebreo: «Porque tuyo es el reino y el poder y la gloria por los siglos de los siglos. Amén».

Aunque Daniel 7:18 no está escrito en hebreo, sino en arameo, acopia palabras temporales similares al describir el reino que nosotros, los santos, heredaremos en el Mesías, el Hijo del Hombre (7:13). Nosotros «[poseeremos] el reino para siempre, por los siglos de los siglos». Por eso, oramos:

«Den gracias al Señor porque Él es bueno, porque para siempre es Su misericordia» (Sal 136:1).

7 DE OCTUBRE

El beso נשק

LA MISERICORDIA Y LA VERDAD SE HAN ENCONTRADO, LA JUSTICIA Y LA PAZ SE HAN BESADO.

SALMO 85:10

Cuando Aarón se reunió con Moisés, le salió al encuentro (*pagásh*) y lo besó (*nashác*) (Éx 4:27). Estos mismos dos verbos hebreos se utilizan en el Salmo 85, donde «La misericordia y la verdad se han encontrado [*pagásh*], la justicia y la paz se han besado [*nashác*]». Tal como los dos hermanos se abrazaron y besaron antes de dirigirse a Egipto para anunciar que el Señor liberaría a su pueblo, los «cuatro hermanos» llamados Amor, Fidelidad, Justicia y Paz se unen para traernos la salvación y la liberación. *Nashác* es besar a aquellos que amamos, especialmente familiares, pero también a aquellos que adoramos, como cuando «[besamos] al Hijo» (Sal 2:12 NVI) o los adoradores de Baal besaban a su ídolo (1R 19:18). El Cantar de los Cantares, el poema entre Cristo y su esposa, empieza con la Iglesia proclamando: «¡Que me bese con los besos de su boca!» (1:2).

Por supuesto, no todos los besos son de fiar, pues «engañosos [son] los besos del enemigo» (Pr 27:6). Judas Iscariote le dijo a la turba que lo acompañaba: «Al que le dé un beso, ése es; arréstenlo» (Mt 26:48 NVI). Y así fue. El Hijo del Hombre fue traicionado con un beso (Lc 22:48). Pero, en Jesús, la justicia y la paz ya se habían besado. Él las unió en sí mismo, junto con el amor y la fidelidad. El beso de Cristo es paz y liberación.

Señor de la Iglesia, abrázanos como tuyos y bésanos como tu pueblo amado.

Oración תפלה

OH SEÑOR, DIOS DE MI SALVACIÓN, DE DÍA Y DE NOCHE HE CLAMADO DELANTE DE TI. LLEGUE MI ORACIÓN A TU PRESENCIA; INCLINA TU OÍDO A MI CLAMOR.

SALMO 88:1-2

El Salmo 88 es el más oscuro de los salmos oscuros. El poeta está como muerto. Languidece en una existencia sepulcral, «En lugares tenebrosos, en las profundidades» (v. 6). Es una pesadilla para sus amigos, que le dan la espalda (v. 8). La ira divina se ha abatido sobre él y lo ha encerrado (vv. 15-17). Sus «amistades son las tinieblas» (v. 18 LBLA). De hecho, la última palabra hebrea del salmo, «tinieblas», resume su contenido. No obstante, aun en este terrible estado, su *tefilá* («oración») asciende a Dios (v. 2). Del verbo *palál* («orar»), *tefilá* es la más común de la docena de palabras hebreas que se usan para designar la oración o la intercesión. Algunos salmos incluso se titulan *tefilá*, como el Salmo 17, «Una *tefilá* de David».

San Agustín ve en el Salmo 88 una profecía de la pasión de Cristo. Cada palabra habla con acento de crucifixión. Sobre aquel cruel madero, Jesús aún oraba, como lo hace el poeta del Salmo 88. Ora por sí mismo, por nosotros, por el mundo, y aun por quienes clavaron los clavos. Y su *tefilá* fue escuchada, porque después de sus días en la oscuridad, caminó hacia el sol de una mañana de resurrección para que nosotros también podamos vivir y orarle.

«Oh Señor, escucha mi oración, y llegue a Ti mi clamor» (Sal 102:1).

9 DE OCTUBRE

Abba, Padre אב

ÉL CLAMARÁ A MÍ: «MI PADRE ERES TÚ, MI DIOS Y LA ROCA DE MI SALVACIÓN». YO TAMBIÉN LO HARÉ MI PRIMOGÉNITO, EL MÁS EXCELSO DE LOS REYES DE LA TIERRA.

SALMO 89:26-27

En el siglo I, los niños judíos llamaban Abba a su padre. Esta palabra aramea es muy parecida a la palabra hebrea para padre, *Ab*. Se encuentra en las dos primeras letras de los nombres Abraham («padre de una multitud») y Abimelec («mi padre es rey»). Tal como en español «padre» puede referirse a un papá, a un sacerdote, o al fundador de algo, *Ab* puede designar a un padre literal, a un maestro, a un profeta o a un protector. David clama a Dios: «Mi *Ab* eres Tú», y Dios declara a David su primogénito (Sal 89:26-27). El Señor es el «Padre de los huérfanos» (Sal 68:5). El pueblo de Dios lo llama «nuestro Padre» (Is 63:16), mientras que él llama a Israel «Mi hijo» (Os 11:1).

En el Salmo 2, el Padre le dijo al Mesías: «Mi Hijo eres Tú, Yo te he engendrado hoy» (v. 7). Jesús oró «Abba, Padre» (Mr 14:36). También nosotros, que hemos «recibido un espíritu de adopción como hijos, [...] clamamos: "¡Abba, Padre!"» (Ro 8:15; Gá 4:6). El Hijo del Padre nos ha hecho hijos del Padre en el bautismo. Somos adoptados en la familia de Dios, teniendo como hermano a Cristo. Él nos enseña a orar como hijos amados a un Padre querido:

Abba nuestro, que estás en los cielos, santificado sea tu nombre...

10 DE OCTUBRE

La disciplina del Señor יסר

BIENAVENTURADO EL HOMBRE A QUIEN TÚ, OH SEÑOR, DISCIPLINAS Y LO INSTRUYES SOBRE LA BASE DE TU LEY PARA DARLE TRANQUILIDAD EN LOS DÍAS DE LA DESGRACIA; EN TANTO QUE PARA LOS IMPÍOS SE CAVA UNA FOSA.

SALMO 94:12-13 RVA-2015

«Ciertamente, ninguna disciplina, en el momento de recibirla, parece agradable, sino más bien penosa» (Heb 12:11 NVI). Creo que casi todos estamos de acuerdo con este versículo. La disciplina duele. La disciplina humilla. Por lo tanto, ¿cómo puede el salmista pronunciar una bendición sobre aquel a quien Dios *yasár* («disciplinar, castigar, reprender»)? Lo hace porque es una prueba de que el Señor nos ama. «Porque el Señor disciplina a los que ama, como corrige un padre a su hijo querido» (Pr 3:12 NVI). Cualquier padre que deja a su hijo obrar mal sin jamás disciplinarlo, no ama a ese hijo. El amor corrige. El amor enseña. El amor busca el progreso del otro. Así que la disciplina es una faceta del amor en acción. En el desierto, Dios *yasár* a Israel «como un hombre disciplina a su hijo» (Dt 8:5). Les enseñó la Torá. Los reprendió por su idolatría. Buscó reformarlos.

Nuestro Padre quiere que «participemos de Su santidad», que obtengamos el «fruto apacible de justicia», así que nos disciplina «para nuestro bien» (Heb 12:10-11). Hace todo esto porque nos ha hecho sus hijos e hijas en Cristo, sobre el cual cayó el «castigo ["disciplina"] por nuestra paz, y [por cuyas] heridas hemos sido sanados» (Is 53:5).

No nos reprendas en tu ira, Padre celestial, sino disciplínanos en tu amor.

11 DE OCTUBRE

Orientarnos מזרח

PORQUE COMO ESTÁN DE ALTOS LOS CIELOS SOBRE LA TIERRA, ASÍ ES DE GRANDE SU MISERICORDIA PARA LOS QUE LE TEMEN. COMO ESTÁ DE LEJOS EL ORIENTE DEL OCCIDENTE, ASÍ ALEJÓ DE NOSOTROS NUESTRAS TRANSGRESIONES.

SALMO 103:11-12

Nuestro verbo «orientar» proviene del término en latín para «el sol naciente». Así, si literalmente «nos orientáramos», miraríamos hacia el este. Al hacerlo, nos asemejaríamos mucho a los israelitas, pues una de sus palabras para el «este», *quédem*, significa también «delante». Otra palabra hebrea para «este», *mizrákj*, aparece en el Salmo 103. *Mizrákj* se refiere a la «salida del sol» y, por lo tanto, al «este». Ahora, juntemos todo: para orientarnos de verdad, miramos hacia el este, hacia la salida del sol. ¿Y qué nos dice esa salida? Nos orienta hacia el Dios que quita nuestras transgresiones «como está de lejos el oriente del occidente». Hay polos para el norte y el sur; podemos medir la distancia entre ellos. Sin embargo, es imposible medir la distancia entre el este y el oeste, desde el amanecer hasta la puesta del sol.

Así de lejos llega el amor de Dios. Así de lejos se extiende su perdón. Así de lejos han sido quitados nuestros pecados en Cristo. Cuando nos orientamos hacia esa alegre realidad y nos bañamos en su luz naciente de gracia, nunca nos perdemos.

Desde el nacimiento del sol hasta su ocaso, alabamos tu nombre, oh Señor (Sal 113:3).

12 DE OCTUBRE

La tierra de Dios ארץ

¡OH SEÑOR, CUÁN NUMEROSAS SON TUS OBRAS! ¡TODAS ELLAS LAS HICISTE CON SABIDURÍA! ¡REBOSA LA TIERRA CON TODAS TUS CRIATURAS!

SALMO 104:24

«En el principio creó Dios los cielos y la tierra». Estas palabras iniciales de la Biblia declaran que toda la creación pende de la Palabra de Dios. Nada tiene una existencia independiente, desde los átomos hasta los seres humanos y los planetas. El Salmo 104 convierte esta verdad en poesía. «Rebosa la *érets* ["tierra"] con todas tus criaturas». No rebosa de entidades autónomas, sino de criaturas. Es por eso que, como dice el erudito judío Abraham Heschel, «el Salmo 104 es un himno a Dios más que una oda al cosmos». No la «madre naturaleza», sino el Padre es digno de bendición, pues «Él estableció la tierra sobre sus cimientos, para que jamás sea sacudida» (v. 5).

La palabra *érets* puede significar «tierra», como en *Érets Yisraél* («la tierra de Israel»), pero también el «mundo» o la «Tierra». Y con razón, porque desde Israel debían manar las bendiciones que regaban la tierra entera. Cuando Jesús envió a sus seguidores a «[hacer] discípulos de todas las naciones» (Mt 28:19), los envió con los bolsillos llenos de promesas y los labios llenos de alabanza, porque «toda autoridad [...] en el cielo y en la tierra» le había sido dada a él. Él, la Palabra que pendió del madero, los envió a proclamar que toda la creación pende de su palabra de gracia y poder.

«Exaltado seas sobre los cielos, oh Dios, sobre toda la tierra sea Tu gloria» (Sal 108:5).

13 DE OCTUBRE

En el desierto מדבר

ÉL CONVIERTE LOS RÍOS EN DESIERTO Y LOS MANANTIALES EN SECADALES; LA TIERRA FÉRTIL EN SALINAS, POR LA MALDAD DE LOS QUE MORAN EN ELLA. TRANSFORMA EL DESIERTO EN ESTANQUE DE AGUAS, Y LA TIERRA SECA EN MANANTIALES; EN ELLA HACE MORAR A LOS HAMBRIENTOS, PARA QUE ESTABLEZCAN UNA CIUDAD DONDE VIVIR.

SALMO 107:33-36

El Señor de Israel es un Dios que pone todo patas arriba. Afear lo bello y embellecer lo feo, dar vida a lo muerto y muerte a lo vivo; eso es simplemente un día más en la oficina. El Salmo 107 poetiza estas acciones con la visión de tierras de cultivo convertidas en salinas y desiertos transformados en jardines irrigados. *Midbbár*, a menudo traducido como «desierto» o «tierra salvaje», es el nombre general que designa el tipo de vastas regiones áridas en las cuales Israel languideció por cuarenta años. El *midbbár* evoca múltiples imágenes —muerte, sufrimiento, ausencia de Dios—, pero ciertamente no agua. Sin embargo, por su voluntad y su palabra, Dios «transforma el *midbbár* en estanque de aguas» (v. 35).

Así es como Dios actúa siempre: de la muerte saca vida, de la desesperación saca esperanza, de la nada saca la creación, de la tumba saca a su Hijo, y a nosotros nos saca con él. Como dijo una vez Martín Lutero, «Dios rompe lo que está entero y hace entero lo que está roto». No hay almas demasiado rotas ni demasiado secas como para que nuestro Padre no pueda regarlas y sanarlas en Cristo.

Te damos gracias, oh Señor, porque eres bueno y tu misericordia es para siempre (Sal 107:1).

¿A qué lo compararé? מָשָׁל

LOS PROVERBIOS DE SALOMÓN, HIJO DE DAVID, REY DE ISRAEL: PARA APRENDER SABIDURÍA E INSTRUCCIÓN, PARA DISCERNIR DICHOS PROFUNDOS, PARA RECIBIR INSTRUCCIÓN EN SABIA CONDUCTA, JUSTICIA, JUICIO Y EQUIDAD; PARA DAR A LOS SIMPLES PRUDENCIA, Y A LOS JÓVENES CONOCIMIENTO Y DISCRECIÓN.

PROVERBIOS 1:1-4

Cuando Jesús dice: «¿A qué compararé el reino de Dios?», está hablando el lenguaje del *mashál* (Lc 13:20). Como verbo, *mashál* significa «decir una parábola» o «comparar esto con aquello». Como sustantivo, *mashál* significa «parábola, proverbio, dicho sapiencial». El nombre hebreo de Proverbios proviene de la primera palabra del libro, *Míshlei* («los proverbios de»). Jesús era un rabino *mashál*, un maestro de parábolas. Comparó el reino de Dios con todo, desde una minúscula semilla de mostaza hasta una red repleta de peces. Al hacerlo, estaba siguiendo el ejemplo de los Proverbios y de los profetas. Durante siglos, los sabios israelitas habían pintado las verdades más elevadas y sagradas con los matices y tonos de la sencillez de la tierra.

Sin embargo, el *mashál* del Mesías fue también único, pues en sus alambicados relatos, un samaritano detestado es el bueno, los administradores deshonestos son elogiados y los que llegan tarde al trabajo se embolsan el mismo sueldo que los madrugadores. Sus parábolas, por tanto, son además ilustraciones de la cruz y de la vida cruciforme, donde los muertos viven, los últimos son los primeros y la debilidad es fuerza.

Bendito seas, Señor Jesús, porque has escondido tu verdad salvadora en escandalosas historias de gracia.

15 DE OCTUBRE

El arquitecto del mundo אָמוֹן

«CUANDO AL MAR PUSO [DIOS] SUS LÍMITES PARA QUE LAS AGUAS NO TRANSGREDIERAN SU MANDATO, CUANDO SEÑALÓ LOS CIMIENTOS DE LA TIERRA, YO ESTABA ENTONCES JUNTO A ÉL, COMO ARQUITECTO; YO ERA SU DELICIA DE DÍA EN DÍA, REGOCIJÁNDOME EN TODO TIEMPO EN SU PRESENCIA, REGOCIJÁNDOME EN EL MUNDO, EN SU TIERRA, Y TENIENDO MIS DELICIAS CON LOS HIJOS DE LOS HOMBRES».

PROVERBIOS 8:29-31

Quien habla aquí es la Sabiduría (*kjokmá*); Sabiduría que es de Dios, está con Dios, y es engendrada por Dios. Al principio, dice la Sabiduría, yo estaba con el Creador (8:22). En efecto, la Sabiduría es *el* Principio, por medio del cual Dios creó los cielos y la tierra. Antes de que se formaran las montañas, cuando los mares aún no rugían, «Cuando estableció los cielos, allí estaba yo» (v. 27). «Yo estaba entonces junto a Él, como un *amón*» (v. 30). Esta inusual palabra hebrea significa probablemente «maestro de obras, artesano o artífice». La Sabiduría, Palabra, e Hijo del Padre es el arquitecto del mundo, regocijándose delante del Creador, «[Regocijándose] en el mundo, en Su tierra, y teniendo [sus] delicias con los hijos de los hombres» (v. 31).

¡Qué cuadro! El *amón* de la humanidad, el arquitecto del mundo, ¡baila de gozo por nosotros! Con su amor nos calmará y se gozará por nosotros con cantos (Sof 3:17 NTV). Ese cantar alcanzó su *crescendo* cuando, por el gozo puesto delante de él, soportó la cruz, despreciando su vergüenza, para poder deleitarse aun más en los hijos de hombre que había salvado.

Toda alabanza, gloria y acción de gracias te sean dadas, Jesús, Sabiduría nuestra, por habernos hecho tuyos.

16 DE OCTUBRE

Cubrir pecados כסה

FUENTE DE VIDA ES LA BOCA DEL JUSTO, PERO LA BOCA DE LOS IMPÍOS ENCUBRE VIOLENCIA. EL ODIO CREA RENCILLAS, PERO EL AMOR CUBRE TODAS LAS TRANSGRESIONES.

PROVERBIOS 10:11-12

No lo sabrías por esta traducción, pero, en hebreo, «encubre» y «cubre» son la misma palabra: *kasá*. Este verbo se utiliza para describir cómo Sem y Jafet *kasá* la desnudez de Noé (9:23). En Proverbios 10, se hace hincapié en la boca como una especie de velo, para lo bueno o para lo malo. La boca de los impíos *kasá* violencia, es decir, vela el mal con mentiras. Como dice el salmista: «Las palabras de su boca eran más blandas que la mantequilla, pero en su corazón había guerra; más suaves que el aceite eran sus palabras, sin embargo, eran espadas desnudas» (55:21). La boca del justo, en cambio, *kasá* todas las transgresiones en amor, es decir, vela aquellas palabras que hablarían mal, dirían mentiras, o chismearían sobre el otro.

El amor oculta o cubre los pecados del prójimo; el odio los desvela. Tanto Santiago 5:20 como 1 Pedro 4:8 citan una versión de este proverbio. De hecho, Santiago debió de considerarlo tan importante que lo reservó para el versículo final y culminante de su epístola: «El que hace volver a un pecador del error de su camino salvará su alma de muerte, y cubrirá multitud de pecados». Restaurar al pecador, no chismear sus transgresiones, es la vocación de Cristo para nosotros.

Jesucristo, tú «Perdonaste la iniquidad de Tu pueblo, cubriste todo su pecado» (Sal 85:2).

Almas y gargantas נפשׁ

EL QUE GUARDA SU BOCA, PRESERVA SU VIDA; EL QUE MUCHO ABRE SUS LABIOS, TERMINA EN RUINA.

PROVERBIOS 13:3

Proverbios está lleno de exhortaciones a *natsár* («guardar o custodiar») la sabiduría, los mandamientos y el conocimiento. En 13:3, un hijo sabio utiliza un protector bucal, por así decirlo, para guardar o preservar su vida. Coloca un soldado lingüístico en su boca para mantener cerradas esas dos puertas labiales. Sin embargo, aquí también se oculta un juego de palabras hebreo. La palabra traducida como «vida», *néfesh*, puede también significar alma, personalidad o la garganta física. Puesto que este versículo destaca tanto la boca como los labios, el juego de palabras basado en *néfesh* como garganta/alma/vida es una degustación de escritura artística. Como en gran parte de Proverbios —por no mencionar el resto de la Biblia—, la boca se destaca como el portal que el mal se deleita en usar para lanzar sus cruzadas mancilladoras.

Cualquier higienista dental te dirá que nuestra boca es la ventana al resto de la salud de nuestro cuerpo. Todas las diversas enfermedades tienen manifestaciones orales. Lo que es cierto en el ámbito físico es mucho más cierto espiritualmente. «Pero lo que sale de la boca proviene del corazón, y eso es lo que contamina al hombre» (Mt 15:18). Por eso oramos para escuchar más y hablar menos. Y le pedimos al Señor que nuestros corazones sean el glosario de su amor; que de nuestros corazones salgan verbos de verdad y sustantivos de misericordia.

«Abre mis labios, oh Señor, para que mi boca anuncie Tu alabanza» (Sal 51:15).

18 DE OCTUBRE

¿Instruir o dedicar? חנך

INSTRUYE AL NIÑO EN EL CAMINO QUE DEBE ANDAR, Y AUN CUANDO SEA VIEJO NO SE APARTARÁ DE ÉL.

PROVERBIOS 22:6

Puede que este conocido versículo no se conozca tan bien como creemos. El verbo traducido como «instruye» es *kjanák*, que aparece solamente cinco veces en la Biblia. En cuatro de ellas, lo que se *kjanák* es una casa, ya sea una morada doméstica (Dt 20:5 [dos veces]) o el templo del Señor (1R 8:63; 2Cr 7:5). *Kjanák* un edificio es «dedicarlo»; es como decir: «Este lugar pertenece a fulano de tal. Es suyo y de nadie más». *Kjanák* está detrás de la palabra Janucá, la fiesta judía en la que se celebra la «rededicación» del templo. Teniendo en cuenta las otras cuatro utilizaciones de *kjanák*, obtenemos lo siguiente: «Dedica al niño en el camino que debe andar [literalmente, "según su camino"], y aun cuando sea viejo no se apartará de él».

Nosotros *kjanák* a nuestros hijos en el bautismo. En ese intercambio líquido, pasan de nosotros a los brazos de nuestro Padre. Se convierten en su casa, su pequeño templo, donde su Hijo y su Espíritu «[hacen su] morada» (Jn 14:23). Él dice: «Este niño me pertenece. Yo soy su Padre». Ser padres es difícil. Como padres y madres, fallamos de muchas maneras. Pero hay una forma en la cual no podemos fallar: cuando entregamos nuestros hijos a su querido Padre celestial.

Bendice a nuestros hijos e hijas, Padre celestial, con tu gracia y compasión paternal.

19 DE OCTUBRE

¡Megavanidad! הבל

PALABRAS DEL PREDICADOR, HIJO DE DAVID, REY EN JERUSALÉN. «VANIDAD DE VANIDADES», DICE EL PREDICADOR, «VANIDAD DE VANIDADES, TODO ES VANIDAD».

ECLESIASTÉS 1:1-2

Jabél jabalím, vanidad de vanidades. Así comienza uno de los libros más extraños —y filosóficos— de la Biblia. Su título en español es Eclesiastés; en hebreo es *Cojelét*; pero un título más apropiado podría haber sido Vanidad, teniendo en cuenta que la palabra aparece en once de los doce capítulos. *Jébel* significa «aliento» y, por extensión, «vanidad» (algo tan insustancial como el aliento) e «ídolos» (cosas sin esencia). «Vanidad de vanidades» es un superlativo hebreo como «siervo de siervos» («esclavo despreciable», Gn 9:25) o «nunca jamás» («eternamente», Is 34:10). Significa algo así como «futilidad absoluta» o «megavanidad». ¿Qué es la futilidad absoluta? La vida «bajo el sol» (v. 3). Todo es tan vano como «correr tras el viento» (v. 14 NVI).

Este libro deja caer una bomba atómica sobre cada una de nuestras torres de Babel personales. Es sumamente fácil para nosotros llenarnos de presunción y delirios de grandeza. ¡Vanidad de vanidades! ¡Insensatez! Por lo tanto, durante nuestro tiempo bajo el sol, perdámonos más bien en la vida de Cristo, para encontrar así la verdadera vida, el verdadero sentido, en el Rey de reyes y Señor de señores. En él recibimos un tesoro con el que nada de este mundo se puede comparar.

Infunde en nosotros, Espíritu Santo, tu gracia que da vida y esperanza, para que podamos servirte todos nuestros días.

El necio כסיל

Y YO VI QUE LA SABIDURÍA SOBREPASA A LA INSENSATEZ, COMO LA LUZ A LAS TINIEBLAS. EL SABIO TIENE OJOS EN SU CABEZA, PERO EL NECIO ANDA EN TINIEBLAS. AUNQUE YO SÉ TAMBIÉN QUE AMBOS CORREN LA MISMA SUERTE.

ECLESIASTÉS 2:13-14

Cabría esperar que Salomón, famoso por su sabiduría, tuviera mucho que decir sobre los necios, y así es. Aunque el hebreo tiene más de una palabra para «necio», *kisíl*, utilizada dieciocho veces en Eclesiastés, parece ser su favorita. Ser un *kisíl* no tiene nada que ver con el coeficiente intelectual; alguien puede tener tres doctorados y ser el mayor tonto de la sala. «El necio anda en tinieblas» (v. 14). Es estúpido en relación con la vida cotidiana e insolente en lo que respecta a la religión. Aborrece el conocimiento (Pr 1:22). El necio es un cáncer para la vida de los amigos, la familia y la comunidad. Tal vez lo peor de todo es que el necio ni siquiera cree que lo es. Está ebrio de su propia falsa sabiduría.

A diferencia de los necios, los sabios reconocen una verdad por encima de todo: «Cristo es poder de Dios y sabiduría de Dios» (1Co 1:24). Hechos conformes a él, el Padre los transforma en portadores de su sabiduría para los demás. Sabios en Cristo, caminan a la luz de la verdad.

Querido Padre, rescátanos de la locura y enséñanos la sabiduría que viene de lo alto.

Pozo y sepulcro בור

ACUÉRDATE DE (TU CREADOR) ANTES QUE SE ROMPA EL HILO DE PLATA, SE QUIEBRE EL CUENCO DE ORO, SE ROMPA EL CÁNTARO JUNTO A LA FUENTE, Y SE HAGA PEDAZOS LA RUEDA JUNTO AL POZO; ENTONCES EL POLVO VOLVERÁ A LA TIERRA COMO LO QUE ERA, Y EL ESPÍRITU VOLVERÁ A DIOS QUE LO DIO.

ECLESIASTÉS 12:6-7

Jano era un dios romano con dos caras: una que miraba hacia delante y otra que miraba hacia atrás. En hebreo, hay un recurso literario que lleva su nombre: es el paralelismo de Jano, en el que una palabra tiene un significado que señala hacia atrás y otro que señala hacia delante. Un ejemplo de esto se encuentra en Eclesiastés 12:6. El versículo termina con la palabra *bor*, que significa tanto «pozo» como «sepulcro». Como «pozo», *bor* remite a la imagen de la fuente que lo precede. Como «sepulcro», *bor* remite a la imagen del polvo y de la muerte. Esta palabra «de doble cara» tiende así un puente entre una fuente llena de vida y un sepulcro lleno de muerte.

El mismo Creador que Salomón nos insta a recordar en los días de nuestra juventud —antes de que envejezcamos y acabemos en esa tumba— sabe un par de cosas sobre cómo salir del sepulcro. Y cuando este mundo se acabe, sacará también de la tumba los cuerpos nuestros. Entre tanto, nos alegramos de haber pasado ya de muerte a vida en la fuente revivificadora de la misericordia.

«Oh Señor […]; me has guardado con vida, para que no descienda al sepulcro» (Sal 30:3).

22 DE OCTUBRE

El todo de la condición humana כל

LA CONCLUSIÓN DE TODO EL DISCURSO OÍDO ES ESTA: TEME A DIOS Y GUARDA SUS MANDAMIENTOS, PUES ESTO ES EL TODO DEL HOMBRE. PORQUE DIOS TRAERÁ A JUICIO TODA ACCIÓN JUNTO CON TODO LO ESCONDIDO, SEA BUENO O SEA MALO.

ECLESIASTÉS 12:13-14 RVA-2015

Eclesiastés empieza con «vanidad de vanidades», pero termina —de manera más positiva— con «el todo del hombre». «Todo», allí, corresponde a la palabrita *kol*. Significa «todo, totalidad». El gran Shemá nos dice que amemos al Señor con «*kol* tu corazón, con *kol* tu alma y con *kol* tu fuerza» (Dt 6:5). Esta última palabra, «fuerza», podría traducirse mejor como «mismísimo [ser]». La totalidad de lo que somos. Del mismo modo, en Eclesiastés, «[temer] a Dios y guardar sus mandamientos» —en otras palabras, amarlo— es «el todo del hombre». O, más literalmente, «el todo de la condición humana». Nuestro todo, nuestra mismísima calidad de seres humanos consiste en temer y amar a Dios, y guardar (*shamár*) sus mandamientos, porque él «traerá toda obra a juicio».

«Todos los mandamientos de Dios se guardan cuando se perdona lo que no se ha guardado» (Agustín). Así actúa Dios, que es *kol* amor. El amor es la totalidad de él; es su esencia. Si el todo de la condición humana es amarlo, el todo de Dios consiste en amarnos, perdonarnos y hacernos rectos en Cristo.

«¡Oh Señor, Señor nuestro, cuán glorioso es Tu nombre en toda la tierra!» (Sal 8:9)

Morena pero preciosa שׁחר

«SOY MORENA PERO PRECIOSA, OH HIJAS DE JERUSALÉN, COMO LAS TIENDAS DE CEDAR, COMO LAS CORTINAS DE SALOMÓN. NO SE FIJEN EN QUE SOY MORENA, PORQUE EL SOL ME HA QUEMADO».

CANTARES 1:5-6

Ana cantó de cómo el Señor «empobrece y enriquece; humilla y también exalta» (1S 2:7). María, en su cántico, también canta de cómo Dios «ha mirado la humilde condición de esta su sierva [...]. Ha quitado a los poderosos de sus tronos; y ha exaltado a los humildes» (Lc 1:48, 52). Este tema de la «gran inversión» aparece en las primeras líneas del Cantar de los Cantares. La amante de Salomón —una representación de Israel y la Iglesia— es «*shakjór* pero preciosa». *Shakjór* es «morena, tostada por el sol, oscura». Aunque hoy en día los cuerpos bronceados son sexualmente atractivos, en aquella cultura antigua ese aspecto se hallaba estigmatizado. La piel oscurecida por el sol indicaba que trabajabas al aire libre, pertenecías a una clase inferior y, desde luego, no formabas parte de la realeza.

Sin embargo, esta es la mujer que ama el sabio, poderoso e internacionalmente famoso Salomón. Él la eligió. Contempló la humilde condición de esta sierva, la exaltó, la besó y la envolvió con sus brazos reales. Su amor por ella la embelleció, tal como Cristo hace con la Iglesia, su resplandeciente esposa. Puede que el mundo no la considere gran cosa, pero a los ojos del Rey Mesías, es más hermosa de lo que se puede imaginar.

Exalta a tu Iglesia, Señor Jesús, para que podamos participar de la gloria que es tuya.

Cuando Cristo llama דפק

YO DORMÍA, PERO MI CORAZÓN VELABA, ¡UNA VOZ! ¡MI AMADO TOCA A LA PUERTA! «ÁBREME, HERMANA MÍA, AMADA MÍA, PALOMA MÍA, PERFECTA MÍA, PUES MI CABEZA ESTÁ EMPAPADA DE ROCÍO, MIS CABELLOS EMPAPADOS DE LA HUMEDAD DE LA NOCHE». ME HE QUITADO LA ROPA, ¿CÓMO HE DE VESTIRME DE NUEVO? ME HE LAVADO LOS PIES, ¿CÓMO HE DE ENSUCIARLOS DE NUEVO?

CANTARES 5:2-3

La Iglesia de Laodicea se decía a sí misma: «Soy [rica], me he enriquecido y de nada tengo necesidad», pero no se daban cuenta de que eran miserables, dignos de lástima, pobres, ciegos y desnudos (Ap 3:17). Tal como la mujer del Cantar de los Cantares, que estaba en la cama, desnuda, lavada de pies, e inicialmente no quería abrirle la puerta a su amado, la Iglesia de Laodicea era espiritualmente perezosa, tibia y poco dispuesta a actuar. Sin embargo, el Amante *dafác* («toca»). Basándonos en las otras dos apariciones de este verbo (Gn 33:13; Jue 19:22), no se trata de un golpeteo ligero, sino de un aporreo vigoroso. Los nudillos golpean con vehemencia. En el Cantar, ella vacila y finalmente se levanta, pero para entonces su «amado se había retirado, se había ido» (5:6).

En Laodicea, Jesús estaba «a la puerta y llam[aba]» (Ap 3:20). Él no nos llama como un vendedor a domicilio, sino como un amante celoso, que toca a nuestros corazones, intenta entrar, y nos busca. Arrepiéntete y cree. El Señor de la gracia y el perdón nos desea como suyos.

Espíritu Santo, que nos llamas por el Evangelio, danos corazones abiertos y contritos que se alegren cuando entres.

Amor y mandrágoras דודאים

VEN, AMADO MÍO, SALGAMOS AL CAMPO, PASEMOS LA NOCHE EN LAS ALDEAS. LEVANTÉMONOS TEMPRANO Y VAYAMOS A LAS VIÑAS [...]. ALLÍ TE ENTREGARÉ MI AMOR. LAS MANDRÁGORAS HAN EXHALADO SU FRAGANCIA, Y A NUESTRAS PUERTAS HAY TODA CLASE DE FRUTAS ESCOGIDAS, TANTO NUEVAS COMO AÑEJAS, QUE HE GUARDADO PARA TI, AMADO MÍO.

CANTARES 7:11-13

Las *dudaím* («mandrágoras») son «frutos de amor», plantas que, como dice el Cantar, «exhalan fragancia». En otros textos e iconografía antiguos, su fragancia se vincula frecuentemente a la intimidad. Podríamos compararlas con nuestras colonias y perfumes románticos —quizás con un afrodisíaco, incluso—. En Génesis, se mencionan cuando las esposas-hermanas Raquel y Lea hacen un trueque, a fin de que, esa noche, una de ellas tenga a Jacob en su cama (30:14-16). En Cantares, su aroma flota en el aire cuando la sulamita, esposa de Salomón, dice: «Allí te entregaré mi amor». Incluso hay un juego de palabras, porque «mi amor» (*dodai*) y «amado mío» (*dodí*) suenan como mandrágoras (*dudaím*).

Esta escena terrenal y romántica, con perfume de mandrágoras, en la que marido y mujer se abrazan, es una de las muchas formas en que la Biblia representa el íntimo vínculo entre Dios y su pueblo, Cristo y su Iglesia, que ya no son dos, sino una carne, unidos como una cabeza y un cuerpo en el amor.

Cristo, esposo nuestro, que diste tu vida en rescate por la Iglesia, haznos uno contigo, como tú eres uno con el Padre y el Espíritu.

26 DE OCTUBRE

Gobernantes rebeldes סרר

¡CÓMO SE HA CONVERTIDO EN RAMERA LA CIUDAD FIEL, LA QUE ESTABA LLENA DE JUSTICIA! MORABA EN ELLA LA RECTITUD, PERO AHORA, ASESINOS. TU PLATA SE HA VUELTO ESCORIA, TU VINO ESTÁ MEZCLADO CON AGUA. TUS GOBERNANTES SON REBELDES Y COMPAÑEROS DE LADRONES.

ISAÍAS 1:21-23

Isaías es el rey de la orfebrería verbal hebrea. Entreteje juegos de palabras, juega con los nombres, hace guiños con sarcasmo lingüístico. En este sermón cargado de leyes contra su pueblo y sus dirigentes, ha preparado un verso. La frase de cuatro palabras «Tus gobernantes son rebeldes» son tan solo dos palabras en hebreo: *saráyik sorerím* (dilo lentamente en voz alta: sa-rá-yik so-re-rím). La forma simple de los dos sustantivos hebreos, *sar* («gobernante») y *sarár* («rebelde»), pide a gritos que se los ponga en pareja. Pero hay más. La palabra *sarár* conlleva un bagaje: describe al hijo rebelde que se ganaba la pena de muerte (Dt 21:18-21) y al Israel rebelde que se ganó cuarenta años de peregrinación por el desierto (Sal 78:8). Isaías no se anda con rodeos: la nación ramera (v. 21), llena de asesinos (v. 21), tiene los dirigentes de baja estofa que se merece.

Al igual que Isaías, Jesús no endulzó nada. Cuando fustigó verbalmente a los dirigentes religiosos de su época, caracterizó la hipocresía de estos recurriendo a imágenes de tumbas, serpientes y platos sucios. Lo que Israel necesitaba —y nosotros necesitamos— es un gobernante verdadero, amable, justo, misericordioso y recto. Y eso es precisamente lo que tenemos en nuestro Señor, el Rey ungido que dice la verdad.

Padre Santo, quiebra nuestros corazones obstinados y reconstrúyelos dándoles la forma y la textura de los tuyos.

27 DE OCTUBRE

Torá, no ley תורה

«VENGAN, SUBAMOS AL MONTE DEL SEÑOR, A LA CASA DEL DIOS DE JACOB, PARA QUE NOS ENSEÑE ACERCA DE SUS CAMINOS, Y ANDEMOS EN SUS SENDAS». PORQUE DE SIÓN SALDRÁ LA LEY, Y DE JERUSALÉN LA PALABRA DEL SEÑOR.

ISAÍAS 2:3

Isaías ve el monte de Dios dilatado, más alto que todas las cumbres. Hacia él fluyen personas de todo el mundo, como un río humano en reversa. He ahí la imagen profética de la Iglesia, haciendo discípulos de todas las naciones, lavándolos en el templo de Cristo. ¿Qué precipitará esto? Desde Sión marchará la Torá, haciendo ingresar a la gente. Torá no significa ley. Deriva de *yará* («enseñar»), el mismo verbo pronunciado por los gentiles, cuando dicen: «para que nos enseñe [*yará*] acerca de sus caminos». La enseñanza del Mesías, su Torá, el mensaje de su reino y de la gracia y de la vida, llevará a judíos y gentiles al santuario-monte de la Iglesia.

Isaías 2 es el primo veterotestamentario de Mateo 28, la «Gran comisión». El profeta describe gráficamente los efectos del discipulado que Mateo 28 menciona. Creyentes de todo el mundo ascenderán a Sión al ser bautizados en el nombre del Padre, del Hijo y del Espíritu Santo, y al ser «*torá*-izados» en todo lo que Cristo ha instruido. Habiendo recibido este don inestimable, decimos con gozo:

Oh Señor, «Mejor es para mí la [Torá] de Tu boca que millares de monedas de oro y de plata» (Sal 119:72).

28 DE OCTUBRE

Mishpat y asesinato מִשְׁפָּט

CIERTAMENTE, LA VIÑA DEL SEÑOR DE LOS EJÉRCITOS ES LA CASA DE ISRAEL, Y LOS HOMBRES DE JUDÁ SU PLANTÍO DELICIOSO. ÉL ESPERABA EQUIDAD, PERO HUBO DERRAMAMIENTO DE SANGRE; JUSTICIA, PERO HUBO CLAMOR.

ISAÍAS 5:7

Probablemente la multitud de Jerusalén dio un grito ahogado. Isaías estaba predicando. Había atraído a sus oyentes cantando una canción sobre una viña, la viña del Señor. Dios se deslomó trabajando por esta viña. Quitó las piedras. Plantó vides escogidas. Y luego esperó. Finalmente, el tiempo de la cosecha llegó. Y esta viña, por la cual el Señor se había desvivido, ¿qué fruto dio? ¿Qué cosechó Dios?

> Esperaba *mishpat*, pero ¡he aquí *mispákj*!
> Esperaba *tsedacá*, pero ¡he aquí *tsaacá*!

Ninguna traducción puede hacerle justicia a esta magistral combinación de rimas. Esperaba rectificación de males (*mishpat* [justicia]), pero solo encontró malhechores (*mispákj* [derramamiento de sangre]). Esperaba lo que era justo (*tsedacá* [rectitud]) pero solo oyó gritar a las víctimas de la injusticia (*tsaacá* [clamor]).

Las parábolas de la viña, de Jesús, crecen desde este mismo suelo literario, excepto que Cristo añade una posdata. En lugar de destruir su viña, la entrega a quienes la harán dar su fruto (Mt 21:43). A través del Evangelio, llama y reúne siervos por medio de los cuales el Espíritu obra fe, esperanza, amor, justicia y rectitud en el mundo.

Defiende tu viña, oh Señor, de todos los enemigos, y produce en nosotros frutos acordes con el arrepentimiento.

¡Ay, y más ay! הוי

¡AY DE LOS QUE LLAMAN AL MAL BIEN Y AL BIEN MAL, QUE TIENEN LAS TINIEBLAS POR LUZ Y LA LUZ POR TINIEBLAS, QUE TIENEN LO AMARGO POR DULCE Y LO DULCE POR AMARGO!

ISAÍAS 5:20

Jói puede usarse como un lamento («¡Ay!»), pero casi todos los casos son el equivalente verbal de tomar la cara de alguien entre las manos y prepararse para informarlo de una verdad fría, dura y desagradable. Isaías 5, donde *jói* aparece seis veces, es el capítulo del AT que más contiene esta palabra. Ay de los que acaparan la tierra (v. 8), tragan vino (v. 11), se atan al pecado (v. 18), mienten y tergiversan la verdad (v. 20), son sabelotodos (v. 21) y tienen una medalla de oro en embriaguez (v. 22). La única otra porción de la Escritura inundada de tantos ayes es cuando Jesús desata una retahíla de ellos sobre los escribas y fariseos (Mt 23). La expresión «Ay de...» puede ser anticuada y tener aires de iglesia, pero haríamos bien en reciclarla. Hoy, llamar al mal bien y al bien mal es tan bien visto y está tan generalizado como hace milenios.

Jói es el llamado al arrepentimiento, que no es una emoción ocasional, sino un movimiento continuo. Salimos de nosotros, y del pecado, hacia la contrición, la fe y el perdón en Cristo. Prestar atención al ay es precipitarse a la bendición, pasando de la muerte en el pecado a la vida en el Hijo de Dios.

Danos, oh Señor, corazones quebrantados y contritos, para arrepentirnos, creer y alegrarnos en tu amor perdonador.

El coro de fuego שרפים

EN EL AÑO DE LA MUERTE DEL REY UZÍAS VI YO AL SEÑOR SENTADO SOBRE UN TRONO ALTO Y SUBLIME, Y LA ORLA DE SU MANTO LLENABA EL TEMPLO. POR ENCIMA DE ÉL HABÍA SERAFINES. CADA UNO TENÍA SEIS ALAS: CON DOS CUBRÍAN SUS ROSTROS, CON DOS CUBRÍAN SUS PIES Y CON DOS VOLABAN. Y EL UNO AL OTRO DABA VOCES, DICIENDO: «SANTO, SANTO, SANTO, ES EL SEÑOR DE LOS EJÉRCITOS, LLENA ESTÁ TODA LA TIERRA DE SU GLORIA».

ISAÍAS 6:1-3

En la Biblia, los serafines solo se mencionan aquí. Su nombre deriva de *saráf* («arder»), como las «serpientes ardientes» o abrasadoras del desierto (Nm 21:6). Estos ángeles ardientes de seis alas forman un coro de fuego. Con los ojos vendados por las alas y los pies cubiertos, sus bocas entonan el trisagio —o «triple *santo*»— al Señor de los ejércitos. Tal vez Isaías los llamó serafines porque uno de ellos le tocó los labios con una brasa (v. 6). O quizás parecían llamas voladoras. En cualquier caso, estos seres celestiales cantan alabanzas al Señor, cumplen sus órdenes y sirven a los pecadores dándoles un toque purificador.

Isaías tuvo el privilegio de ver a simple vista la esfera activa que nos rodea, invisible a nuestros ojos. Los ángeles velan sobre nosotros. Cantan alabanzas a Dios. Y nosotros, con ellos, adoramos al Cristo, el Señor en el trono, de cuya gloria Isaías testificó (Jn 12:41).

«Oh Señor, yo amo la habitación de Tu casa, y el lugar donde habita Tu gloria» (Sal 26:8).

31 DE OCTUBRE

Permanecer de pie o tambalearse אמן

«SI USTEDES NO SE MANTIENEN FIRMES EN SU FE, NO PODRÁN PERMANECER FIRMES EN NADA».

ISAÍAS 7:9 PDT

En la larga lista de reyes buenos para nada que gobernaron Judá, Acaz fue notoriamente atroz. Vendió su alma a los asirios; construyó un altar pagano para el templo; sacrificó niños. Una cosa era ser malo, y otra era ser malo como Acaz. Su legado podría haber sido radicalmente diferente. Cuando dos potencias rivales amenazaron a Judá, el Señor envió a Isaías para que pusiera ante Acaz la vida y la muerte, el bien y el mal. Ofreció mover el cielo y la tierra para dar a Acaz una señal que reforzara su fe. Sin embargo, el rey la rechazó.

En una poesía impresionante, el Señor resumió la situación de Acaz. Transliterado para captar el sonido en español, leemos: «Si ustedes no *ta-a-mí-nu*, ciertamente no van a *te-a-mé-nu*». Las dos palabras son formas diferentes del mismo verbo, *amán*, pero la primera significa «creer, confiar, tener fe», mientras que la segunda significa «aguantar, durar, ser permanente». Haz que tu fe crezca, o vas a decrecer. Si tu fe no es firme, no tendrás firmeza alguna.

Acaz era religioso, o incluso hiperreligioso, pero solo en términos de idolatría. Hasta el día de hoy, su figura es una advertencia, pero es también un llamado del Señor. Nos llama a creer, a permanecer firmes en la fe, y a confiarle nuestros corazones, almas, mentes y cuerpos al único Dios verdadero en Cristo, quien nos ama con la máxima firmeza concebible.

Señor, «Creo; ayúdame en mi incredulidad» (Mr 9:24).

Sombra de muerte צלמות

EL PUEBLO QUE ANDABA EN TINIEBLAS HA VISTO GRAN LUZ; A LOS QUE HABITABAN EN TIERRA DE SOMBRA DE MUERTE, LA LUZ HA RESPLANDECIDO SOBRE ELLOS.

ISAÍAS 9:2

Un paseo nocturno por el parque puede ser oscuro, pero no oscuro en grado *tsalmavét*. Sumérgete en las entrañas de una cueva, apaga todas las fuentes de iluminación y deja que la oscuridad te envuelva. Eso es *tsalmavét*. Aunque tradicionalmente se traduce como «sombra de muerte», sería más exacto decir «oscuridad profunda» o «penumbra impenetrable». *Tsalmavét* es una oscuridad extrema. Sin embargo, por supuesto, cuanto más oscura es la oscuridad, más cegadoramente hermosa resulta la luz cuando brilla. Isaías predijo la época en que las tribus del norte, golpeadas y abrumadas por una sucesión de potencias extranjeras, divisarían el resplandor de la esperanza. «A los que habitaban en tierra de *tsalmavét*, la luz ha resplandecido sobre ellos».

Esa luz, nos dice Mateo, tuvo dos piernas, dos manos y una boca que predicó: «Arrepiéntanse, porque el reino de los cielos se ha acercado» (4:17). Jesús inició su ministerio en Galilea, tal como Isaías lo había profetizado. No se mantuvo al margen de nuestro mundo oscurecido por el pecado, sino que se zambulló de cabeza y por amor en las entrañas de nuestra cueva cósmica para ser la luz del mundo, y para conducirnos a nosotros, pecadores ciegos, a los rayos de la gracia, en donde podríamos contemplar un mundo iluminado por la misericordia divina y vivificante.

«Aunque pase por el valle de sombra de muerte, no temeré mal alguno, porque Tú estás conmigo» (Sal 23:4).

Raíz de Isaí שֹׁרֶשׁ

ENTONCES UN RETOÑO BROTARÁ DEL TRONCO DE ISAÍ, Y UN VÁSTAGO DARÁ FRUTO DE SUS RAÍCES. [...] ACONTECERÁ EN AQUEL DÍA QUE LAS NACIONES ACUDIRÁN A LA RAÍZ DE ISAÍ, QUE ESTARÁ PUESTA COMO SEÑAL PARA LOS PUEBLOS, Y SERÁ GLORIOSA SU MORADA.

ISAÍAS 11:1, 10

Del 17 al 23 de diciembre, la Iglesia ha cantado tradicionalmente las «antífonas O», la tercera de las cuales es O *Radix Jesse* («Oh Raíz de Isaí») o, en hebreo, *Shóresh Yishái*. Esta estrofa se basa en Isaías 11:1, 10. El profeta emplea tres imágenes de la naturaleza para describir al Mesías: retoño, vástago y raíz. Ahora bien, una cosa es llamar al ungido de Dios «retoño del tronco de Isaí» o «vástago de sus raíces». Ciertamente es glorioso, pues significa que es el prometido Hijo de David, que brota de la línea de Isaí. Sin embargo, es mucho más radical llamarlo «la *shóresh* de Isaí», pues eso significa que es la raíz, la fuente y el fundamento del propio Isaí.

¿Cómo puede ser? ¿Cómo puede Cristo brotar de Isaí, *e* Isaí brotar de él? De una sola manera: siendo a la vez Dios y hombre, divino y humano. Jesús es Hijo de María e Hijo de Dios; de la misma naturaleza que nosotros y de la misma naturaleza que el Padre. En él vemos a Dios, y en él Dios nos ve.

Oh Raíz de Isaí, que eres como una señal para el pueblo, ven y libéranos.

La llave de David מפתח

Y SUCEDERÁ EN AQUEL DÍA, QUE LLAMARÉ A MI SIERVO ELIAQUIM, HIJO DE HILCÍAS, LO VESTIRÉ CON TU TÚNICA, CON TU CINTURÓN LO CEÑIRÉ, TU AUTORIDAD PONDRÉ EN SU MANO, Y LLEGARÁ A SER UN PADRE PARA LOS HABITANTES DE JERUSALÉN Y PARA LA CASA DE JUDÁ. ENTONCES PONDRÉ LA LLAVE DE LA CASA DE DAVID SOBRE SU HOMBRO; CUANDO ÉL ABRA, NADIE CERRARÁ, CUANDO ÉL CIERRE, NADIE ABRIRÁ.

ISAÍAS 22:20-22

Patákj significa «abrir», por lo que un dispositivo de apertura —una llave— es un *maftéakj*. Eliaquim, administrador principal del rey, fue ascendido a un puesto de gran autoridad. Se vistió de acuerdo a ello usando una túnica, un cinturón y un tocado. Sobre su hombro, quizás como insignia oficial, llevaba el *maftéakj* de la casa de David. Podríamos decir que se le dio «la llave de la ciudad», pero no de una manera meramente simbólica. Tenía autoridad. Era el hombre a cargo. Lo que él cerraba, permanecía cerrado. Lo que abría, permanecía abierto.

Cristo es la realidad de la que Eliaquim fue la sombra. Le dice a la Iglesia de Filadelfia que «tiene la llave de David, el que abre y nadie cierra, y cierra y nadie abre» (Ap 3:7). Y está dispuesto a girar la llave que cierra las puertas de su reino a todos los que lo rechazan, y a abrirlas para todos los que confían en su nombre.

Ábrenos, Señor Jesús, las puertas de la justicia, para que entremos por ellas y te demos gracias (Sal 118:19).

4 DE NOVIEMBRE

El devorador de la muerte מות

EL SEÑOR DE LOS EJÉRCITOS PREPARARÁ EN ESTE MONTE PARA TODOS LOS PUEBLOS UN BANQUETE DE MANJARES SUCULENTOS, UN BANQUETE DE VINO AÑEJO, PEDAZOS ESCOGIDOS CON TUÉTANO, Y VINO AÑEJO REFINADO. Y DESTRUIRÁ EN ESTE MONTE LA COBERTURA QUE CUBRE TODOS LOS PUEBLOS, EL VELO QUE ESTÁ EXTENDIDO SOBRE TODAS LAS NACIONES. ÉL DESTRUIRÁ LA MUERTE PARA SIEMPRE.

ISAÍAS 25:6-8

El velo de *mávet* («muerte») se teje en un telar ubicado en lo profundo de las cavernas de la existencia humana. Permanentemente se teje, sin interrupción, y se continúa tejiendo. *Mávet* es «la cobertura que cubre todos los pueblos». Su tejido de mortalidad y desdicha envuelve a la vez rostros en el invierno de las arrugas y rostros en la primavera de la vida. Despiadada, *mávet* avanza sin perdonar a nadie, llevándoselo todo. Las cenizas van a las cenizas, y el polvo vuelve al polvo. Sin embargo, el ojo del profeta, escudriñando los corredores del tiempo, divisa al Señor de la resurrección, de pie sobre un monte festivo, sosteniendo algo en la mano. ¿Qué es? Es un martillo que, tras ser levantado, cae, una y otra vez, sobre aquel telar que confecciona el velo. Cae, una y otra vez, hasta reducirlo a un montón de astillas.

Luego, tomando el velo con la mano, abre la boca y se lo traga. El «velo que está extendido sobre todas las naciones» desciende por la garganta de Dios, desapareciendo para siempre. Él es el Devorador de la Muerte. ¡Y nosotros festejamos! Nosotros, vivos en el Cristo viviente, tragamos el vino del cielo en el banquete sin fin.

Salvador resucitado, devorador de la muerte, llena nuestras copas con el vino de la vida.

5 DE NOVIEMBRE

Piedra angular controvertida פנה

POR TANTO, ASÍ DICE EL SEÑOR DIOS: «YO PONGO POR FUNDAMENTO EN SIÓN UNA PIEDRA, UNA PIEDRA PROBADA, ANGULAR, PRECIOSA, FUNDAMENTAL, BIEN COLOCADA. EL QUE CREA EN ELLA NO SERÁ PERTURBADO».

ISAÍAS 28:16

Cuando el Señor interrogó a Job desde un torbellino transformado en megáfono, le preguntó: «¿Quién puso [la] piedra angular [de la tierra?» (38:4, 6). Era, por supuesto, una pregunta retórica. Cuando hizo el mundo, Dios no convocó a un comité de consultores humanos y asesores angélicos para recabar la sabiduría arquitectónica de ellos. Él sabía lo que hacía. Y cuando emprendió la re-creación redentora, hizo lo mismo que en la creación: escogió la *pinná* ("piedra angular") perfecta. No obstante, ebrias de su propia sabiduría, las personas tropiezan con esta piedra de salvación como borrachos ciegos. Lo rechazan y lo arrojan al vertedero como un trozo de hormigón agrietado. Sin embargo, «La piedra que desecharon los edificadores ha venido a ser la piedra principal del ángulo [*pinná*]» (Sal 118:22). La basura de un hombre es el tesoro de Dios.

Nosotros «[venimos] a Él, como a una piedra viva, desechada por los hombres, pero escogida y preciosa delante de Dios» (1P 2:4). Y como piedras humanas que palpitan con la vida de Jesús, somos edificados por el Espíritu como una casa espiritual, para ser sus sacerdotes, y para ofrecerle sacrificios con gritos de alegría.

Bendito seas, Jesús, Roca de nuestra redención, sobre la cual nos hallamos y sobre la cual estamos fundados como la Iglesia del Dios vivo.

Juan, el constructor de carreteras מסלה

UNA VOZ CLAMA: «PREPAREN EN EL DESIERTO CAMINO AL SEÑOR; ALLANEN EN LA SOLEDAD CALZADA PARA NUESTRO DIOS. TODO VALLE SEA ELEVADO, Y BAJADO TODO MONTE Y COLLADO; VUÉLVASE LLANO EL TERRENO ESCABROSO, Y LO ABRUPTO, ANCHO VALLE».

ISAÍAS 40:3-4

Juan fue acosado con preguntas: «¿Quién eres? ¿El Cristo? ¿Elías? Desembucha. ¿Quién eres tú?». Su respuesta fue una sola: «Soy una voz. Una voz que aplana colinas, rellena valles y endereza caminos. Soy un constructor de carreteras. Eso es lo que soy» (*cf.* Jn 1:19-23). Al interior de la boca de Juan rugía la motoniveladora, la excavadora y la asfaltadora de Dios. Construyó la *mesillá* del Mesías, su «carretera». Los pueblos antiguos tenían sus caminos, como la Carretera del Rey, que unía Egipto con Damasco, por la cual viajaron alguna vez los israelitas (Nm 20:17, 19). El camino de Juan fue abierto con sustantivos y pavimentado con verbos. Su predicación del bautismo y el arrepentimiento construyó una *mesillá* desde el Jordán hasta Jesús.

En otro lugar, Isaías lo llama el «Camino de Santidad» (35:8). Por él regresan a casa los pies cansados de quienes se hallan exiliados en la tierra del pecado y de la muerte. «Por allí andarán los redimidos», «los rescatados del Señor» que volverán «[a] Sión con gritos de júbilo» (vv. 9-10). Por la fe recorremos este camino como peregrinos bautizados, dirigiendo nuestros pies hacia la Nueva Jerusalén, hasta nuestro gran Dios y Rey, Jesús el Cristo.

«¡Cuán bienaventurado es el hombre cuyo poder está en Ti, en cuyo corazón están los caminos a Sión!» (Sal 84:5).

Mishpat מִשְׁפָּט

ESTE ES MI SIERVO, A QUIEN YO SOSTENGO, MI ESCOGIDO, EN QUIEN MI ALMA SE COMPLACE. HE PUESTO MI ESPÍRITU SOBRE ÉL; ÉL TRAERÁ JUSTICIA A LAS NACIONES.

ISAÍAS 42:1

Hemos encontrado algunas palabras como *kjésed*, cuyo vasto contenido desafía la traducción. Es como intentar comprimir todo un ensayo hebreo en una breve cita en español. Te presento otra: *mishpat*. Suele traducirse como «justicia» o «juicio», pero también significa costumbres, leyes divinas, autoridad, y mucho más. En Isaías 42, el Siervo, el Mesías, lleva «*mishpat* a las naciones». No corretea por el mundo argumentando casos legales. Tampoco es la Corte Suprema mesiánica. Más bien, expresando la Palabra de su Padre en un mundo fracturado, lleva *mishpat* a fin de establecer shalom. No es un gritón agresivo, pues «No clamará ni alzará Su voz» (v. 2). Trata con dulzura a los oprimidos y débiles, pues «No quebrará la caña cascada, ni apagará la mecha que casi no arde» (v. 3).

El Siervo tampoco «se desanimará ni desfallecerá hasta que haya establecido en la tierra la *mishpat*. Su ley esperarán las costas» (v. 4). Cuando Mateo cita estos versículos para describir el ministerio de Jesús, encontramos a Cristo curando, enseñando y expulsando demonios (12:18-21). La *mishpat* del Mesías es la restauración y la salvación de los pecadores.

«La misericordia y la justicia cantaré; a Ti, oh Señor, cantaré alabanzas» (Sal 101:1).

Tatuado por las heridas חקק

¿PUEDE UNA MUJER OLVIDAR A SU NIÑO DE PECHO, SIN COMPADECERSE DEL HIJO DE SUS ENTRAÑAS? AUNQUE ELLA SE OLVIDARA, YO NO TE OLVIDARÉ. EN LAS PALMAS DE MIS MANOS, TE HE GRABADO; TUS MUROS ESTÁN CONSTANTEMENTE DELANTE DE MÍ.

ISAÍAS 49:15-16

El corazón desgarrado del salmista exclama: «¿Ha olvidado Dios tener piedad?» (77:9). ¿Está su mente tan ocupada gobernando galaxias que me ha olvidado? ¿Están sus manos tan ocupadas, moviendo planetas y agitando océanos, que no tiene tiempo para abrazarme? ¿Ya no soy nada para él? A estas preguntas que ascienden como el humo de una vida en cenizas, Dios responde: «¿Puede una mujer olvidar al bebé que está en su seno, sorbiendo vida desde su cuerpo? Sí, puede ocurrir. Su mente puede divagar. Sin embargo, hijo querido, yo nunca te olvidaré».

¿Cómo lo sabemos? Nosotros, al igual que Sión, hemos sido *kjacác* en las palmas de Dios. Job utiliza este verbo cuando desea que sus palabras sean «[grabadas] en un libro» (19:23). Dios le dice a Ezequiel que grabe (*kjacác*) una imagen de Jerusalén en un ladrillo (4:1). Cuando el Señor se mira las palmas de las manos, ve una piel cortada por los clavos, cincelada por el dolor y tatuada por las heridas convertida en un retrato de su amado pueblo. En la carne misma de nuestro Dios se han grabado los rostros de aquellos a quienes nunca olvidará.

Míranos, Señor Jesús, en las manos atravesadas por clavos que denotan tu misericordia eterna.

9 DE NOVIEMBRE

Intercesor herido פגע

TODOS NOSOTROS NOS DESCARRIAMOS COMO OVEJAS, NOS APARTAMOS CADA CUAL POR SU CAMINO; PERO EL SEÑOR HIZO QUE CAYERA SOBRE ÉL LA INIQUIDAD DE TODOS NOSOTROS. [...] LLEVÓ EL PECADO DE MUCHOS, E INTERCEDIÓ POR LOS TRANSGRESORES.

ISAÍAS 53:6, 12

Considera estas dos frases: «Acabó con el enemigo» y «Acabó de trabajar». El mismo verbo («acabar»), acompañado de preposiciones diferentes («con» y «de»), transmite dos significados muy distintos. Vemos algo similar en las magistrales palabras de Isaías. El mismo verbo hebreo, *pagá*, se usa para «hizo que cayera sobre él» e «intercedió», pero acompañado de dos preposiciones diferentes. Básicamente, *pagá* sugiere tocar o entrar en contacto. A veces puede ser de manera genérica («encontrarse o entrar en contacto con alguien», 1S 10:5) y otras veces puede denotar violencia («caer sobre alguien para matarlo», Jue 8:21). Sin embargo, *pagá* puede también significar hacer contacto en el sentido de «presionar, suplicar, interceder».

El doble *pagá* del Mesías es este: Dios «lo toca» o «hace caer sobre él» nuestra iniquidad (v. 6). Se convierte en el portador del pecado del mundo. Sin embargo, el Mesías también «toca» o «hace contacto» con el Padre «por los transgresores» (v. 12). Nuestra iniquidad es puesta sobre él, y él pone sus súplicas —por nosotros— ante Dios. Es, pues, sacrificio (portador del pecado) y a la vez sacerdote (intercesor por los pecadores), a fin de que, en él, muchos sean justificados (v. 11).

Santo Jesús, nuestro sacrificio expiatorio y gran sumo sacerdote, perdónanos y ruega por nosotros, pobres pecadores.

10 DE NOVIEMBRE

Observar el almendro שָׁקֵד

VINO ENTONCES A MÍ LA PALABRA DEL SEÑOR: «¿QUÉ VES TÚ, JEREMÍAS?». «VEO UNA VARA DE ALMENDRO», RESPONDÍ. «BIEN HAS VISTO», ME DIJO EL SEÑOR, «PORQUE YO VELO SOBRE MI PALABRA PARA CUMPLIRLA».

JEREMÍAS 1:11-12

Puesto que el almendro es el primer árbol que florece en Israel, estar atento a su floración es estar atento a la llegada de la primavera. El hebreo expresa juguetonamente esta conexión porque «almendro» es *shaquéd* y «observar, velar, custodiar» es *shacad*. *Shacad* el *shaquéd* es observar el almendro. Así, Dios señala un almendro (*shaquéd*) para inculcar a Jeremías que está «velando [*shacad*] sobre su palabra para cumplirla». Esto también explica los bulbos semejantes a almendras que coronan las ramas de la menorá (Éx 25:31-40). Tal como la naturaleza se renueva con la llegada de la primavera, la vida misma era renovada y sostenida por la luz de Dios que ardía dentro de su tabernáculo.

Jesús utilizó la higuera como una ilustración paralela. Tal como la higuera señala la llegada del verano, la desintegración del mundo significa que el reino de Dios está cerca (Lc 21:29-31). Hasta que eso ocurra, observamos la Palabra de Dios, vivimos en su luz y esperamos la segunda venida de Cristo, cuando el Cordero será nuestra luz, nuestra Menorá, en una tierra que es el lugar santo de Dios (Ap 21:23).

Oh Señor, mantén nuestros ojos en tu Palabra, ilumínanos con tu luz y mantennos firmes en la fe.

11 DE NOVIEMBRE

Volverse, volver, arrepentirse שׁוּב

SE OYE UNA VOZ SOBRE LAS ALTURAS DESOLADAS, EL LLANTO DE LAS SÚPLICAS DE LOS ISRAELITAS; PORQUE HAN PERVERTIDO SU CAMINO, HAN OLVIDADO AL SEÑOR SU DIOS. VUELVAN, HIJOS INFIELES, YO SANARÉ SU INFIDELIDAD. AQUÍ ESTAMOS, VENIMOS A TI, PORQUE TÚ, EL SEÑOR, ERES NUESTRO DIOS.

JEREMÍAS 3:21-22

Tal como los chefs tienen su plato estrella y los músicos su sonido característico, los autores tienen palabras o temas que les sirven de huella dactilar verbal. En el caso de Jeremías, esa palabra es *shub*. *Shub* es un diamante verbal, polifacético, capaz de significar «girar, regresar, voltearse, abandonar, apostatar, traer de vuelta, devolver, restaurar, arrepentirse». La destreza poética de Jeremías se observa en 3:22, donde utiliza tres veces *shub* con tres matices diferentes: «Vuelvan, hijos infieles, yo sanaré su infidelidad». Las palabras «vuelvan», «infieles» e «infidelidad» son todas traducciones de *shub*. Podríamos traducir el hebreo de la siguiente manera para captar el juego de palabras original: «Vuélvanse, hijos de la vuelta atrás, y los curaré de su volteo».

Los judíos se refieren al arrepentimiento como *Teshubá* (nótese *shub*, al centro). Este *Teshubá* no es una parada ocasional en el camino cristiano, sino el camino mismo. La bondad de Dios nos hace constantemente volver a él, y nos hace arrepentirnos, «*shubarnos*», a fin de que, como el hijo pródigo, podamos volver a casa, a su fiesta continua de amor sanador (Ro 2:4; Lc 15:11-32).

«Restáuranos, oh Dios, y haz resplandecer Tu rostro sobre nosotros, y seremos salvos» (Sal 80:3).

¿Templo, o cueva de maleantes? מערה

«¿ROBARÁN, MATARÁN, COMETERÁN ADULTERIO, JURARÁN FALSAMENTE, OFRECERÁN SACRIFICIOS A BAAL Y ANDARÁN EN POS DE OTROS DIOSES QUE NO HABÍAN CONOCIDO? ¿Y VENDRÁN LUEGO Y SE PONDRÁN DELANTE DE MÍ EN ESTA CASA, QUE ES LLAMADA POR MI NOMBRE, Y DIRÁN: "YA ESTAMOS SALVOS"; PARA DESPUÉS SEGUIR HACIENDO TODAS ESTAS ABOMINACIONES? ¿SE HA CONVERTIDO ESTA CASA, QUE ES LLAMADA POR MI NOMBRE, EN CUEVA DE LADRONES DELANTE DE SUS OJOS?»

JEREMÍAS 7:9-11

¿Necesitas un lugar en el cual refugiarte después de que Dios haya quemado tu ciudad? ¿Un lugar para enterrar a tus muertos, o donde esconderte del enemigo? En Israel, una *mehará* («cueva») satisfacía todas estas necesidades. Sin embargo, en tiempos de Jeremías, los pecadores impenitentes transformaron el *templo de Dios* en una *mehará*, en una cueva de maleantes o guarida de ladrones. Estaban intentando asaltar a Dios y arrebatarle el perdón afirmando: «¡Ya estamos salvos!», mientras tenían las manos manchadas de sangre inocente. Pero Dios no se dejó burlar. Poco después, el templo-cueva de ellos se convirtió en su templo-tumba, reducido a escombros bajo los pies de Babilonia.

Jesús citó a Jeremías cuando expulsó a los que compraban y vendían en el templo, volcando sus mesas (Mt 21:13). Era una señal profética: pronto, el templo mismo sería derribado por los romanos. Y el único templo necesario sería Jesús, colgado entre dos ladrones, liberándonos a todos del pecado y dejando desocupada su propia *mehará* en la Pascua.

Gloria a ti, Jesucristo, nuestro templo, nuestra santidad, nuestra salvación.

Violentos pescadores de hombres דיג

«ENVIARÉ A MUCHOS PESCADORES», DECLARA EL SEÑOR, «QUE LOS PESCARÁN; Y DESPUÉS ENVIARÉ A MUCHOS CAZADORES, QUE LOS CAZARÁN POR TODO MONTE Y POR TODA COLINA Y POR LAS HENDIDURAS DE LAS PEÑAS».

JEREMÍAS 16:16

Hemos idealizado erróneamente lo que significa ser «pescador de hombres» (Mt 4:19). En su contexto hebreo, la pesca de hombres es algo salvaje. En Jeremías, los pescadores son instrumentos del juicio de Dios (16:16-18). En Ezequiel, Dios extiende su red para atrapar al príncipe fugitivo y enviarlo al exilio (12:13). En Amós, arrastra a la gente con garfios (4:2). En Habacuc, los babilonios echan la red para capturar a Israel como peces (1:14-16). En el AT, cada vez que los hombres pescan una «presa humana», es algo violento. De modo que, en hebreo, si alguien te *dig* («pesca»), pone garfios o echa una red, significa que tu vida, tal como la conocías, ha terminado.

Por lo tanto, cuando Jesús llama a sus discípulos a ser «pescadores de hombres», no los está enviando a una misión pintoresca. Los está enviando a asegurarse de que aquellos pecadores alcanzados con el garfio o la red de la Palabra de Dios— sepan que sus vidas, tal y como las conocían, han terminado. Deben, irónicamente, morir en el agua. Nosotros, como peces humanos, morimos en el río bautismal, y resucitamos —en el mismo río— a una vida nueva en Jesucristo.

Alabado seas, Padre celestial, por darnos muerte y hacer de nosotros una nueva creación en tu Hijo.

14 DE NOVIEMBRE

El abrupto terreno del corazón עָקֹב

MÁS ENGAÑOSO QUE TODO ES EL CORAZÓN, Y SIN REMEDIO; ¿QUIÉN LO COMPRENDERÁ?

JEREMÍAS 17:9

En hebreo, «corazón» (*leb*) rara vez se refiere a nuestro órgano de bombeo sanguíneo; se refiere más bien al núcleo de nuestro ser, al epicentro de nuestros pensamientos y deseos. El corazón es el cuartel general más recóndito de la humanidad. ¿Y en qué estado se encuentra ese cuartel general? En mal estado. En el peor estado. Jeremías describe el corazón utilizando dos palabras gráficas: *acób* y *anúsh*. *Acób* puede significar «engañoso» (está relacionado con el nombre de Jacob [*Yaakób*], el embaucador engañoso), pero sus matices incluyen «un terreno disparejo, lleno de baches, abrupto» (véase Is 40:4). El salmista dice: «Pues los pensamientos del hombre y su corazón son profundos» (64:6). El corazón es difícil de explorar: es hondo, oscuro, disparejo, áspero, mortal, engañoso. También es *anúsh*, un término médico que significa «incurable y desastroso». Podríamos decir «inoperable». Ni siquiera intentes una cirugía. El *leb* ya no tiene vuelta atrás.

Son malas noticias, sin duda. ¿Qué esperanza tenemos, entonces? En nuestros corazones, ¡ninguna! Nuestra esperanza, más bien, está en el corazón de otro, un corazón liso de misericordia, verdadero hasta la médula, e indescriptiblemente saludable. Es el corazón que late en el niño en brazos de María, en el hombre crucificado, en el rey sentado en su trono. El corazón de Jesús es, por sobre todas las cosas, amor. ¿Quién puede rendirle suficientes alabanzas?

Señor Jesús, «yo en Tu misericordia he confiado; mi corazón se regocijará en Tu salvación» (Sal 13:5).

Gehena גיא הנם

ASÍ DIJO EL SEÑOR: «VE Y COMPRA UNA VASIJA DE BARRO DE UN ALFARERO, Y TOMA CONTIGO A ALGUNOS DE LOS ANCIANOS DEL PUEBLO Y DE LOS ANCIANOS DE LOS SACERDOTES. ENTONCES SAL AL VALLE DE BEN HINOM, QUE ESTÁ A LA ENTRADA DE LA PUERTA DE LOS TIESTOS, Y PROCLAMA ALLÍ LAS PALABRAS QUE YO TE DIRÉ».

JEREMÍAS 19:1-2

A menudo, en la Biblia, los lugares presagian realidades mayores. Por ejemplo, Armagedón, en Apocalipsis 16:16, procede del hebreo *Jar Meguiddó* («Monte Meguido»), sitio de antiguas batallas israelitas. Del mismo modo, gehena, traducido como «infierno» en el NT, recibe su nombre de un lugar real: el *ge-hinón*, «el valle de Hinom» o «el Valle del Hijo de Hinom». Este desfiladero ubicado a las afueras de Jerusalén era un infame lugar de idolatría que incluía el sacrificio de niños (2R 23:10). Jeremías profetizó que sería el vergonzoso lugar donde los habitantes de Jerusalén serían enterrados cuando los babilonios arrasaran la ciudad, transformándolo en el «valle de la Matanza» (19:6).

Tal como los idólatras escogieron ofrecer sacrificios a dioses falsos en el valle de Hinom, los incrédulos, que rechazan a Cristo y adoran a los dioses de este mundo, eligen la gehena. «Las puertas del infierno están cerradas por dentro», como dijo C. S. Lewis. No seas necio, sino sabio. Cree en el Dios de amor, verdad y misericordia, que te elige como su hijo amado.

«Oh Señor, ten piedad de mí; mira mi aflicción por causa de los que me aborrecen, Tú que me levantas de las puertas de la muerte» (Sal 9:13).

16 DE NOVIEMBRE

El hombre llamado Renuevo צמח

«VIENEN DÍAS», DECLARA EL SEÑOR, «EN QUE LEVANTARÉ A DAVID UN RENUEVO JUSTO; Y ÉL REINARÁ COMO REY, ACTUARÁ SABIAMENTE, Y PRACTICARÁ EL DERECHO Y LA JUSTICIA EN LA TIERRA. EN SUS DÍAS JUDÁ SERÁ SALVADA, E ISRAEL MORARÁ SEGURO; Y ESTE ES SU NOMBRE POR EL CUAL SERÁ LLAMADO: "EL SEÑOR, JUSTICIA NUESTRA"».

JEREMÍAS 23:5-6

Los problemas de la humanidad se originaron en un árbol, cuando el hombre fastidió por completo su vocación de rey del mundo de Dios. Por consiguiente, es apropiado que se pinte al segundo Adán con los colores de un rey y de un árbol. Es un *tsémakj* («renuevo, rama») justo que brota del tronco del árbol genealógico de David (Is 11:1). A diferencia de la larga lista de necios y sinvergüenzas que mancillaron el trono de Judá, este, el Mesías, «actuará sabiamente, y practicará el derecho y la justicia en la tierra».

La descripción que Jeremías hace de este rey como *tsémakj* llegó a ser tan popular que profetas posteriores la utilizaron como nombre para el Mesías. Zacarías lo llama el «hombre cuyo nombre es Renuevo» (6:12; *cf.* 3:8). Jesús es «el Renuevo del SEÑOR» (Is 4:2), pero se lo llama también «El SEÑOR, justicia nuestra» (Jer 23:6). El rey Adán estropeó su vocación, pero «por un acto de justicia [del rey Jesús] resultó la justificación de vida para todos los hombres» (Ro 5:18).

«En Ti, oh SEÑOR, me refugio; jamás sea yo avergonzado; líbrame en Tu justicia» (Sal 31:1).

Un nombre enigmático אתבש

ENTONCES TOMÉ LA COPA DE LA MANO DEL SEÑOR, E HICE BEBER DE ELLA A TODAS LAS NACIONES A LAS CUALES ME ENVIÓ EL SEÑOR: [...] A TODOS LOS REYES [...], Y A TODOS LOS REINOS DEL MUNDO QUE ESTÁN SOBRE LA SUPERFICIE DE LA TIERRA. EL REY DE SESAC BEBERÁ DESPUÉS DE ELLOS.

JEREMÍAS 25:17, 26

Estudia minuciosamente todos los mapas antiguos del mundo y nunca encontrarás *Sheshák*; no porque no existiera, sino porque, por alguna razón desconocida, Jeremías nos habla aquí como un agente secreto. *Sheshák* es un nombre críptico para Babilonia, generado usando un código llamado Atbash. El Atbash funciona de la siguiente manera: la primera letra del alfabeto hebreo se reemplaza por la última letra, la segunda letra por la penúltima, y así sucesivamente. En español, reemplazaríamos la A por la Z, la B por la Y, etc. De este modo, en Atbash, «uva», por ejemplo, se convierte en «fez», y «voz» en «ela». En hebreo, mediante este ingenioso truco alfabético, Babilonia se convierte en *Sheshák*. Algunas traducciones —en mi opinión, bastante aburridas— relegan por completo el truco de Jeremías traduciendo *Sheshák* como Babilonia.

¿Por qué el secreto? No lo sabemos. En otros lugares, Jeremías está bastante dispuesto a mencionar a Babilonia por su nombre. Lo que sí sabemos es que, dentro de poco, *Sheshák* bebería la copa del Señor. Y también sabemos que, cuando el mundo llegue a su fin, Babilonia —símbolo de todo poder maligno— será derrotada por el Rey de reyes que regresa (Ap 18:2). Eso no tiene nada de críptico.

A ti, Rey Mesías, alzamos la copa de la salvación e invocamos tu nombre redentor.

18 DE NOVIEMBRE

Tengo planes para ustedes מחשבה

PUES ASÍ DICE EL SEÑOR: «CUANDO SE LE HAYAN CUMPLIDO A BABILONIA SETENTA AÑOS, YO LOS VISITARÉ Y CUMPLIRÉ MI BUENA PALABRA DE HACERLOS VOLVER A ESTE LUGAR. PORQUE YO SÉ LOS PLANES QUE TENGO PARA USTEDES», DECLARA EL SEÑOR, «PLANES DE BIENESTAR Y NO DE CALAMIDAD, PARA DARLES UN FUTURO Y UNA ESPERANZA».

JEREMÍAS 29:10-11

A veces, Dios saca la artillería pesada contra los pecadores de corazón duro. Para Judá, esa «artillería pesada» fue un exilio de setenta años. Lejos de sus hogares. Lejos de su tierra. Fue un período para que su pueblo se sentara con su pecado. Para que se arrepintieran, oraran y recordaran quiénes eran y a quién pertenecían. Era la amorosa severidad de Dios para con los hijos bajo los efectos de la droga de la idolatría. Pero no duraría para siempre. El Señor tenía para ellos un *makjashabá* —palabra que puede significar «pensamiento, intención, plan o invención»—. Dios utiliza *makjashabá* cuando dice: «Porque Mis pensamientos no son los pensamientos de ustedes» (Is 55:8). Y el pensamiento divino era llevar a su pueblo de vuelta a casa. Tenía planes para el shalom y la esperanza de su pueblo.

Tal como con Israel, Dios tiene un maravilloso plan para nuestra vida: crucificarnos y resucitarnos con Cristo. Llenarnos de su paz. En Jesús, llenarnos de esperanza para un futuro de alegría eterna.

«Muchas son, SEÑOR, Dios mío, las maravillas que Tú has hecho, y muchos Tus designios para con nosotros; nadie hay que se compare contigo» (Sal 40:5).

19 DE NOVIEMBRE

Un pacto nuevo חדשׁ

«VIENEN DÍAS», DECLARA EL SEÑOR, «EN QUE HARÉ CON LA CASA DE ISRAEL Y CON LA CASA DE JUDÁ UN NUEVO PACTO».

JEREMÍAS 31:31

El pacto que el Señor cortó con Israel en el Sinaí era temporal e inadecuado. Temporal, porque solo duraría hasta que Dios cumpliera su promesa de enviar la Simiente que bendeciría a todas las naciones. Inadecuado, porque su santuario, sus sacerdotes y sus sacrificios nunca podrían proporcionar una expiación *tetelestai* («¡Consumado es!»). Su pueblo pulverizó el antiguo pacto; lo pisoteó, una y otra vez. Así que Dios prometió algo *kjadásh* («nuevo o fresco»). Tal como el cántico *kjadásh* del salmista, este pacto *kjadásh* versaría sobre las «maravillas» del Señor que obra la salvación (98:1). Un pacto escrito en el corazón. Un pacto en el cual conocer a Dios es conocer al Dios que perdona la iniquidad y olvida los pecados. En este pacto nuevo o renovado, Dios haría «algo nuevo [*kjadásh*]», como dice Isaías (43:19), incluyendo la promesa de «cielos nuevos [*kjadásh*]» y «tierra nueva [*kjadásh*]» (65:17).

Hebreos (8:8-12) cita íntegramente Jeremías 31:31-34. De hecho, es la cita más larga del AT que encontramos en el NT, y con razón. Este nuevo pacto nos es dado por el sacerdote perfecto, el santuario perfecto, y el sacrificio perfecto que nos convierte en una «nueva creación» (2Co 5:17).

«Canten al Señor un cántico nuevo, porque ha hecho maravillas» (Sal 98:1).

¡Cómo! איכה

¡CÓMO YACE SOLITARIA LA CIUDAD DE TANTA GENTE! ¡SE HA VUELTO COMO UNA VIUDA LA GRANDE ENTRE LAS NACIONES! ¡LA PRINCESA ENTRE LAS PROVINCIAS SE HA CONVERTIDO EN TRIBUTARIA!

LAMENTACIONES 1:1

El nombre hebreo de Lamentaciones es *Eiká*, la palabra con que empieza (y que también se utiliza en 2:1; 4:1-2). Sin embargo, probablemente, nuestros oídos deberían oír esta palabra alargada: ¡Eikaaaa! Es un lamento desgarrador que se extiende sobre el potro de la ruina. Las lágrimas se convierten en tinta, en este libro escrito con caligrafía cruciforme. Traducir *Eiká* como «Cómo» parece demasiado insípido. Pronunciar la palabra debería quemar la boca, bautizando la lengua con cenizas, pues brota de un corazón abrasado por el dolor. Ay, Jerusalén, Jerusalén, la princesa ahora esclava, la esposa ahora viuda, la ciudad de Dios viva pero ahora sepultada. Cada día 9 de Ab (*Tisha b'Av*), judíos de todo el mundo cantan las palabras de este libro para recordar las destrucciones pasadas de Jerusalén. La poesía de esta antigua canción no cesa de cojear.

Este libro es importante tanto por lo que dice como por lo que su propia existencia comunica: que los oídos y el corazón de Dios están abiertos al lamento. Se nos da el permiso —de hecho, la bendición— de llorar, lamentarnos y gemir en nuestro camino hacia la curación. La fe no requiere estoicismo. Jesús lloró. Nosotros también. Mientras lloramos, nuestro Señor de amor jamás se va.

«Restáuranos a Ti, oh Señor, y seremos restaurados; renueva nuestros días como antaño» (Lm 5:21).

Portadores del trono חיות

MIENTRAS MIRABA, VI QUE VENÍA DEL NORTE UN VIENTO HURACANADO, UNA GRAN NUBE CON FUEGO FULGURANTE Y UN RESPLANDOR A SU ALREDEDOR. EN SU CENTRO HABÍA ALGO COMO UN METAL REFULGENTE EN MEDIO DEL FUEGO. TAMBIÉN EN SU CENTRO VI FIGURAS SEMEJANTES A CUATRO SERES VIVIENTES. Y ESTE ERA SU ASPECTO: TENÍAN FORMA HUMANA. CADA UNO DE ELLOS TENÍA CUATRO CARAS Y CUATRO ALAS.

EZEQUIEL 1:4-6

Ezequiel empieza con una visión de *kjayyót* («seres vivientes») a los cuales más tarde identifica como querubines (10:15). *Kjayyót* no es una palabra esotérica elegante, sino el plural de *kjaiá* («animal»). El cuatro, uno de los números favoritos de Ezequiel, simboliza la totalidad, de modo que estos cuatro probablemente representan a todos los demás seres vivos. Los *kjayyót* son una extraña amalgama de humano y animal, con alas, pezuñas bovinas, manos humanas y rostros de hombre, león, toro y águila. Eran los portadores del trono, pues encima de sus cabezas había un firmamento de cristal sobre el cual, entronizado, se hallaba un hombre con un arco iris a su alrededor (vv. 26-28).

Los *kjayyót* vistos por Ezequiel fueron también vistos por Juan, incluyendo el trono, el arco iris y el hombre (Ap 4:1-11). ¿Quién es este hombre que también es Dios? Juan nos lo dice. Es el León de la tribu de Judá, la Raíz de David y el Cordero (5:5-6). Los *kjayyót* llevan al Cristo, al cual oramos:

Hijo del Hombre, «Toda la tierra te adorará, y cantará alabanzas a Ti, cantará alabanzas a Tu nombre» (Sal 66:4).

22 DE NOVIEMBRE

Centinelas que ladran צפה

«HIJO DE HOMBRE, TE HE PUESTO POR CENTINELA DE LA CASA DE ISRAEL. CUANDO OIGAS LA PALABRA DE MI BOCA, ADVIÉRTELES DE MI PARTE».

EZEQUIEL 3:17

Una persona cuyo trabajo es *tsafá* («vigilar») es un *tsofé* («vigilante, centinela»). Un *tsofé* debía mantener los ojos bien abiertos y los oídos atentos. La vida de las personas estaba en sus manos. Ezequiel era «un centinela de la casa de Israel», pero de otra variedad. Les advirtió del enemigo, sin duda, pero resultó que el enemigo ya estaba dentro de los muros de la ciudad. El enemigo de Israel era Israel. Ezequiel debía pararse en los muros de Sión y, a diferencia de los centinelas ciegos de la época de Isaías, aquellos «perros mudos» (56:10), Ezequiel debía ladrar. Cualquier palabra que cayera desde la boca de Dios hasta su oído, debía salir por la boca del profeta y llegar a los oídos de Israel. Algunos se arrepentirían y creerían; otros no. Pero ambas partes «[sabrían] que un profeta [había] estado entre ellos» (2:5).

El Señor aún coloca centinelas sobre los muros de Sión: nuestros pastores. Ellos, como un buen *tsofé*, «[tienen] cuidado de [sí mismos] y de la enseñanza», pues si persisten en ello, se salvarán a sí mismos y a sus oyentes (1Ti 4:16) al predicar que «Cristo Jesús vino al mundo para salvar a los pecadores» (1:15).

«Pero yo pondré mis ojos en el Señor, esperaré en el Dios de mi salvación. Mi Dios me oirá» (Mi 7:7).

23 DE NOVIEMBRE

Sellados en la frente תו

[DIOS] LLAMÓ AL HOMBRE VESTIDO DE LINO QUE TENÍA LA CARTERA DE ESCRIBANO A LA CINTURA; Y EL SEÑOR LE DIJO: «PASA POR EN MEDIO DE LA CIUDAD, POR EN MEDIO DE JERUSALÉN, Y PON UNA SEÑAL EN LA FRENTE DE LOS HOMBRES QUE GIMEN Y SE LAMENTAN POR TODAS LAS ABOMINACIONES QUE SE COMETEN EN MEDIO DE ELLA».

EZEQUIEL 9:3-4

La Biblia está salpicada de relatos en los que Dios sella a las personas para protegerlas. El Señor «puso una señal [*ot*] sobre Caín» para protegerlo de ataques (Gn 4:15). La sangre del cordero en los hogares israelitas fue una «señal [*oth*]» para protegerlos del Destructor (Éx 12:13). En la visión de Ezequiel, un escriba escribe en la frente de los fieles «una señal», literalmente, una *tav*, la última letra del alfabeto hebreo. Por hallazgos arqueológicos sabemos que, en tiempos de Ezequiel, la *tav* se escribía en forma de cruz. Mientras que todos los demás, en Jerusalén, fueron asesinados, los marcados con esta letra en forma de cruz se salvaron.

Finalmente, en Apocalipsis, los siervos de Dios reciben «un sello en la frente» (7:3). ¿Qué es este sello? Es el nombre del Cordero «y el nombre de Su Padre» (14:1). «Su nombre estará en sus frentes» (22:4); el nombre más sagrado, Yahvé, que también estaba escrito en el cintillo del sumo sacerdote del AT. Somos sellados en el bautismo, marcados por la cruz, y reclamados como sacerdotes de Dios por su nombre santo inscrito sobre nosotros.

Con tu dedo de gracia, santo Jesús, traza en nuestra frente el nombre sobre todo nombre.

24 DE NOVIEMBRE

Salida oriental, retorno oriental קֶדֶם

ENTONCES LOS QUERUBINES ALZARON SUS ALAS CON LAS RUEDAS A SU LADO, Y LA GLORIA DEL DIOS DE ISRAEL ESTABA POR ENCIMA, SOBRE ELLOS. LA GLORIA DEL SEÑOR SE ELEVÓ DE EN MEDIO DE LA CIUDAD, Y SE DETUVO SOBRE EL MONTE QUE ESTÁ AL ORIENTE DE LA CIUDAD.

EZEQUIEL 11:22-23

Israel había ensuciado el templo del Señor convirtiéndolo en un pantano de idolatría. Así que Dios hizo las maletas y se marchó, dirigiéndose hacia el oriente. Desde el umbral (10:18) hasta la puerta oriental (10:19), y finalmente hasta «el monte que está al oriente de la ciudad» (11:23), su gloria partió, sacudiendo el polvo de sus pies. Sin embargo, con su ojo profético, Ezequiel vio un templo al final de los tiempos, y «La gloria del SEÑOR entró en el templo por el camino de la puerta que da hacia el oriente» (43:4). Ezequiel utiliza diversas palabras alusivas al «oriente» —*quédem*, *cadím*, *cadmón*—, todas ellas formadas a partir de la raíz q-d-m. Desde su templo, el Señor hizo una salida oriental y haría un retorno oriental.

Y allí lo vemos, al comienzo de la semana de la Pascua, aproximándose a Jerusalén desde «Betfagé y Betania, cerca del monte de los Olivos», por el lado oriental de la ciudad (Mr 11:1). La gloria de Dios salió de Jerusalén, cabalgando hacia el oriente sobre querubines. Esa misma gloria regresa, cabalgando desde el oriente sobre un asno. Viene para construir y habitar un nuevo templo de piedras vivas, su Iglesia (1P 2:5).

Despierta nuestros corazones, oh Señor, para que estemos siempre atentos a tu regreso en poder y gloria.

La ninfomanía idólatra de Israel זנה

«¡MUJER ADÚLTERA, QUE EN LUGAR DE SU MARIDO RECIBE A EXTRAÑOS! A TODAS LAS RAMERAS LES DAN REGALOS, PERO TÚ DABAS REGALOS A TODOS TUS AMANTES Y LOS SOBORNABAS PARA QUE VINIERAN A TI DE TODAS PARTES PARA TUS PROSTITUCIONES».

EZEQUIEL 16:32-33

Ningún profeta utiliza un lenguaje más subido de tono y sexual que Ezequiel para fustigar a Israel por su idolatría. En un sermón, dice que Israel se prostituyó idolátricamente en Egipto, yendo tras dioses «cuyos genitales eran como los de un asno y su semen como el de un caballo» (23:20 NVI). Ezequiel 16 es un largo ataque a Israel por ser una ninfómana en lo que se refiere a la idolatría. Una y otra vez, se refiere a cómo el pueblo de Dios *zaná* («fornicar», «jugar a la ramera», «prostituirse»). «Te abriste de piernas a cualquiera que pasaba, y fornicaste sin cesar» (16:25 NVI). Excepto que Israel es una prostituta extraña: ¡ella es la que paga para que se acuesten con ella! Les hacía regalos a sus amantes, «sobornándolos» para que se acostaran con ella. El objetivo de Ezequiel es mostrar cuán vergonzosa, idiota y contaminante es la adoración de dioses falsos.

Nada ha cambiado. Nuestro mundo, con su colección de placeres, poderes y posesiones, intentará incesantemente apartarnos de Cristo. «Huyan de la idolatría», dice Pablo (1Co 10:14). Corre hacia Jesús. Aférrate a él, el único Dios verdadero, nuestro Salvador, y el Esposo siempre fiel y misericordioso de la Iglesia.

Mantennos despiertos y alerta, oh Señor Jesús, para huir de la falsedad y aferrarnos a ti.

Dios no es ningún sádico חפץ

«¿ACASO ME COMPLAZCO YO EN LA MUERTE DEL IMPÍO», DECLARA EL SEÑOR DIOS, «Y NO EN QUE SE APARTE DE SUS CAMINOS Y VIVA?»

EZEQUIEL 18:23

Los críticos de la Biblia suelen utilizar el apolillado cliché de que el Dios del AT es un sádico. Se deleita en dañar a la gente. Encuentra un enorme placer en la matanza humana. Cualquiera que se tome el tiempo de leer las Escrituras descubrirá que este supuesto «Dios sádico» no es más que un hombre de paja. No existe. Lo que sí encontramos, en cambio, es un Dios «clemente y compasivo, lento para la ira y grande en amor y fidelidad» (Éx 34:6 NVI). No se *kjaféts* ["complace"] en absoluto en la muerte de los impíos (*cf.* 18:32; 33:11). ¡Quiere que se arrepientan y crean! El Señor «no persistirá en Su ira para siempre, porque», como lo expresa líricamente, «*kjaféts* en *kjésed*»: «se complace en la misericordia», como dice Miqueas (7:18).

En los Salmos, el Mesías le dice a su Padre: «Me *kjaféts* ["deleito"] en hacer Tu voluntad, Dios mío» (40:8; Heb 10:7). ¿Cuál es la voluntad del Padre? A fin de que todos se reconcilien con él, que toda la iniquidad sea expiada, y toda la humanidad sea justificada, «quiso [*kjaféts*] el Señor [quebrantar]» a su Hijo y resucitarlo (Is 53:10). Dios siempre se complace en salvar, vivificar y perdonar.

Concédenos corazones que se deleiten en ti, Padre celestial, como tú te deleitas en nosotros.

27 DE NOVIEMBRE

Sin duelo ספד

«HIJO DE HOMBRE, VOY A QUITARTE DE GOLPE EL ENCANTO DE TUS OJOS; PERO NO TE LAMENTARÁS, NI LLORARÁS, NI CORRERÁN TUS LÁGRIMAS. GIME EN SILENCIO, NO HAGAS DUELO POR LOS MUERTOS; ÁTATE EL TURBANTE, PONTE EL CALZADO EN LOS PIES Y NO TE CUBRAS LOS BIGOTES NI COMAS PAN DE DUELO». HABLÉ AL PUEBLO POR LA MAÑANA, Y POR LA TARDE MURIÓ MI MUJER.

EZEQUIEL 24:16-18

Ser profeta no era un trabajo con horario de oficina, sino toda una existencia. Era algo que te definía. Y a veces podía matarte, o, en el caso de Ezequiel, matar a un ser querido. Dios le dijo que su esposa moriría de manera repentina, tal como estaba a punto de suceder con Jerusalén y su templo. El profeta tendría que ser un modelo del modo en que el pueblo debería reaccionar ante la noticia: nada. Seguir como siempre. No deberían *safád* («llorar, lamentarse»). Nosotros tenemos nuestros rituales de duelo; en el mundo antiguo, ellos tenían los suyos: se lamentaban en voz alta, se cortaban el pelo, andaban descalzos, etc. Ezequiel y su pueblo debían abstenerse de *safád*.

La dura aceptación del decreto de Dios es una faceta de la vida de fe. Hay momentos para llorar y lamentarse, tal como hay otros para decir Amén y seguir adelante. Ezequiel ejemplifica esto último. Sabía, al igual que nosotros, que por mucho que el pasado nos duela, el futuro es siempre el depósito de esperanza de Dios.

Aumenta nuestra fe, oh Señor, mientras oramos: «Hágase tu voluntad».

Rociamiento זרק

PORQUE LOS TOMARÉ DE LAS NACIONES, LOS RECOGERÉ DE TODAS LAS TIERRAS Y LOS LLEVARÉ A SU PROPIA TIERRA. ENTONCES LOS ROCIARÉ CON AGUA LIMPIA Y QUEDARÁN LIMPIOS; DE TODAS SUS INMUNDICIAS Y DE TODOS SUS ÍDOLOS LOS LIMPIARÉ.

EZEQUIEL 36:24-25

Los israelitas que ayudaban a preparar el cuerpo de un ser querido para su entierro quedaban ritualmente impuros por el contacto físico con la muerte. Como si hubiera sido una enfermedad, se «contagiaban» de impureza. Para eliminarla, Dios ordenó que la persona impura fuera *zarác* («rociada») con una mezcla especial de sangre, agua y otros ingredientes (Nm 19). Ezequiel se basa en esta antigua práctica para describir lo que sucederá en la era mesiánica. Dios repatriará a los creyentes «de todas las tierras» en que han estado exiliados. En aquellos lugares lejanos fueron corrompidos por ídolos cadavéricos, de modo que él los «*zarác* con agua limpia». Por lo tanto, un elemento central de la misión del Mesías es quitar la mancha de la muerte por medio del agua purificadora.

El escritor de Hebreos recoge esta idea cuando dice que, por la sangre de Jesús, entramos en la presencia de Dios «teniendo nuestro corazón purificado de mala conciencia y nuestro cuerpo lavado con agua pura» (10:22). Jesús no solo nos hace regresar del exilio, sino que nos rocía con su sangre de expiación y con el agua del bautismo para quitarnos la mancha de la muerte y regarnos con su vida.

Bendito seas, Padre santo, por bañarnos y embellecernos con las aguas de la vida.

La resurrección y la escala de Richter רעש

LA MANO DEL SEÑOR VINO SOBRE MÍ, Y ME SACÓ EN EL ESPÍRITU DEL SEÑOR, Y ME PUSO EN MEDIO DEL VALLE QUE ESTABA LLENO DE HUESOS. […] Y MIENTRAS YO PROFETIZABA HUBO UN RUIDO, Y LUEGO UN ESTREMECIMIENTO, Y LOS HUESOS SE JUNTARON CADA HUESO CON SU HUESO.

EZEQUIEL 37:1, 7

En Mateo se registran dos terremotos. El primero coincide con la muerte de Cristo, cuando «la tierra tembló y las rocas se partieron», las tumbas se abrieron y los cuerpos de los santos resucitaron (27:51-54). El segundo es cuando Jesús resucita: «Y se produjo un gran terremoto» cuando el ángel descendió y quitó la piedra del sepulcro (28:2). Este vínculo entre los terremotos y la resurrección se origina en Ezequiel 37. Mientras él predicaba en el valle de los huesos secos, «hubo un ruido, y luego un *ráash*». Aunque la mayoría de las traducciones utilizan alguna otra palabra, *ráash* significa también «terremoto» (1R 19:11; Is 29:6; Am 1:1).

La escala de Richter mide, así, temblores que anticipan la resurrección. La tierra, por así decirlo, tiembla como una parturienta que «gime y sufre hasta ahora con dolores de parto» (Ro 8:22). Está preparada para abrir su vientre y, por medio de la resurrección, dar a luz los cuerpos de los hijos de Dios que se encuentran en su interior. Los terremotos son aterradores, sin duda, pero también presagian la esperanza venidera.

Espíritu Santo, enséñanos a discernir tus misteriosos caminos escritos en el pergamino de la creación.

Hojas que ocultan y hojas que sanan עלה

«JUNTO AL RÍO, EN SU ORILLA, A UNO Y OTRO LADO, CRECERÁN TODA CLASE DE ÁRBOLES QUE DEN FRUTO PARA COMER. SUS HOJAS NO SE MARCHITARÁN, NI FALTARÁ SU FRUTO. CADA MES DARÁN FRUTO PORQUE SUS AGUAS FLUYEN DEL SANTUARIO; SU FRUTO SERÁ PARA COMER Y SUS HOJAS PARA SANAR».

EZEQUIEL 47:12

Cuando los autores bíblicos retratan el final de todas las cosas, a menudo untan su pincel en los colores del Génesis. El tiempo final se parece al tiempo inicial (*Endzeit gleicht Urzeit*, como dice la frase en alemán). Así, cuando Ezequiel y Juan (Ap 22:1-2) describen las aguas vivificantes que manan de Dios, toman prestadas imágenes del río del Edén que regaba el mundo (Gn 2:10-14). Sin embargo, ambos mencionan también las *alé* («hoja o follaje»). En el Edén, Adán y Eva utilizaron *alé* de higuera para ocultar la vergüenza de su desnudez (3:7), pero cuando llegue el final de todo, las hojas cumplirán un propósito totalmente opuesto: serán «para sanar» (Ez 47:12) o «para sanidad de las naciones» (Ap 22:2).

El verbo hebreo *alá* significa «subir», por lo que los «brotes» verdes de un árbol —sus hojas— se llaman *alé*. Es una bella imagen: estas hojas que «se levantan», van, a su vez, a levantarnos, a curarnos y a ponernos en pie mientras ascendemos al gozo de la resurrección.

Toda la gloria sea para ti, Señor Jesucristo, por revertir nuestra enfermedad y muerte, para llenarnos de salud y vida en tu resurrección.

Come verduras זרענים

[DANIEL DIJO:] «HAZ CON TUS SIERVOS UNA PRUEBA DE DIEZ DÍAS. DANOS DE COMER SÓLO VERDURAS, Y DE BEBER SÓLO AGUA. PASADO ESE TIEMPO, COMPARA NUESTRO SEMBLANTE CON EL DE LOS JÓVENES QUE SE ALIMENTAN CON LA COMIDA REAL, Y PROCEDE DE ACUERDO CON LO QUE VEAS EN NOSOTROS».

DANIEL 1:12-13 NVI

Los escrúpulos alimenticios de Daniel en Babilonia no tuvieron nada que ver con un deseo de llevar un estilo de vida saludable. No estaba escribiendo un libro de cocina ni preparando su cuerpo para la playa. Daniel era un exiliado, viviendo en tierra profana, lejos de Jerusalén. La situación ya era bastante mala. No iba a empeorarla contaminándose con alimentos que Dios había prohibido (1:8). Como una solución intermedia, solicitó una prueba sencilla: que a él y a sus amigos se les permitiera comer solo *zereoním* («verduras», palabra derivada de *zéra* [«semilla»]). Más tarde, se comprobó que «estos jóvenes se veían más sanos y mejor alimentados» que sus compañeros (1:15 NVI). Como ocurre reiteradamente en las Escrituras, Dios bendijo a sus hijos por medio de la comida.

Los radios de la rueda de la vida humana siempre han girado en torno a la mesa. Prácticamente no existe una actividad humana más fundamental que comer. Desde el árbol de la vida, pasando por la Pascua, hasta la cena del Señor, Dios ha santificado la mesa. Él da de comer, nosotros comemos, y participamos así de sus bendiciones en esta vida, mientras esperamos el banquete nupcial del Cordero en su nueva creación.

Jesús, Pan celestial de vida, llena nuestras bocas con el alimento de la salvación.

No es un reino hecho a mano יד

«[USTED] LA ESTUVO MIRANDO HASTA QUE UNA PIEDRA FUE CORTADA SIN AYUDA DE MANOS, Y GOLPEÓ LA ESTATUA EN SUS PIES DE HIERRO Y DE BARRO, Y LOS DESMENUZÓ. [...] Y LA PIEDRA QUE HABÍA GOLPEADO LA ESTATUA SE CONVIRTIÓ EN UN GRAN MONTE QUE LLENÓ TODA LA TIERRA».

DANIEL 2:34-35

Estos versículos pertenecen a una sección de Daniel (2:4b-7:28) escrita en arameo, idioma de la misma familia que el hebreo. En ambas lenguas, la palabra para «mano» es *yad*. En el sueño de Nabucodonosor, que Daniel interpreta, una piedra «cortada sin ayuda de manos» destruye los reinos terrenales y «se [convierte] en un gran monte que [llena] toda la tierra». En la Biblia, la *yad* humana corrompe. Algo «hecho por manos [humanas]» es defectuoso, perteneciente al viejo orden de la creación caída (p. ej., 2Co 5:1; Hch 7:48). A diferencia del legendario Midas, todo lo que los pecadores tocan se convierte no en oro, sino en polvo, barro, grava o algo peor. Los reinos mundanales de hierro, barro, bronce, plata y oro eran reinos «hechos a mano», hechos por pecadores, destinados a no durar.

Esta piedra no hecha por manos, la «piedra que desecharon los edificadores» (Sal 118:22), crece hasta convertirse en una montaña mundial. Es el reino del Mesías. Un reino hecho por Dios. Fue el Hijo a la diestra del Padre, no la mano de la humanidad caída, quien formó este reino de misericordia. Contra este reino, las puertas del infierno no tienen ninguna posibilidad (Mt 16:18).

«Oh Dios, como es Tu nombre, así es Tu alabanza hasta los confines de la tierra; llena de justicia está Tu diestra» (Sal 48:10).

El horno de fuego אתון

ESTOS TRES HOMBRES, SADRAC, MESAC Y ABED NEGO CAYERON, ATADOS, EN MEDIO DEL HORNO DE FUEGO ARDIENTE.

DANIEL 3:23

Este conocido relato se trata de mucho más que de un viejo rey malo, tres israelitas fieles y un horno de fuego del que Dios los libró. Ningún israelita cuya mente estuviera impregnada de las historias de antaño podía oír la palabra aramea *attún* («horno») sin pensar en su equivalente hebreo: el *kur*. Y ¿dónde está el *kur*? En Egipto. Este lugar del antiguo exilio de Israel es el «horno [*kur*] de hierro» (Dt 4:20; 1R 8:51; Jer 11:4). ¿Cómo sacó el Señor a Israel del «horno de hierro» de Egipto? Envió a su «ángel» o mensajero para conducirlos a la libertad. Israel salió ileso del horno egipcio porque el Señor, su Dios, los liberó por medio de su mensajero.

Del mismo modo, Sadrac, Mesac y Abed Nego encarnan a Israel, arrojado al nuevo horno «egipcio» que es Babilonia, gobernada por Nabucodonosor, que hace el papel de Faraón. El Señor «[envió] a Su ángel y [libró] a Sus siervos» del horno (Dn 3:28) tal como lo hizo en el Éxodo. Esta historia, por tanto, es una especie de promesa escenificada referida al futuro éxodo de Israel: saldrían de Babilonia para regresar a la tierra prometida. Y, como todo exilio/retorno bíblico, prefigura el éxodo final y perfecto de la salvación que el Hijo de Dios realiza por nosotros.

Padre Santo, mientras caminamos por los fuegos del sufrimiento en este mundo, líbranos con tu poder misericordioso.

4 DE DICIEMBRE

Una mano escribe en la pared מנא

DE PRONTO APARECIERON LOS DEDOS DE UNA MANO HUMANA Y COMENZARON A ESCRIBIR FRENTE AL CANDELABRO SOBRE LO ENCALADO DE LA PARED DEL PALACIO DEL REY [...]. ESTA ES LA INSCRIPCIÓN QUE FUE TRAZADA: MENE, MENE, TEKEL, UFARSIN.

DANIEL 5:5, 25

Belsasar no tenía excusa. Había visto de primera mano lo que le sucedió a Nabucodonosor cuando su cabeza se llenó de orgullo y Dios lo obligó a humillarse (5:18-22). Belsasar sabía lo que debía hacer, pero no lo hizo. Él y sus compañeros de juerga bebieron vino en vasos sagrados que habían sido sacados del templo de Jerusalén como botín. Y, por si fuera poco, también «[alabó] a los dioses de oro y plata, de bronce, hierro, madera y piedra» (5:4). Esto fue como blasfemar escupiendo a Dios en la cara. Cuando la escritura apareció en la pared, y los dedos divinos inscribieron cuatro palabras arameas, su perdición quedó sellada.

Mene: sus días estaban *mená* («contados» o «numerados»). Tekel: había sido *tecál* («pesado») en la balanza y hallado deficiente. Peres o Parsin: un doble significado, pues su reino sería *perás* («dividido») y entregado a los *parás* («persas»). Esta historia, que adquirió un carácter proverbial, sigue siendo una funesta advertencia de que Dios no será burlado. Prestemos atención. Arrepintámonos. Y encomendémonos siempre a la misericordia de aquel que, clavándolos en la cruz, borró los decretos escritos en el «documento de deuda» que «nos era adverso» (Col 2:14).

Escribe en nuestros corazones, oh Señor, tus palabras de verdad, para que demos testimonio de tu santo nombre.

Anciano de Días עתיק

SEGUÍ MIRANDO HASTA QUE SE ESTABLECIERON TRONOS, Y EL ANCIANO DE DÍAS SE SENTÓ. SU VESTIDURA ERA BLANCA COMO LA NIEVE, Y EL CABELLO DE SU CABEZA COMO LANA PURA, SU TRONO, LLAMAS DE FUEGO, Y SUS RUEDAS, FUEGO ABRASADOR.

DANIEL 7:9

«Anciano de Días» es un título interesante y misterioso. Ahora, habiendo dicho eso, la frase aramea original —*attíc yomín*— es bastante corriente; simplemente alude a una persona de edad o vieja. El hebreo comparte esta palabra con el arameo, pues cuando habla de los «registros antiguos», utiliza *attíc* (1Cr 4:22). El cabello blanco y lanoso del Todopoderoso acentúa su antigüedad. Esta mínima descripción de nuestro Padre es lo más cerca que las Escrituras están de darnos una imagen suya.

Sin embargo, esto no debería sorprendernos, porque el Padre quiere revelarse a nosotros en su Hijo. Lo vemos en Daniel, donde el Anciano da el dominio, la gloria y el reino al Hijo del Hombre (7:13-14). El Mesías representa al Anciano. Jesús mismo dice: «El que me ha visto a Mí, ha visto al Padre» (Jn 14:9). Esto queda claro como el agua en Apocalipsis 1, donde Juan describe a Cristo usando la descripción del Anciano: «Sus cabellos eran blancos como la blanca lana, como la nieve» (1:14). Ver al Hijo del Hombre es ver también al Anciano de Días, el *attíc yomín*.

Padre nuestro, Anciano de Días, mantén siempre los ojos de nuestros corazones fijos en tu Hijo.

6 DE DICIEMBRE

El santo Jezreel cristiano יזרעאל

Y EL SEÑOR DIJO A OSEAS: «PONLE POR NOMBRE JEZREEL, PORQUE DENTRO DE POCO CASTIGARÉ A LA CASA DE JEHÚ POR LA SANGRE DERRAMADA EN JEZREEL, Y PONDRÉ FIN AL REINO DE LA CASA DE ISRAEL».

OSEAS 1:4

Oseas y Gomer tuvieron tres hijos: Jezreel, No Compadecida y No es Pueblo Mío. Cada uno de sus nombres profetizaba tanto un castigo como una promesa. Los dos últimos son obvios: el Señor rechazaría y no se compadecería de Israel (1:6, 9), pero más tarde se compadecería y los reclamaría como su pueblo (2:23). Pero ¿cuál es el simbolismo de Jezreel? El nombre hebreo *Yizreél* significa «Dios [*El*] siembra [*zará*]». Jezreel era el lugar de la idolatría y el derramamiento de sangre en el reino del norte. Por estos pecados Dios castigaría a Israel. Sin embargo, Dios promete que más tarde bendecirá el desolado valle de Jezreel, pues dice: «[Lo] sembraré [*zará*] para Mí en la tierra» (2:23). Jezreel («Dios siembra»), destruido por él, le haría más tarde honor, por la gracia divina, al significado de su nombre.

Pedro, haciendo referencia a Oseas, le dice a la Iglesia: «Ustedes en otro tiempo no eran pueblo, pero ahora son el pueblo de Dios; no habían recibido misericordia, pero ahora han recibido misericordia» (1P 2:10). Podría haber añadido: En otro tiempo no eran Jezreel, pero ahora sí son Jezreel, porque Dios ha sembrado en ustedes la salvación y la vida de Cristo, su Simiente.

Gracias a ti, Dios Todopoderoso, por hacer de tu Iglesia el nuevo Jezreel.

Oseas y Flannery O'Connor פתה

«POR TANTO, VOY A SEDUCIRLA, LLEVARLA AL DESIERTO, Y HABLARLE AL CORAZÓN».

OSEAS 2:14

Para explicar el sorprendente lenguaje que solía emplear en su obra, la escritora Flannery O'Connor dijo una vez: «A los que tienen problemas para oír les gritas, y a los casi ciegos les dibujas figuras grandes y sorprendentes». Oseas y O'Connor habrían sido amigos literarios. Oseas dice que Israel, como una loca lujuriosa, había abandonado a su marido (Yahvé) para perseguir a sus amantes (los baales). Así que el Señor va a «*patá*, llevarla al desierto, y hablarle al corazón». *Patá*, que suele traducirse como «atraer», tiene connotaciones de un resultado incierto como «inducir» (Jue 14:15 LBLA) o «seducir» (Éx 22:16; Jue 16:5 NVI), especialmente cuando involucra a un hombre y a una mujer. *Patá* es una palabra atrevida. Oseas imagina a Dios como un marido desesperado y atrevido que intentará todas las estratagemas románticas posibles para recuperar a su esposa infiel. La atraerá al desierto, le hablará al corazón, y la seducirá con su amor; lo que sea necesario para reconquistar su corazón descarriado.

Esta exagerada imaginería romántica es una forma profética de describir hasta dónde llegará Dios para recuperar a su pueblo amado, aunque eso signifique convertirse en uno de ellos, ser escupido en la cara, ser clavado en un madero y que lo traten como un perro. Por amor a nosotros, Dios traspasará todos los límites.

Oh Amante de la humanidad, Cristo nuestro Señor, alabado seas por sacrificar todo para recuperarnos.

De Egipto llamé a mi hijo בֵּן

CUANDO ISRAEL ERA NIÑO, YO LO AMÉ, Y DE EGIPTO LLAMÉ A MI HIJO. CUANTO MÁS LOS LLAMABAN LOS PROFETAS, TANTO MÁS SE ALEJABAN DE ELLOS; SEGUÍAN SACRIFICANDO A LOS BAALES Y QUEMANDO INCIENSO A LOS ÍDOLOS.

OSEAS 11:1-2

Cuando Mateo narra cómo José, María y Jesús huyeron de Herodes a Egipto, permanecieron allí hasta su muerte y luego regresaron a Israel, dice que fue «para que se cumpliera lo que el Señor habló por medio del profeta, diciendo: "De Egipto llamé a mi hijo"» (2:15). No obstante, en este versículo de Oseas, el profeta está describiendo la forma en que Dios llamó a su hijo Israel a salir de Egipto y, sin embargo, Israel fue tras otros dioses. ¿Cómo podría Jesús «cumplir» este versículo de Oseas si este está describiendo una acción pasada, no un acontecimiento mesiánico futuro?

Dios llama a Israel «Mi *ben* [hijo], Mi primogénito» (Éx 4:22). El Padre hizo todo por su *ben*: lo eligió, lo llamó, lo redimió. Pero este hijo rebelde deshonró y desautorizó reiteradamente a su Padre. Jesús, el *ben* divino del Padre y el *ben* humano de María, vino a cumplir —a «llenar hasta el tope»— la historia de Israel. Al repetir esa historia —que incluyó su propio éxodo de Egipto— y perfeccionarla, Jesús el Hijo pone a Israel el hijo en buena relación con el Padre. Llena la historia de Israel (¡y toda la historia humana!) con la plenitud de su perfecta justicia para nosotros.

Llámanos a casa, Padre celestial, mediante la justicia que solo se encuentra en tu Hijo.

Luna de sangre ירח

«HARÉ PRODIGIOS EN EL CIELO Y EN LA TIERRA: SANGRE, FUEGO Y COLUMNAS DE HUMO. EL SOL SE CONVERTIRÁ EN TINIEBLAS, Y LA LUNA EN SANGRE, ANTES QUE VENGA EL DÍA DEL SEÑOR, GRANDE Y TERRIBLE. Y TODO AQUEL QUE INVOQUE EL NOMBRE DEL SEÑOR SERÁ SALVO».

JOEL 2:30-32

En Apocalipsis, cuando Juan ve la apertura del sexto sello, la creación se deshace (6:12-17). La tierra tiembla. El sol se oscurece. Las estrellas caen. El cielo se enrolla. Y la luna se convierte en sangre. Ve lo que vieron los profetas, pues Hageo predijo el temblor de los cielos y la tierra (2:6), y Joel, que la *yaréakj* («luna») se volvería como sangre. ¿Por qué sangre? Porque, como dice Isaías, la espada del Señor «está embriagada en el cielo» (34:5). La *yaréakj* ha sido rociada con la sangre del juicio, la «ira del Cordero» (Ap 6:16), que se abate sobre el mundo incrédulo. Una «luna de sangre» no es señal de que el fin está cerca; significa que el fin ha llegado.

Lo que sigue es el «día del Señor, grande y terrible», cuando los que «[invoquen] el nombre del Señor» serán salvos. Su hogar será la Nueva Sión, «La ciudad [que] no tiene necesidad de sol ni de luna que la iluminen, porque la gloria de Dios la ilumina, y el Cordero es su lumbrera» (Ap 21:23).

Cordero de Dios, «Avívanos, e invocaremos Tu nombre» (Sal 80:18).

El kibutz del juicio קבץ

«REUNIRÉ A TODAS LAS NACIONES, Y LAS HARÉ BAJAR AL VALLE DE JOSAFAT. Y ALLÍ ENTRARÉ EN JUICIO CON ELLAS A FAVOR DE MI PUEBLO Y MI HEREDAD, ISRAEL».

JOEL 3:2

Un kibutz es una comunidad colectiva del Israel moderno. El nombre deriva del verbo *cabáts*, que significa «recoger, reunir, congregar». Sin embargo, Joel prevé una clase muy diferente de kibutz: Dios «*cabáts* a todas las naciones» para el juicio. Haciendo un juego de palabras, dice que este juicio tendrá lugar en un valle llamado «Josafat», nombre que significa «el Señor [*Yejó*] juzga [*shafát*]». En el AT, la profecía de un «día del Señor» final y decisivo es común. Habrá un kibutz donde toda la humanidad estará presente para que el Señor juzgue.

Ese día ya sucedió; y aún no ha sucedido. En Cristo, Dios ya ha *cabáts* a toda la humanidad y la ha juzgado. Jesús era todas las personas en una. Su resurrección fue la declaración de «inocencia» hecha por el Padre respecto del mundo. No obstante, también habrá otro día. Todos aquellos que se hayan negado a creer en este veredicto serán juzgados por su propia culpa. Sin embargo, para quienes están en Jesús, este juicio final será gozoso, porque «ahora no hay condenación para los que están en Cristo Jesús» (Ro 8:1).

«Sálvanos, oh Señor, Dios nuestro, y reúnenos de entre las naciones, para dar gracias a Tu santo nombre, y para gloriarnos en Tu alabanza» (Sal 106:47).

11 DE DICIEMBRE

El león ha rugido שׁאג

«HA RUGIDO UN LEÓN, ¿QUIÉN NO TEMERÁ? HA HABLADO EL SEÑOR DIOS, ¿QUIÉN NO PROFETIZARÁ?»

AMÓS 3:8

Al inicio de las películas de MGM aparece la cara de un león que ruge llenando toda la pantalla. Es un ruido característico. «Presten atención», dice. Oír el rugido de un león es inevitable. En los días de Amós, el león asiático aún deambulaba por las colinas y los bosques de Israel. Como Amós había sido pastor, a menudo habría oído algún león agitar la noche con su rugido (7:14). Tal vez por eso su libro comienza diciendo: «El Señor *shaág* ["ruge"] desde Sión» (1:2). Puedes taparte los oídos, enterrar la cabeza en la arena, o hacerte el sordo; da igual. El rugido de este León se oirá. *Shaág* a través de las bocas de profetas como Amós. Hoy sigue rugiendo. ¿Quién no temerá?

En *Las crónicas de Narnia*, Castor dice de Aslan: «Es peligroso. Pero es bueno. Es el Rey, les aseguro. […] Es salvaje. No es como un león domesticado». Dios es peligroso. No es una deidad mascota a la que le arrojamos huesos. Es salvaje. Su rugido traspasará nuestra alma envuelta en oscuridad. Nos recordará quién es el Rey. Su rugido, desde el altar de su muerte y de nuestra expiación, resuena ahora y siempre declarando su bondad.

Oh León de la tribu de Judá, haz que oigamos, temamos, creamos y vivamos por el rugido de tu voz.

12 DE DICIEMBRE

Un juego de palabras frutal קץ

ESTO ME MOSTRÓ EL SEÑOR DIOS: MIRÉ UNA CANASTA DE FRUTA DE VERANO, Y ÉL ME PREGUNTÓ: «¿QUÉ VES, AMÓS?». «UNA CANASTA DE FRUTA DE VERANO», RESPONDÍ. ENTONCES EL SEÑOR ME DIJO: «HA LLEGADO EL FIN PARA MI PUEBLO ISRAEL. YA NO VOLVERÉ A DEJARLOS SIN CASTIGO».

AMÓS 8:1-2

Tal como el Señor utilizó el «almendro» (*shaquéd*) para mostrarle a Jeremías que «velaría» (*shacad*) sobre su palabra (1:11-12), utilizó un juego de palabras frutal con Amós. La palabra cayíts significa «verano» o «fruta de verano», y *quets* es «fin». El *cayíts* visualiza el *quets*; la fruta simboliza el fin. Es una de las varias imágenes agrícolas utilizadas por este hombre que alguna vez fue «cultivador de higueras» (7:14). Habla de frutos destruidos (2:9), hambrunas de la palabra (8:11), y estafas en los mercados de grano (8:5). La acusación profética llama a la propia creación como testigo contra la infidelidad, la perversidad y la perdición inminente de los hombres.

La creación se halla estropeada porque su rey y su reina —así como nosotros, sus hijos— han tirado sus coronas al barro. El pecado se ha filtrado en todos los aspectos de la existencia. Por eso la creación gime, como dice Pablo (Ro 8:22). Sí, esperamos el *quets*, el fin, cuando vendrá la destrucción, pero tras ella, un cielo nuevo y una tierra nueva, donde los frutos del amor y de la paz florecerán en un verano sin fin.

«Señor, hazme saber mi fin, y cuál es la medida de mis días» (Sal 39:4).

Echar suertes גורל

EL DÍA QUE TE PUSISTE A UN LADO, EL DÍA EN QUE EXTRAÑOS SE LLEVABAN SU RIQUEZA, Y EXTRANJEROS ENTRABAN POR SU PUERTA Y SOBRE JERUSALÉN ECHABAN SUERTES, TÚ TAMBIÉN ERAS COMO UNO DE ELLOS.

ABDÍAS 11

Los *gorál* eran pequeñas piedras que se lanzaban para tomar decisiones. Equivalían a lo que hoy sería lanzar una moneda al aire o sacar papelitos de una bolsa. Los *gorál* se utilizaban para elegir machos cabríos (Lv 16:8), encontrar culpables (Jon 1:7), o repartir la tierra de Israel entre las tribus (Nm 26:55). Cuando Abdías dice que los extraños (probablemente babilonios) «echaban suertes» sobre Jerusalén, probablemente no se refiere a la ciudad en sí, sino a sus habitantes, los prisioneros de guerra. Nahúm también señala que se echaron suertes para determinar quién se quedaría con los prisioneros valiosos (3:10). Esta deshumanización de las víctimas, tratadas como mercancías, es una de las acusaciones que Abdías le hace a Edom en este breve pero contundente libro de condenas escrito contra el antiguo hermano de Israel, ubicado al sur.

«Se reparten entre sí mis vestidos, y sobre mi ropa echan *gorál*», ora el Mesías (Sal 22:18). Los cuatro evangelistas escriben que los soldados romanos hicieron exactamente eso luego de llevar a cabo sus sangrientas tareas de crucifixión. Allí colgaba nuestro Dios sangrante, deshumanizado, moribundo, muerto. Pero, por el Salmo 16, el Mesías también conocía una canción de resurrección (Hch 2:24-32), y sabía que el único *gorál* que importaba se hallaba en manos de su Padre (Sal 16:5), su suerte en la hermosa herencia de la resurrección (v. 6).

Padre santo, «Tú eres mi Señor; ningún bien tengo fuera de Ti» (Sal 16:2).

Jonás toca fondo ירד

JONÁS QUISO ESCAPAR DEL SEÑOR Y SE FUE HACIA TARSIS. BAJÓ A JOPE, DONDE ENCONTRÓ UN BARCO QUE SALÍA A TARSIS, PAGÓ SU PASAJE Y DESCENDIÓ AL BARCO JUNTO CON LOS DEMÁS QUE IBAN A ESA CIUDAD, LEJOS DE LA PRESENCIA DEL SEÑOR.

JONÁS 1:3 PDT

Piensa en estas dos frases: «Tirar para arriba» y «estar bajoneado». Asociamos «arriba» con lo bueno y «abajo» con lo malo. Jonás ilustra esta tendencia: desciende de manera literal. En su historia se utiliza cuatro veces el verbo *yarád* («descender»): *yarád* a Jope y *yarád* al barco (v. 3 PDT); *yarád* al interior del barco (v. 5); y en el gran pez, *yarád* a las profundidades del mar (2:3). Él bajó y Dios lo hizo descender. A veces, solo en nuestro punto más bajo podemos oír verdaderamente las palabras de lo alto.

Los corazones arrogantes hacen que nuestros oídos se vuelvan sordos a las palabras de Dios. Así que el Señor nos disciplina, nos humilla, y nos *yarád* para hacer espacio en nuestros oídos y corazones. Descendemos, y allí descubrimos a Cristo, esperándonos, para hablarnos con sabiduría y gracia en nuestro momento de necesidad. Él nos volverá a levantar, como cuando Jonás salió del vientre del pez, porque él mismo abrió el camino para salir de las profundidades.

Señor Jesús, «No escondas de mí tu rostro o seré como los que bajan a la fosa» (Sal 143:7).

Arrojado a un exilio acuático טול

Y [JONÁS] LES RESPONDIÓ: «TÓMENME Y LÁNCENME AL MAR, Y EL MAR SE CALMARÁ ALREDEDOR DE USTEDES, PUES YO SÉ QUE POR MI CAUSA HA VENIDO ESTA GRAN TEMPESTAD SOBRE USTEDES».

JONÁS 1:12

La historia de Jonás no se trata solamente de un israelita. Es una ventana a lo que Dios estaba tramando en un mundo más amplio. Mucho antes, el Señor le había advertido a Israel que, si lo abandonaban para servir a los ídolos, él pondría celoso a Israel fijándose en las naciones gentiles (Dt 32:21). Y eso, precisamente, es lo que hace ahora, enviando un profeta, no a su pueblo, sino a la ciudad asiria de Nínive. Más aun, Dios amenazó con *tul* («arrojar») a los individuos rebeldes (Is 22:17) y a la nación al exilio (Jer 16:13). Ese mismo verbo, *tul*, se utiliza cuando los marineros arrojan a Jonás al mar. Y en el pensamiento israelita, los mares (Is 17:12-13) y los monstruos marinos (Is 30:7) eran representaciones de los gentiles y sus líderes.

Por tanto, al ser arrojado al «exilio» en el mar, Jonás representa a todo Israel yendo a un exilio en el futuro. Y su regurgitado regreso a tierra firme ilustra la manera en que Israel regresaría del mar gentil del exilio. Razón de más para que Jesús se comparara con este profeta (Mt 12:40). Verdaderamente él es Israel reducido a uno, el que sufre el exilio mayor, la muerte, para traernos a todos de regreso a la vida.

No nos arrojes lejos de ti, Señor, sino sostennos, por gracia, en la palma de tu mano.

El sermón más breve הפך

Y [JONÁS] PROCLAMABA: «DENTRO DE CUARENTA DÍAS NÍNIVE SERÁ ARRASADA».

JONÁS 3:4

Cinco palabras hebreas: así de largo fue el sermón de Jonás. Pero fue directo al grano: «Dentro de cuarenta días Nínive será *jafák*». *Jafák* es el verbo que a menudo se utiliza para describir la destrucción de Sodoma y Gomorra (Gn 19:25; Dt 29:23; Lm 4:6). Si Nínive no se arrepentía, a dicha ciudad asiria le esperaba el mismo castigo. Pero, por supuesto, se apartaron de su mal camino (3:10). Fascinantemente, cuando se arrepintieron, se aplicó otro aspecto de *jafák*, porque, aunque significa «volcar», este verbo puede también significar «girar, cambiar, transformar». El salmista exclama: «Tú has *jafák* ["cambiado"] mi lamento en danza; has desatado mi ropa de luto y me has ceñido de alegría» (30:11). ¡Eso hizo Dios con Nínive! Tal como el Señor había amenazado con *jafák* («derribar») la ciudad, él *jafák* ("cambió") su lamento en danza cuando se vistieron de luto en señal de arrepentimiento.

Lo último que quería este misionero xenófobo era que su público se arrepintiera, pero lo hicieron a lo grande. ¡Hasta las vacas se vistieron de cilicio (3:8)! La historia de Jonás nos recuerda vívidamente que conceder arrepentimiento y obrar fe es tarea del Espíritu, no del predicador. Nadie puede arrepentirse, nadie puede venir a Dios, nadie puede creer, ni «nadie puede decir: "Jesús es el Señor", excepto por el Espíritu Santo» (1Co 12:3). Él vuelve los corazones hacia él.

Recibe toda alabanza, Espíritu Santo, por llamarnos mediante el Evangelio a la fe en Cristo Jesús.

Jonás, rey de Schadenfreude רע

CUANDO DIOS VIO SUS ACCIONES, QUE SE HABÍAN APARTADO DE SU MAL CAMINO, ENTONCES DIOS SE ARREPINTIÓ DEL MAL QUE HABÍA DICHO QUE LES HARÍA, Y NO LO HIZO. PERO ESTO DESAGRADÓ A JONÁS EN GRAN MANERA, Y SE ENOJÓ.

JONÁS 3:10-4:1

No se puede ver en español, pero en estos versículos se esconden cuatro referencias al *rah* («mal»). Podríamos traducirlo así: «Cuando Dios vio sus acciones, que se habían apartado de su mal [*rah*] camino, entonces Dios se arrepintió del mal [*rah*] que había dicho que les haría, y no lo hizo. Pero esto maleó [*raá*] un gran mal [*rah*] a Jonás, y se enojó». Cuando alguien siente un retorcido placer al ver que a otros les suceden cosas malas, los alemanes lo llaman *schadenfreude*. Si Dios hubiera hecho llover fuego y azufre sobre Nínive, y luego hubiera bailado sobre sus cenizas, Jonás habría sido el rey de la *schadenfreude*. Pero, en la realidad, le «maleó un gran mal» estar al servicio de «un Dios clemente y compasivo, lento para la ira y rico en misericordia [*kjésed*], y que [se arrepiente] del mal anunciado» (4:2).

Jonás encarna a todos los que se escandalizan ante la audaz misericordia de un Dios que dice: «Te perdono», cuando el mundo le grita: «¡Castiga!». Gracias a Dios porque, en Cristo, él absuelve nuestro *rah* y abunda en *kjésed*.

«Dije: "Confesaré mis transgresiones al Señor"; y Tú perdonaste la culpa de mi pecado» (Sal 32:5).

18 DE DICIEMBRE

Oh insignificante pueblo de Belén צעיר

PERO TÚ, BELÉN EFRATA, AUNQUE ERES PEQUEÑA ENTRE LAS FAMILIAS DE JUDÁ, DE TI ME SALDRÁ EL QUE HA DE SER GOBERNANTE EN ISRAEL. Y SUS ORÍGENES SON DESDE TIEMPOS ANTIGUOS, DESDE LOS DÍAS DE LA ETERNIDAD.

MIQUEAS 5:2

En el AT, la reputación de Belén es contradictoria. Dos oscuras historias de Jueces involucran a personas de Belén: un levita (17:7) y una concubina (19:2). La primera historia termina en idolatría flagrante y una masacre sangrienta, y la otra en violación grupal y descuartizamiento. Dos puntos contra Belén. Pero allí también ocurren el relato de Rut y el nacimiento de David. Dos puntos para Belén. Una cosa es segura: Belén no tenía peso alguno. No tenía músculos políticos ni militares que mostrar. Era una enana. En palabras de Miqueas, era *tsaír*, «la más pequeña, la más joven» —con el sentido de «insignificante»—. La populosa e importante Jerusalén, a unos diez kilómetros de distancia, eclipsaba a esta aldea llena de gente corriente que hacía cosas de israelitas corrientes.

David era el octavo hijo de Isaí, y el más joven. Sin embargo, el Señor eligió a aquel muchacho aparentemente insignificante para que fuera el rey más grande de Israel. Qué apropiado, entonces, que el Dios que se inclina por lo corriente haya elegido a Belén como la ciudad natal del Hijo de David, el «gobernante en Israel». Es un Señor que envuelve su gloria en lo ordinario.

Despierta, oh Señor, nuestros corazones para celebrar el nacimiento de nuestro Salvador de Belén.

19 DE DICIEMBRE

Enemigos domésticos נבל

PORQUE EL HIJO TRATA CON DESDÉN AL PADRE, LA HIJA SE LEVANTA CONTRA LA MADRE, Y LA NUERA CONTRA SU SUEGRA; LOS ENEMIGOS DEL HOMBRE SON LOS DE SU PROPIA CASA. PERO YO PONDRÉ MIS OJOS EN EL SEÑOR, ESPERARÉ EN EL DIOS DE MI SALVACIÓN. MI DIOS ME OIRÁ.

MIQUEAS 7:6-7

«¡Ay de mí!» Así comienza Miqueas su lamento (7:1). No lamenta una catástrofe, sino el hecho de que no puede hallar a una sola persona justa: «No hay ninguno recto entre los hombres» (7:2). Todos y cada uno —príncipe, juez, vecinos, amigos, y aun la mujer que está en su cama (vv. 3-5)—; ninguno de ellos es digno de confianza. «El mejor de ellos es como un zarzal» (v. 4). Aun en la familia, el hijo *nabél* a su padre —es decir, lo trata como a un tonto, lo desprecia—. También Israel «despreció [*nabél*] a la Roca de su salvación» (Dt 32:15). ¿Qué concluye Miqueas? «Los enemigos del hombre son los de su propia casa».

Jesús cita a Miqueas cuando llama a sus seguidores a amarlo más que a todos, a que tomemos nuestra cruz y lo sigamos (Mt 10:34-39). Como Miqueas, no ponemos nuestra fe en las personas, sino que «ponemos nuestros ojos en el Señor», su Hijo, el Dios de nuestra salvación. Puesto que «Ha desaparecido el bondadoso de la tierra», miramos al Dios de toda la tierra, porque es digno de confianza.

Mejor es refugiarse en ti, oh Señor, que confiar en el hombre (Sal 118:8).

20 DE DICIEMBRE

El grito de guerra de Dios גער

EN EL TORBELLINO Y LA TEMPESTAD ESTÁ [EL] CAMINO [DEL SEÑOR], Y LAS NUBES SON EL POLVO DE SUS PIES. ÉL REPRENDE AL MAR Y LO HACE SECAR, Y TODOS LOS RÍOS AGOTA. LANGUIDECEN BASÁN Y EL CARMELO, Y LAS FLORES DEL LÍBANO SE MARCHITAN.

NAHÚM 1:3-4

Los ojos de los profetas ven aquello que nunca se ve pero siempre está ahí; la esfera de la realidad al otro lado de nuestra percepción sensorial. Ellos ven como con ojos de ángel. Así, Nahúm ve ríos que se secan, montañas que languidecen y colinas que se disuelven ante la presencia de Dios. El Señor, «vengador [...] e irascible» (v. 2), está en pie de guerra contra Nínive. Dios «reprende [*gaár*] al mar», en un claro eco de lo sucedido en el mar Rojo (Sal 106:9). Sin embargo, el verbo *gaár*, y su sustantivo relacionado, *gueará*, suelen denotar no una reprimenda sino un grito de guerra. Yahvé, «fuerte guerrero» (Éx 15:3), lanza un grito de guerra tan terrible, tan de pesadilla, que aun los mares huyen y retroceden asustados, dejando atrás nada más que polvo.

En el día final, «el Señor mismo descenderá del cielo con voz de mando [*kéleusma*, palabra griega que también puede significar "grito de guerra"]» (1Ts 4:16). Jesús regresará como Rey y Guerrero para vencer a todo enemigo, matar y sepultar a la muerte de una vez por todas (1Co 15:26), y llevarnos, a través del mar Rojo de este mundo, a la tierra prometida de su reino.

Mantennos despiertos y vigilantes, Señor de los ejércitos, siempre listos para alzar la cabeza y ver que se acerca nuestra redención.

Asolada שדד

Y SUCEDERÁ QUE TODO EL QUE TE VEA HUIRÁ DE TI, Y DIRÁ: «¡ASOLADA ESTÁ NÍNIVE! ¿QUIÉN LLORARÁ POR ELLA?». ¿DÓNDE TE BUSCARÉ CONSOLADORES?

NAHÚM 3:7

Las Vegas. Roma. Nueva York. Moscú. Cada una de estas ciudades modernas es más grande que su masa terrestre. Representan algo. Son símbolos de realidades mayores. En la Biblia, dos centros urbanos en particular se convirtieron en símbolos negativos: Babilonia y Nínive. Eran emblemas del mal. El libro de Nahúm, que es una profecía de la destrucción de Nínive en el 612 a. C., debería leerse así. Se trata de algo más que la desaparición de una ciudad; se trata de la devastación final de todo poder mundanal contrario a Dios. «¡*Shadád* está Nínive!», dice Nahúm. Hay aquí una gran ironía, pues Nínive era infame por *shadád*; por destruir, despojar, y perpetrar violencia. Como ellos habían hecho con otros, así se haría ahora con ellos. Haciendo un juego de palabras con su nombre, Nahúm (*Nakjúm* [«consuelo»]) pregunta: «¿Dónde te buscaré *menakjamím* ["consoladores"]?».

La destrucción histórica de Nínive presagió la destrucción final del mundo. ¿Qué debemos hacer mientras esperamos ese día? Orar por la Nínive mundial que es nuestra morada temporal. Dar testimonio del Dios que no quiere que nadie perezca, sino que todos crean. Y seguir esperando en Cristo, el Guerrero victorioso que se yergue apoyando el pie sobre la cerviz del pecado y de la muerte.

Fortalece nuestros corazones, prepara nuestras manos, y dirige nuestros pies, oh Señor, para seguirte.

22 DE DICIEMBRE

Hazla clara באר

ENTONCES EL SEÑOR ME RESPONDIÓ DICIENDO: —ESCRIBE LA VISIÓN Y GRÁBALA CLARAMENTE EN TABLAS PARA QUE CORRA EL QUE LAS LEA.

HABACUC 2:2 RVA-2015

Deuteronomio podría llamarse el Libro *Baar*. En la introducción, leemos que «Moisés comenzó a *baar* esta ley» (1:5), es decir, «explicar, elucidar, hacer[la] muy clara». Moisés, como un rabino diligente, fue desgranando minuciosamente la Torá. Casi al final de Deuteronomio, ordenó a Israel que escribiera, sobre piedras, todas las palabras de la Torá «claramente [*baar*]» (Dt 27:8). ¡Sin garabatos ni letra hebrea de ocho puntos! Dios usa esta misma palabra cuando se dirige a Habacuc: «Escribe la visión y grábala claramente [*baar*] en tablas para que corra el que las lea». Hazla tan legible, tan clara, que pueda ser leída por alguien que pase corriendo. El mensaje de Habacuc sobre los ataques babilónicos que se avecinaban no debía ser anotado a pie de página, susurrado o reducido a algún código esotérico. Tenía que ser publicado para que los ojos de todo Israel lo vieran. Píntalo en una valla publicitaria. Hazlo claro como el día.

¿De qué sirve la Palabra de Dios si permanece desconocida, invisible, sin publicar? *Baar* esa Palabra. Hazla clara. Desvela esa Palabra misericordiosa para que todo el mundo la vea. Como en tiempos de Habacuc, el Señor pronuncia esa Palabra para que «el justo por su fe [viva]» (2:4). Pero ¿de dónde viene la fe? «La fe viene del oír, y el oír, por la palabra de Cristo» (Ro 10:17).

Jesús, Palabra de nuestro Padre, «Habla, que Tu siervo escucha» (1S 3:10).

En la ira, acuérdate de la compasión רגז

OH SEÑOR, HE OÍDO LO QUE SE DICE DE TI Y TEMÍ. AVIVA, OH SEÑOR, TU OBRA EN MEDIO DE LOS AÑOS, EN MEDIO DE LOS AÑOS DALA A CONOCER; EN LA IRA, ACUÉRDATE DE TENER COMPASIÓN.

HABACUC 3:2

Cuando Dios habla con Job, le describe al caballo de guerra, que se ríe del miedo, resopla y olfatea el aire, deseoso de ir a la batalla. Sus pezuñas devoran el suelo con «ímpetu y furor» (39:24). *Róguez* es una especie de agitación temblorosa o ira salvaje. Piensa en la expresión: «temblar de rabia». Habacuc utiliza esta palabra en una de las oraciones más breves y elocuentes de las Escrituras: «En la *róguez*, acuérdate de tener compasión». El profeta previó y predijo el horror en el horizonte. Los caldeos, los babilonios, con caballos más veloces que leopardos, más feroces que lobos, se abalanzaban como águilas para devorar a Israel (1:8). Y también Dios estaba en camino, precedido por la peste y seguido por plagas (3:5). Habacuc mismo dice: «Se estremecieron [*ragáz*—forma verbal de *róguez*] mis entrañas» (3:16). Se estremeció de miedo, porque Dios se estremeció de ira.

¿A quién puedes dirigirte cuando Dios se enfada? Solo a Dios. Habacuc lo sabía tan bien como nosotros, así que oró: «En la ira, acuérdate de la compasión». Acuérdate, oh Señor, de que eres un Dios compasivo, lento para la ira, paciente, y que diste tu vida por nosotros. Salva. Perdona. Escúchanos mientras oramos:

«Acuérdate, oh Señor, de Tu compasión y de Tus misericordias, que son eternas» (Sal 25:6).

24 DE DICIEMBRE

Asentados sobre sus posos שמר

BUSCARÉ CON LINTERNAS EN LOS RINCONES MÁS OSCUROS DE JERUSALÉN PARA CASTIGAR A QUIENES DESCANSEN CÓMODOS CON SUS PECADOS. PIENSAN QUE EL SEÑOR NO LES HARÁ NADA, NI BUENO NI MALO.

***SOFONÍAS 1:12** NTV*

«Cómodos» (NTV), «satisfechos» (PDT), «desaprensivos» (BLPH): cada una de estas traducciones intenta hacer comprensible una pintoresca frase hebrea extraída de la viticultura: «asentados sobre sus heces» (RVR1977). *Shémer* significa «heces del vino» o «posos de vino». Es el sedimento de levadura muerta, semillas y pulpa que se deposita en el fondo durante el proceso de elaboración del vino. Las personas que están «asentadas sobre sus heces» se han hundido como esos posos en la comodidad y la complacencia. En el NT, el paralelo sería la Iglesia de Laodicea, que no era fría ni caliente, sino tibia (Ap 3:15-16). Son una suerte de «ateos en la práctica»: no niegan necesariamente la existencia de Dios, pero viven como si Dios no existiera o no importara. Afirman, como dice Sofonías: «El Señor no [nos] hará nada, ni bueno ni malo».

Sin embargo, cuánto mejor es, en lugar de asentarnos sobre nuestros posos, beber profunda y celosamente del vino del altar de Cristo: la sangre de la uva y la sangre de nuestro Salvador. Alzar la copa de la salvación e invocar el nombre del Señor (Sal 116:13). Embriagarnos de su misericordia, alegrarnos en su gracia, asentarnos en su amor.

Crea en nuestros corazones, Salvador misericordioso, sed y anhelo de beber profundamente de tu copa de bendición.

Cuando Dios canta רנה

EL SEÑOR TU DIOS ESTÁ EN MEDIO DE TI, GUERRERO VICTORIOSO; SE GOZARÁ EN TI CON ALEGRÍA, EN SU AMOR GUARDARÁ SILENCIO, SE REGOCIJARÁ POR TI CON CANTOS DE JÚBILO.

SOFONÍAS 3:17

Una de las escenas más inolvidables de *El sobrino del mago*, de C. S. Lewis, es cuando Aslan empieza a cantar para dar vida a Narnia. Y resuena tan profundamente porque, en algún momento, todos hemos sido tocados por el poder creativo de la música. Nada nos llega al alma como una canción. Nos conmueve, inspira, y eleva; despierta en nosotros algo antiguo. Puede que Dios no haya cantado las palabras de Génesis 1, pero sin duda creó en el corazón de la humanidad recovecos profundos que solo se pueden alcanzar con la música y el canto. Por eso, cuando Sofonías dice que el Señor nuestro Dios, nuestro Salvador, se regocijará por nosotros con *rinná*, con «cantos de júbilo», es difícil imaginar una imagen más clara de su amor apasionado y creativo. «Ha retirado Sus juicios contra» nosotros (v. 15), se ha gozado en nosotros con alegría, en su amor nos ha traído calma y ha entonado cánticos que una vez más nos re-crean.

Cuando nace el niño Jesús, los ángeles cantan «Gloria a Dios en las alturas». Sin embargo, detrás de ese coro angélico hay otra voz: la del Padre, que canta por nosotros y por su Hijo, quien nos pone en paz con él.

Canta en nuestros corazones, querido Padre, aquellas palabras de gracia que son las únicas capaces de curarnos y darnos la paz.

Lo deseado por las naciones חמדה

PORQUE ASÍ DICE EL SEÑOR DE LOS EJÉRCITOS: «UNA VEZ MÁS, DENTRO DE POCO, YO HARÉ TEMBLAR LOS CIELOS Y LA TIERRA, EL MAR Y LA TIERRA FIRME. Y HARÉ TEMBLAR A TODAS LAS NACIONES; VENDRÁN ENTONCES LOS TESOROS DE TODAS LAS NACIONES, Y YO LLENARÉ DE GLORIA ESTA CASA», DICE EL SEÑOR DE LOS EJÉRCITOS. «MÍA ES LA PLATA Y MÍO ES EL ORO», DECLARA EL SEÑOR DE LOS EJÉRCITOS.

HAGEO 2:6-8

Hageo fue la proverbial pulga en el oído de Israel. Agitó al pueblo hasta que dejaron de perder el tiempo y terminaron de reconstruir el templo del Señor. Aunque este templo parecía insignificante comparado con el de Salomón (2:3), Hageo profetizó que Dios haría temblar «a todas las naciones» para que sus *kjemdá* vinieran a embellecer el santuario. *Kjemdá* («algo deseable, precioso, delicioso») se ha entendido a veces como el Mesías —de ahí «el Deseado de todas las naciones» (RVR1995)—, pero aquí probablemente se refiere al *kjemdá* de plata y oro en el versículo siguiente.

Sin embargo, Dios también tenía en mente mejores planes para el futuro. Traería al templo «algo deseable» muy superior: el *kjemdá* de su Hijo. Cuando los padres de Jesús lo llevaron al templo siendo bebé (Lc 2:22), llenó aquella casa de una gloria más grande que nunca (Hag 2:9), y allí el Padre dio paz a su pueblo (Lc 2:29).

Bendito seas, Jesús, el don más deseable del Padre, por tu santo nacimiento entre nosotros.

El anillo de sellar de Dios חותם

«EN AQUEL DÍA», DECLARA EL SEÑOR DE LOS EJÉRCITOS, «TE TOMARÉ A TI, ZOROBABEL, HIJO DE SALATIEL, SIERVO MÍO», DECLARA EL SEÑOR, «Y TE PONDRÉ COMO ANILLO DE SELLAR, PORQUE YO TE HE ESCOGIDO», DECLARA EL SEÑOR DE LOS EJÉRCITOS.

HAGEO 2:23

Un *kjotám* era un sello que, cuando se imprimía sobre arcilla o cera, servía para autentificar, autorizar o reclamar una propiedad. Un *kjotám* podía ser un sello cilíndrico que se llevaba como un collar, o un anillo de sellar usado en el dedo. Jacob tenía un *kjotám* que regaló sin saber a la furtiva Tamar (Gn 38:18). Jezabel escribió cartas en nombre de Acab y las autentificó con su sello (1R 21:8). Dos generaciones antes de Zorobabel, Dios le había dicho al abuelo de este, el rey Joaquín, que, aunque fuera un *kjotám* en la mano derecha de Dios, lo arrancaría y lo entregaría a los babilonios (Jer 22:24-25). Ahora Hageo invierte esa profecía, convirtiendo la fatalidad en esperanza, porque a través de Zorobabel, el Señor renovará el linaje del rey David. Dios lo pondrá «como *kjotám*».

Zorobabel-anillo-de-sellar, uno de los muchos descendientes de David, sirvió como arquetipo del futuro Hijo de David mesiánico. «A [Jesús] es a quien el Padre, Dios, ha marcado con Su sello» (Jn 6:27). Gracias a ese sello, se le ha concedido toda autoridad en el cielo y en la tierra (Mt 28:18) como Rey del mundo. El pesebre acoge al Hijo de Dios sellado.

Señor Jesús, «Ponme como un sello sobre tu corazón»; reclámame como tuyo (Cnt 8:6).

El asno trono חמור

¡REGOCÍJATE SOBREMANERA, HIJA DE SIÓN! ¡DA VOCES DE JÚBILO, HIJA DE JERUSALÉN! TU REY VIENE A TI, JUSTO Y DOTADO DE SALVACIÓN, HUMILDE, MONTADO EN UN ASNO, EN UN POLLINO, HIJO DE ASNA.

ZACARÍAS 9:9

El Mesías es vinculado con los asnos desde el Génesis, cuando Jacob, al bendecir a Judá, dice que de su linaje saldrá un gobernante (49:8-12). Utilizando una hipérbole poética, Jacob dice que las bendiciones que traerá serán tan magníficas que atará «a la mejor cepa el hijo [*áyir*] de su asna [*atón*]» —lo cual suele desaconsejarse mucho porque el joven asno podría destruir la vid—. Pero habrá tantas vides —o estas serán tan fuertes— que no importará. Luego avanzamos hasta el final de la vida de David, y su hijo, Salomón, cabalga hacia Jerusalén montado en la *pirdá* («mula») de su padre que lo señala como el legítimo heredero del trono (1R 1:33). Zacarías profetiza que el rey de Israel, el Ungido, entrará en Sión «montado en un asno [*kjamór*], en un pollino [*áyir*], hijo de asna [*atón*]».

La escena del Domingo de Ramos es, por lo tanto, bíblicamente caleidoscópica. Los colores de Génesis, 1 Reyes y Zacarías se mezclan. Aquí está el heredero de Judá. Aquí está el Hijo de David. Aquí está el rey de Israel. Por nosotros, cabalga hacia Jerusalén «justo y dotado de salvación».

Cabalga hasta nosotros, Rey Mesías, hasta nuestras vidas, familias e Iglesias, para darnos la salvación.

El traspasado דקר

Y DERRAMARÉ SOBRE LA CASA DE DAVID Y SOBRE LOS HABITANTES DE JERUSALÉN, EL ESPÍRITU DE GRACIA Y DE SÚPLICA, Y ME MIRARÁN A MÍ, A QUIEN HAN TRASPASADO. Y SE LAMENTARÁN POR ÉL, COMO QUIEN SE LAMENTA POR UN HIJO ÚNICO, Y LLORARÁN POR ÉL, COMO SE LLORA POR UN PRIMOGÉNITO.

ZACARÍAS 12:10

Dos armas *dacár* («traspasan») a alguien: una espada y una lanza. Finees utilizó su lanza para *dacár* a una pareja que estaba en medio de una relación idolátrica (Nm 25:8). El siervo de Abimelec utilizó una espada para *dacár*-lo (Jue 9:54). Cuando Dios, en Zacarías, dice que los israelitas «me mirarán a Mí, a quien han *dacár*», se refiere a las heridas de espada o lanza que causan la muerte. Llorarán por él como se llora a un hijo primogénito.

Cuando el Hijo primogénito del Padre pendía de la cruz, ya muerto, «uno de los soldados le traspasó el costado con una lanza» (Jn 19:34). «Esto sucedió para que se cumpliera la Escritura: [...] "Mirarán a aquel que traspasaron"» (19:36-37). En Apocalipsis, cuando Cristo regrese, «todo ojo lo verá, aun los que lo traspasaron» (1:7). Nos afligimos porque nuestro pecado causó esas heridas perforadas, pero también nos alegramos porque en ellas se encuentra la única fuente de nuestra salvación: «Por Sus heridas hemos sido sanados» (Is 53:5).

Derrama sobre nosotros, Padre amado, el Espíritu de tu gracia, para que lloremos nuestro pecado y nos alegremos en las llagas sanadoras de nuestro Salvador.

La bendición aarónica invertida חלל

«PORQUE GRANDE SERÁ MI NOMBRE ENTRE LAS NACIONES», DICE EL SEÑOR DE LOS EJÉRCITOS. «PERO USTEDES LO PROFANAN, CUANDO DICEN: "LA MESA DEL SEÑOR ES INMUNDA, Y SU FRUTO, SU ALIMENTO DESPRECIABLE"».

MALAQUÍAS 1:11-12

El ataque retórico que Malaquías dirige a los sacerdotes corruptos es tanto retóricamente agudo como bíblicamente ingenioso. Toma el lenguaje de la bendición sacerdotal (Nm 6:23-27) y lo invierte mediante toda una serie de astutos juegos de palabras. Los sacerdotes deben poner el nombre de Dios sobre el pueblo, pero desprecian su nombre (1:6). En lugar de alzar su rostro sobre ellos (1:9), Dios les untará la cara con estiércol (2:3). En lugar de bendición, enviará sobre ellos una maldición (2:2). Malaquías les dice que «pidan» (*kjalá*) el favor de Dios, pero ellos han «profanado» (*kjalál*) su altar (1:9, 12). El objetivo de la bendición sacerdotal es que el Señor sea clemente (*kjanán*), pero en vano (*kjinám*) los sacerdotes encienden fuego sobre el altar (1:9-10). El sermón de Malaquías podría perfectamente titularse «La bendición aarónica invertida».

No nos sorprende, por tanto, cuando Malaquías dice que el Mesías purificará y refinará a los hijos de Leví (3:1-4). Ya lo hizo. Cristo ha purificado para sí un sacerdocio real, «santo, para ofrecer sacrificios espirituales aceptables a Dios por medio de» sí mismo (1P 2:5), para «[anunciar] las virtudes de Aquel que [nos] llamó de las tinieblas a Su luz admirable» de misericordia (v. 9).

Jesús, nuestro grande y misericordioso Sumo Sacerdote, alza sobre nosotros tu rostro y danos la paz.

El sol naciente de justicia זרח

PERO PARA USTEDES QUE TEMEN MI NOMBRE, SE LEVANTARÁ EL SOL DE JUSTICIA CON LA SALUD EN SUS ALAS; Y SALDRÁN Y SALTARÁN COMO TERNEROS DEL ESTABLO.

MALAQUÍAS 4:2

Hoy, al cerrar la puerta de este año, muchos de nosotros recordaremos —quizás con una lágrima o un suspiro— días o semanas en los que cada hora fue como la medianoche. Una oscuridad tan tangible que pudimos sentir el sabor de su negrura amarga. El ardor de las esperanzas pasadas se halla ahora convertido en cenizas frías sobre el suelo de nuestras vidas destrozadas. Para otros, tales son los años que vendrán. En un mundo tan frágil, quebradizo y deteriorado, es casi inevitable. Por eso, las palabras de Dios a través de Malaquías, en este último capítulo del Antiguo Testamento, son para nosotros un faro de luz resplandeciente, que ilumina épocas de sufrimiento pasadas y futuras. El *Shémesh Tsedacá*, el sol de justicia, *zarákj* («se levantará o brillará») trayendo salud en sus alas.

Tras una noche de lucha con Dios, el sol salió sobre Jacob cuando, ahora cojeando, siguió adelante con una nueva herida y un nuevo nombre (Gn 32:31). Del mismo modo, el Sol-Cristo *zarákj* sobre nosotros para sanar, restaurar y avivar la esperanza. Quizás aún no nos sintamos como terneros que saltan, pero, al igual que Jacob, cojearemos hasta que saltemos. Brillando sobre nosotros, con un amor que nunca conocerá el ocaso, se halla el Cristo que jamás dejará de desvelar misericordia.

Toda alabanza, gloria y honor sean al Padre, por medio del Hijo, y en el Espíritu Santo. Amén.

www.ingramcontent.com/pod-product-compliance
Lightning Source LLC
Chambersburg PA
CBHW020047170426
43199CB00009B/201